铸理想信念　育时代新人

——上海市中小学"六育人"实践探索案例精编（上）

上海市学生德育发展中心　主编

上海科学普及出版社

图书在版编目(CIP)数据

铸理想信念　育时代新人：上海市中小学"六育人"实践探索案例精编.上／上海市学生德育发展中心主编.--上海：上海科学普及出版社，2022.12
　ISBN 978-7-5427-8400-1

Ⅰ.①铸…　Ⅱ.①上…　Ⅲ.①德育-教案(教育)-中小学　Ⅳ.①G631

中国版本图书馆CIP数据核字(2022)第258477号

责任编辑　陈爱梅

铸理想信念　育时代新人
——上海市中小学"六育人"实践探索案例精编(上)
上海市学生德育发展中心　主编
上海科学普及出版社出版发行
(上海中山北路832号　邮政编码200070)
http://www.pspsh.com

各地新华书店经销　上海商务联西印刷有限公司印刷
开本 787×1092　1/16　印张19.50　字数 350 000
2022年12月第1版　2022年12月第1次印刷

ISBN 978-7-5427-8400-1　定价：68.00元
本书如有缺页、错装或坏损等严重质量问题
请向出版社联系调换

目 录
CONTENTS

课程育人

挖掘教材蕴涵之美　引导学生珍爱生命
　　——以"天鹅的故事"一课教学为例
　　··上海市长宁区法华镇路第三小学　卢继平 / 003

立足单元整体设计　提升学科育人价值
　　——基于单元整体视野下的小学道德与法治学科体验式学习活动设计
　　···上海市宝山区乐业小学　陈静怡 / 008

关注事实　让数据"说话"
　　——培养小学生科学素养的实践探索
　　························上海市青浦佳禾小学　上海市毓秀学校　陆志红　陆　凤 / 017

依托创造性复述训练　挖掘语文学科育人价值
　　···上海市青浦区沈巷小学　李　端 / 025

话英雄人物　扬民族精神
　　——以初中语文学科"英雄故事里的民族精神"活动为例
　　···上海市松江四中初级中学　蔡吉利 / 030

基于初中道德与法治课程发挥学科育人功能的实践探索
　　——以"宪法与美好生活"一课教学为例
　　···上海市久隆模范中学　张世敏 / 037

铸理想信念　育时代新人
——上海市中小学"六育人"实践探索案例精编（上）

理直气壮上好思政课
　　——以"让友谊之树常青"一课教学为例
　　·· 上海市青浦区重固中学　邓朝辉 / 043
运用"小先生制"提高道德与法治课堂讨论质效的实践探索
　　·· 上海市奉贤区金水苑中学　陶家乐 / 052
开发"3W浸润式场馆教学"课程　拓宽学科育德时空
　　·· 上海市静安区市北初级中学北校　易传辉 / 058
学科核心素养呼唤有"逻辑"的历史课堂
　　·· 上海市青浦区实验中学　陈　丽 / 064
拨动学生的心弦　在感动中浸润育人的思政课堂
　　——以初中"为振兴中华奉献青春"一课教学为例
　　·· 上海市青浦区教师进修学院附属中学　佘慧萍 / 072
历史课堂发挥影视媒体育人功能的实践与反思
　　——以《我的1919》影视资源应用为例
　　·· 上海市青浦区崧泽学校　张韵安 / 076
在艺术课堂中培养学生的爱国情怀
　　——以"明天会更好"一课教学为例
　　·· 上海市青浦区初等职业技术学校　吴青岚 / 081
学生地理实践力培养的研学育人实践课程开发实例研究
　　——以贵州省松桃苗族自治县实践活动为例
　　·· 复旦大学附属中学青浦分校　王夏倩 / 086
根植传统崇廉尚洁　实践"六廉"育德知行
　　——宝山区廉洁教育课程育人的实践案例
　　·· 上海市宝山区教育学院　蔡素文 / 093
静安区推进学科德育的实践与探索
　　·· 上海市静安区教育学院　李正刚　张燕燕 / 100
以"行走宝山"系列活动为载体，涵养家国情怀
　　——以"走进上海淞沪抗战纪念馆"活动为例
　　·· 上海市高境第一中学　康晓萍 / 105
英语小寓言　人生大智慧
　　——基于核心素养培育的英语"寓言悦读"课程开发与实践
　　·· 上海市松江区九亭中学　昝　欣 / 110

目 录

从"心"开始　为学生成长导航
　　——初中生生涯辅导的实践探索
　　……………………………… 上海市松江区九亭中学　方小江 / 116

在中华经典诵读中弘扬中华优秀文化
　　——"古韵新雨"经典诵读校本课程建设
　　……………………………… 上海市长宁区北新泾第二小学　蔡卫红 / 121

追寻红色印记　传承五四精神
　　——社会实践课程与历史学科教学融合开展实践探索
　　……………………………… 上海市北海中学　周琛慧 / 127

登上历史小讲坛　爱上华夏五千年
　　……………………………… 华东政法大学附属松江实验学校　陈雪琴 / 132

让历史浸润诗歌　让诗歌浸润生活
　　……………………………… 上海市松江区古松学校　王嘉怡 / 137

有趣的哲学思考　别样的语文课堂
　　……………………………… 上海市松江区中山第二小学　孙嘉利 / 140

春草念雨露　清明话家谱
　　——普陀区树德小学"清明节"绘本全课程开发与实践
　　……………………………… 上海市普陀区树德小学　杨　啸 / 146

人文科技　比翼齐飞
　　——科学实践类校本课程促学生道德发展的实践探索
　　……………………………… 上海市长宁区愚一小学向红分校　顾雯婷 / 152

模拟政协活动　提升学生制度自信
　　……………………………… 上海市复兴高级中学　吴培超 / 159

升格写作立意　播撒阳光种子
　　——基于"阳光教育成就阳光人生"理念的课程育人实践
　　……………………………… 上海市曲阳第二中学　沈洁华 / 164

落实知行合一　促进持续成长
　　——通过高中思政实践调研落实育人目标的探究
　　……………………………… 上海市吴淞中学　赵树利 / 170

教育戏剧(TIE)在高中思想政治课堂教学中的应用与反思
　　……………………………… 上海市杨浦高级中学　朱忠壹 / 175

有趣的汉字
　　——发挥识字教学育人功能的实践探索
　　……………………………上海师范大学附属外国语小学　任晓燕 / 179
"面"向多彩童年　"塑"出真挚友谊
　　……………………………上海市松江区泗泾第二小学　王欢欢 / 183
初中思政课程教学培养中学生责任感的实践探索
　　……………………………上海市松江四中初级中学　朱瑾华 / 187
在语文学科教学中培养具有理性精神的现代公民
　　——以基于互联网媒介的思辨性表达任务群教学为例
　　……………………………上海市嘉定区中光高级中学　杨丽琴 / 192
以品析人物的心理和语言为抓手　发挥语文学科育人功能
　　……………………………复旦大学第二附属学校　王雅萍 / 198
童"话"筑梦　童"星"成长
　　——以童谣为载体探索小学生思想道德建设新途径
　　……………………………上海市宝山区泰和新城小学　史志芳 / 205

文化育人

我是全明星　劳动记我心
　　——创建"全明星"校园文化落实《中小学德育工作指南》
　　……………………………上海市普陀区桃浦中心小学　陈杨明 / 213
传承"扁担精神"　落实文化育人
　　——长江路小学基于"文化传承"落实《中小学德育工作指南》
　　……………………………上海市宝山区长江路小学　王红英 / 220
会"说话"的长廊
　　——基于校园环境建设落实《中小学德育工作指南》
　　……………………………上海市宝林路第三小学　吴愈华 / 227
慧创空间　立美育德
　　——"童画视界"多功能美术创意空间育人价值探索
　　……………………………上海市黄浦区教育学院附属中山学校　段乐春　李燕南 / 232

书香溢校园　幸福满童心
……………………………上海市闵行区航华第二小学　林　敏　吴海英 / 237
依托民族文化资源实体展馆　构建"民族团结教育＋"育人模式
………………………………………………上海市回民中学　马毅鑫 / 244

活动育人

我的节气　我做主
……………………………………上海市虹口第六中心小学　席益敏 / 253
思源涓涓清明节　铁骨铮铮爱国情
……………………………………上海市青浦区逸夫小学　于　淼 / 262
老吾老以及人之老
——传统文化在尊老道德教育活动中的落实
……………………………………上海市宝山区同达小学　黄竹婷 / 272
传孝义文化　享民俗之趣
……………………………上海市普陀区真如文英中心小学　汪　瑶　黄珍青 / 277
以邮文化提高德育实效的实践探索
……………………………………杨浦区凤城新村小学　蔡思阳 / 282
回忆历史惜和平　热爱祖国勤奋进
——纪念九三抗战胜利活动育人方案
……………………………………上海市奉贤区崇实中学　王　莉 / 289
民俗文化主题活动课的实施与探索
——以"我们的传统节日——春节"活动为例
……………………………………上海市西郊学校　曹　晟 / 299

课程育人

挖掘教材蕴涵之美　引导学生珍爱生命
——以"天鹅的故事"一课教学为例

上海市长宁区法华镇路第三小学　卢继平

一、案例背景与意义

"和谐"作为社会主义核心价值观之一，是中华民族推崇和追求的人生状态和生活理想，构建和谐社会是中华民族永恒的追求。这一追求与每个人息息相关，其中家庭和谐是建设和谐社会的重要基石。

孩子是家庭的希望，是家庭生活幸福美满的源泉，孩子的健康成长，是家庭和谐的基础。然而近来在媒体上经常会看到一些小学生离家出走或放弃生命的报道，令人非常痛心，他们为什么会选择如此极端的行为呢？进一步分析发现，这与学生生活环境密切相关。当前小学生处于多元化文化氛围中，他们受万般宠爱，面临着激烈的竞争，一些人或多或少存在心理脆弱、怕苦畏难、任性、不懂得关心人、缺乏合作交往意识与能力、外表坚强内心脆弱等问题，一些小学生还存在心理和行为偏差等问题。只有家庭生活和谐与幸福，社会才能实现和谐与稳定。为此，如何帮助学生形成积极向上的健康心理成为社会关注的焦点，也是教育工作的重中之重。

小学生所面临的境况特殊，对其进行社会主义核心价值观教育时，不仅要让他们学会认知、学会做人、学会做事、学会生存，更要让他们认识到生命的意义与价值，具有更高层次的需求。语文是一门充满魅力的基础学科，每一篇课文都具有独特的育人价值。为此，我们要根据语文学科特点与教学要求，充分发掘语文学科的育人价值，掌握语文学科教学的育人方法和策略。小学生正处于长身体、增知识、世界观、人生观、价值观形成的重要时期，学校在培育和践行社会主义核心价值观过程中，要重视对小学生的审美教育与生命教育，致力于培养学生的健全人格，促进学生全面发展。作为语文教师，我们要将立德树人根本任务融入教学各环节，不断挖掘教材蕴含的丰富人文精神的内涵,创设情境,引导学生在主动探究过程中获得丰富的情感体验,培养学生的健全人格,促进学生身心健康发展。

二、案例内容与实施过程

《天鹅的故事》是实验教材第五册第三单元的一篇课文,该文用生动感人的笔触描写了由于天气变化反常使湖面再次冰冻,让一群北归的天鹅陷入绝境的情景。在生命受到威胁的紧急关头,一只老天鹅奋不顾身地用自己的身体扑打冰面,天鹅群在它的感召下同心协力砸破冰层,终于摆脱了困境,保全了生命。教学中,笔者试图充分调动学生的情感,让学生感受生命的激情,接受情感的熏陶、心灵的洗礼,充分感受到生命的可贵。

1. 水乳交融情意浓

教师在教学时要将培养学生的知识能力情感、态度、价值观与联系在一起,致力于学生语文素养的整体提高。笔者在教学时着眼整体,从感人的情节、鲜活的情景入手,引导学生体验作品所蕴含的生命意义,促进学生知情意行相统一。以下为教学片段之一:

师:读了这个故事,你最大的感受是什么?

生:老天鹅太伟大了,太令我敬佩了。老天鹅顽强地与困难做斗争的情景和精神太让人震撼……

师:老师和你们一样被这个故事深深地感动了,课文中老天鹅三次发出叫声,请思考它是在什么情况下这样叫的?

学生再次带着情感去品读课文,从精彩片段中领悟人物形象的精神品质。学生通过解读"腾空而起""石头似的""重重的"等重点词语,体会到了老天鹅用力之重,简直是奋不顾身;又从"镜子般的冰面被震得颤动起来,接着是第二次,第三次……"领略了老天鹅顽强拼搏的精神,它在用自己的生命与冰层进行较量,老天鹅与困难顽强做斗争的精神生动展现在学生面前,使学生深受感染与教育。接着,教师组织学生进行个别读、小组读及齐读,让学生在反复诵读中感受天鹅的崇高品质与伟大精神。在此,学生找到了感情的凝聚点,教师又结合多媒体画面展现老天鹅扑冰的感人场面和全体天鹅一起拼搏时热火朝天的场面。情感的交织加上强烈的声响,画面的推波助澜,在水乳交融中学生的审美情操得以陶冶,老天鹅的勇敢、

奋不顾身与天鹅们的团结拼搏精神深深感染了学生,在学生身上播下热爱生命的种子。

2. 曲调未成情先行

为了培养学生丰富的情感,教师"把无声的文字变为有声的语言,生动地再现作者的思想情感",引导学生"披文以入情",真正把作者寄寓的情感化为自己的真情实感,爱作者之所爱,憎作者之所憎。学生一旦拥有丰富的情感,面对各种美的熏陶,便会燃起情感的烈火,有利于达成情感、态度、价值观培养的教学目标。

现代信息技术为我们提供了良好的教学条件,笔者利用多媒体教学技术为学生提供图像、动画、影像和声音等,进一步激发学生的学习兴趣,唤起学生良好的学习心境。在教学伊始,随着多媒体屏幕上展示的场景,笔者先用讲故事的形式向学生进行如下描述,为课堂教学定下感情的基调:在碧波荡漾的湖面上,生活着一群天鹅。它们时而自由地飞翔,时而欢快地嬉水,时而悠闲地遨游,时而专心地觅食……当学生与天鹅一起享受着生命给我们带来的欢乐与美好时,画面与悠扬的乐曲同时戛然而止。笔者紧接着说:"可是有一天,当它们突然遇到寒流,生命受到威胁时,又是怎么面对的呢?"学生的情感完全被故事所设置的场景所调动,笔者随即将课文内容娓娓道来,可谓水到渠成。学生情绪高涨,神情专注,感情真挚。这一环节有效激发了学生的学习热情与兴趣,为下一个环节的教学奠定基础。

3. 留有空白蕴真情

当学生走进课文、走进作者的心灵,受到强烈的震撼之际,他们已深深地感受到了文章丰富的情感与教育内涵,这时不妨留点空白,给学生想象与思考的空间,通过想象补充课文中的"空白",促进学生进入课文情境,强化自己的内心体验,引导学生升华自己的情感。如果说理解可以再现形象的话,那么,想象就可以拓展和创造意境。教学中,我们可以引导学生凭借事物的特点展开想象;根据事物的发展进程进行推理想象;借助自己熟悉的有关情景进行想象,让学生驰骋于想象的空间,身临美的意境。这时,笔者并没有把自己的观点抛给学生,而是让学生回归课文,与天鹅对话:"课文学到这儿,你们想对这群'破冰勇士'说些什么呢?"这样的空白真正调动了学生的情感,助力学生懂得在生命遇到威胁的情况下,不能消极等待,而应以积极的态度面对,顽强地与困难做斗争。学生在回应中体现了他们珍惜生命、维护生命的心理品质:在今后的学习生活中,我们可能会遇到各种困难,只要我们勇敢面对,就一定会渡过难关。

4. 拓展阅读激真情

《天鹅的故事》这篇课文在情感、态度、价值观方面的教学目标是:让学生懂得在生命遇到威胁的情况下,不能消极等待,而应用积极的态度面对,顽强地与困难做斗争,培养珍惜生命、维护生命的心理品质。那么,如何将在书本中的知识引申到现实生活中,达到情感教学目标呢?在教学最后环节,笔者设计了这样一个环节:选择一篇与课文内容相关的现实故事,安排学生自主学习,通过自读、感悟、讨论,使学生在强烈的情绪体验中感受、认识到主人公拥有的精神品质之美,即顽强、勇敢、乐观,对生活、未来充满希望。最后,启发学生联想自己遇到的困难,分析自身性格弱点,激发学生向文中主人公学习的愿望,引导学生真正体验到生命的可贵。

三、案例反思

生命教育,即是直面生命和人的生死问题的教育,教育目标在于使人们学会尊重生命、理解生命的意义以及生命与天人物我之间的关系,学会积极的生存、健康的生活与独立的发展。通过教学,促进学生认识生命、热爱生命、敬畏生命,学会欣赏自己、欣赏他人以及自然与社会中的一切生命,从而实现自己的生命价值。教师要用自己的人格魅力做学生行为的"导航灯",要用自己的知识经验为学生撑开一片蓝天,促进学生积极健康成长,最大限度地实现他们的生命价值,让他们自由、快乐、文明、健康,有尊严、有责任、有爱心、有创意地成长。

语文"二期课改"使用的教材构建了新的教科书体系,致力于培养学生的学科素养与人文素养,促进学生全面发展。从教材的题材内容来看,极具"人文"色彩:有的充分体现自然美,描绘了星月灿烂、山河壮丽、草木秀丽、鱼鸟活泼;有的充分反映社会美,歌颂了革命领袖的业绩、英雄人物的壮举、人民群众的创造、儿童生活的情趣;有的充分彰显艺术美,如赞美景德镇瓷器工艺精品、世界遗产园林建筑艺术、贝多芬的钢琴名曲、列宾的油画名作等。当然,许多课文内容整合了自然美、社会美、艺术美、人文美……小学语文教材,就是这样一个吸引小学生尽情游赏的"百花园",它以美的魅力使学生幼小的心灵得以熏陶,给他们留下终生难忘的美好印象。

　　蔡元培曾说过："无不于智育作用中,含着美育之元素;一经教师之提醒,则学者自感有无穷之兴趣。其他若文学、音乐等之本属美育者,无待言矣。"语文教学包含的文学内容"本属于美育者"。爱是引导学生健康成长的阳光,是实现家庭生活幸福美满的源泉,是促进家庭和谐的基础。因此,语文教学要充分发挥学科育人功能,以美的情感去激荡学生的心灵,培养学生的审美素养,激发学生热爱生命、珍惜生命的情感。

立足单元整体设计 提升学科育人价值
——基于单元整体视野下的小学道德与法治学科体验式学习活动设计

上海市宝山区乐业小学 陈静怡

一、案例背景

随着课程改革的不断深入,小学道德与法治已由接受性学习向体验性学习转变,经历、发现、创造,体验性学习能增强教学的吸引力和促进知行合一,已经成为学生学习的重要方式。然而,在具体实施中,教师研究学习方式多,研读课标教材少,造成课程标准的宏观要求与课程教学的微观操作之间存在距离和落差;教师专注于一课的体验学习活动设计,忽视了课与课之间教学目标内容的衔接,造成重复体验,低效育人。

如何解决这些问题?单元是依据课程标准,围绕主题或活动等选择学习材料,并进行结构化组织的学习单位。单元向上承接课程目标,向下统领单元内的课时目标、内容、活动、作业、评价、资源等。通过单元整体性研究,能建立起单元与单元、单元与各课之间的联系,形成结构化设计,从而能更有效地在目标导向下,把相关学习活动从单元的角度统筹安排,增强教学活动的整体性、贯通性和实效性,有助于更好地达成教学目标,提升教学效益。基于此,我们尝试开展单元整体视野下的小学道德与法治学科体验式学习活动设计研究,构建更为扎实有效的道德与法治课堂,更好地发挥道德与法治课程的育人功能。

二、案例描述

我们以小学道德与法治学科二年级下册第二单元"我们好好玩"教学为例,开展单元整体体验式学习活动设计。

(一) 对应课标大纲,领会教材编制者的意图

表1 二年级上册"我们好好玩"单元教材框架

单元	课题	栏目	目标与要求	对应课标大纲
二　我们好好玩	5. 健康游戏我畅玩	● 什么游戏我常玩 ● 游戏诊断会 ● 选个游戏玩一玩	● 有自己喜欢的健康游戏 ● 知道游戏的好坏,自觉选择好游戏,乐于学习新游戏	课标:"健康、安全地生活"部分第8条"使用玩具、设备进行活动时,遵守规则,注意安全"和第9条中"不到危险的地方去玩,避免意外伤害"
	6. 传统游戏我会玩	● 传统游戏知多少 ● 看看他们怎么玩	● 了解我国的传统游戏 ● 了解其他国家和民族的游戏与玩法	课标:"动手动脑,有创意的生活"部分第4条"能根据需要动手做简单的道具、小模型、小物品来等来开展活动";第5条"能积极地出主意、想办法来扩展游戏或推进活动";第6条"学习用观察、比较、调查等方法进行简单的生活和社会探究活动"
	7. 我们有新玩法	● 玩出新花样 ● 我们一起来创造	● 乐于在游戏中创新与探究	课标:"动手动脑,有创意的生活"部分第3条"喜欢利用身边的材料自制小玩具、小礼物或布置环境等来丰富和美化生活";第4条"能根据需要动手做简单的道具、小模型、小物品来等来开展活动";第5条"能积极地出主意、想办法来扩展游戏或推进活动"
	8. 安全地玩	● 在这里玩安全吗 ● 我们是安全警示员 ● 我们的安全提示牌	● 游戏时的安全事项	课标:"健康、安全地生活"部分第8条"使用玩具、设备进行活动时,遵守规则,注意安全";第9条"不到危险的地方去玩,避免意外伤害";第10条"了解当地多发的自然灾害的有关知识,知道在紧急情况下的逃生或求助方法"。 大纲:初步建立规则意识

我们在《课程标准》的课程目标部分找到本单元有关目标要求,从中可以看出"健康、安全地生活"是儿童生活的前提和基础;"动手动脑,有创意的生活"是儿童个性发展的内在需要。我们在《青少年法治教育大纲》小学低年级找到与本单元有关的教学内容与要求,从中可以看出小学低年级法治教育重在"培养规则意识"。

(二) 纵横分析教材,明确单元在教材体系中的位置

1. 纵向位置

本单元四课分别聚焦学生游戏的四个主题:健康、文化、创新和安全。通过选择玩健康的游戏、了解传统游戏的玩法、创造性地改进游戏的玩法以及安全地玩游戏等内容,引导学生更文明、更健康、更有创意、更安全地玩游戏,促使学生在游戏中获得成长。从逻辑上看,四课之间是并列关系,但在玩游戏的过程中,四者有机融合,其中涉及人际交往、规则意识、健康观念、创新与安全、道德与法治等,教师既要精准把握重点,又要学会融会贯通,使教学发挥更大功效。

2. 横向位置

一年级上册第二单元中的"课间十分钟"和第三单元中的"玩得真开心"涉及游戏的内容。"课间十分钟"是从学校生活适应的角度引导学生合理安排课间生活,感受校园生活的快乐。其中"学习游戏的方法,体验游戏规则的重要性"是本单元学习的基础。"玩得真开心"是从放学后处理好家庭生活与学校生活的关系,健康游戏和游戏中的分享的角度引导学生在家庭生活中的游戏。而本游戏单元,则更侧重同龄人间的游戏,将游戏作为学生健康成长、文化性及创新性养成的重要载体。"玩得真开心"一课中讲到"玩中的安全",但侧重于认识安全健康的生活是快乐的,学习安全健康生活基本方式,消除安全隐患和不健康生活习惯。本单元中"安全地玩"一课侧重提升学生对游戏的安全意识与辨识能力,培养学生对自己和他人安全问题的关心与责任感。教学内容有一定关联,但侧重点各不相同。

(三) 依据教材学情,制定单元及各课教学目标

表2 二年级上册"我们好好玩"单元及各课教学目标

单元主题	我们好好玩
单元教学目标	1. 选择健康的游戏,愉快地玩、安全地玩、适度地玩、玩中有创新。 2. 继承和发扬传统游戏、传统文化,同时要放眼世界,让小游戏玩出大世界。 3. 初步处理好继承和发扬问题,喜欢动脑筋、有创意的游戏,有创造的愿望和乐趣。 4. 学会安全游戏,初步树立安全意识,学会健康生活

(续表)

课题	健康游戏我常玩	传统游戏我会玩	我们有新玩法	安全地玩
各课教学目标	1. 通过分享常玩的游戏,培养以后多玩健康游戏的意识(落实单元目标1) 2. 在判断与选择的过程中,学会考虑玩游戏的各种条件、状况,培养因地制宜地选择健康游戏的能力(落实单元目标1、4) 3. 通过现场的游戏体验活动,分享游戏中的情感体验,感受游戏带来的快乐,学会在玩健康游戏的过程中快乐地成长(落实单元目标1)	1. 通过调查、采访等形式,了解传统游戏的玩法,产生兴趣,愿意在生活中玩一些传统游戏(落实单元目标2) 2. 加深对传统游戏和对世界的了解,体会传统游戏带来的乐趣(落实单元目标2)	1. 通过对简单游戏新玩法的探究,培养学生的创新思维(落实单元目标3) 2. 学会用简单的材料制作玩具,培养学生动手动脑的能力,树立保护环境、爱惜资源的意识(落实单元目标3) 3. 通过给一些游戏重新制定规则,体验规则变化给游戏带来的新感受(落实单元目标1、3)	1. 通过创设情境,开展探讨,提升学生玩游戏的安全意识与辨识能力(落实单元目标4) 2. 通过安全警示员及制作安全提示牌等方式,培养学生对他人安全问题的关心以及责任担当意识(落实单元目标1、4)

表3 "安全地玩"课时目标

课题	教学目标	课时目标
8. 安全地玩	1. 通过创设情境,开展探讨,提升学生对游戏的安全意识与辨识能力	(第一课时) 情感与态度:愿意自觉遵守游戏规则。 行为与习惯:初步养成遵守规则、安全游戏的好习惯,增强安全意识和自我保护意识。 知识与技能:知道快乐游戏必须建立在安全的基础上,能够辨析游戏中的危险,正确对待游戏中的困难。 过程与方法:合作讨论、情境辨析,学习安全游戏的方法,尝试对游戏中的危险予以规避
	2. 通过安全警示员及制作安全提示牌等方式,培养学生对他人安全问题的关心与责任感	(第二课时) 情感与态度:愿意为平安校园的建设尽一份力。 行为与习惯:进一步增强安全意识和自我保护意识,并能表达对他人安全问题的关心。 知识与技能:继续学习安全游戏的方法;预见游戏活动中的安全隐患,学会警示、提醒他人。 过程与方法:创设情境,学做安全警示员;合作完成安全提示牌的设计,尝试对游戏中的危险作出警示、提醒

单元教学目标既是课程目标的分解细化,又决定了单课目标、课时目标的制定,在整个教学目标层级中具有承上启下、前后关联的作用。当然,学生的发展是建立在原有基础上的。因此,目标制定还要根据教学内容进行相关学情分析,确定

学生本单元学习的起点,保障目标制定的适切性和针对性。如围绕"安全地玩",通过观察发现实验班级学生游戏行为与习惯两极分化严重,部分学生游戏中爱表现,过于放飞自我,存在安全隐患;个别女生害怕受伤等不愿意参与相关游戏活动,缺乏游戏热情,这些在目标制定中都予以体现,以便于教学设计中予以落实。

(四)对应教学目标,设计有效的体验式学习活动

【案例1】 对应目标,引导学生有针对性地体验

表4 "我们好好玩"单元整体体验式学习活动设计

单元主题	我们好好玩			
体验活动	以"挑小棒"游戏体验为例			
课题	"健康游戏我常玩"	"传统游戏我会玩"	"我们有新玩法"	"安全地玩"
课堂相关片段实录	师:玩了挑小棒的游戏,想一想,这个游戏比我们平时玩的电脑手机游戏有什么优点? 生:在电脑、手机上玩游戏,时间长对眼睛不好。这个游戏还锻炼了我们的动手能力。 师:这个游戏的玩法很健康。 生:每根游戏棒都有分值,还可以训练我们的口算能力。 师:游戏内容也很健康。	师:摸一摸、看一看,这些游戏棒是用什么做的? 生:游戏棒是用竹子做的。 师:像这样取材方便的传统游戏,你还知道哪些? 生:我知道"丢沙包",用碎布缝成一个小方形,里面用细沙塞满,缝起来就可以玩了。 生:我知道"翻花绳",找一个细一些的长线打个结就能和小伙伴玩了! 生:我爸爸说他们小时候还会玩滚铁环游戏,铁环的材料有的是旧木桶、旧木盆上拆下来的铁箍做的。 生:……	师:动手动脑,这捆小棒,你能想出其他玩法吗? 生:可以用它们拼搭成各种图形,如五角星、小房子。 师:赋予不同颜色的游戏棒不同的分值,组织学生参与做口算比赛。 师:很好,你们能对游戏的内容进行创新。 生:可以把喝完饮料的吸管、串羊肉串的竹签积攒起来洗干净,当作游戏棒玩。 师:你能变废为宝,将日常生活中的废物利用,自己动手制作游戏器材,可真会动脑筋。	师:同学们,在玩游戏的过程中,你发现存在哪些安全隐患? 生:我发现游戏棒又细又尖,容易戳到手。 生:我发现有些同学喜欢把赢得的游戏棒拿在手里,甩动时容易扎到别人。 师:怎样做才能避免危险发生? 生:回家后让爸爸妈妈把游戏棒尖的地方磨平一些。 生:做游戏的时候要听从指挥,切忌争抢。 生:玩的时候要把游戏棒放在桌子上,不要拿在手里跑来跑去。 师:你们的方法都很好,奖励你们用上刚才的好办法再来玩玩这个游戏。
对应教学目标	在判断中,学会考虑玩游戏的各种条件与状况,培养学生学会选择健康游戏的能力	通过调查、采访等形式,引导学生了解传统游戏的玩法。也为下一课教学目标达成做铺垫	引导学生学会用简单的材料制作玩具,培养学生动手动脑的能力,帮助学生树立保护环境、爱惜资源的意识	提升学生参与游戏的安全意识与辨识能力

【案例2】 评价前置,有针对性地育人

第一步:评价前置。基于教学目标提炼教学评价核心要素,为体验式学习活动设计及教学指明方向。

表5 "安全地玩"(第一课时)教学评价要素

课题	第一课时目标	评价要素
8.安全地玩	情感与态度:愿意自觉遵守游戏规则	安全意识(规则意识、自我保护意识)
	行为与习惯:初步养成遵守规则、安全游戏的好习惯,增强安全意识和自我保护意识	
	知识与技能:知道快乐游戏必须建立在安全的基础上,能够辨析游戏中的危险,正确对待游戏中的困难	辨识能力(观察生活能力、分辨判断能力)
	过程与方法:合作讨论、情境辨析,学习安全游戏的方法,尝试对游戏中的危险予以规避	解决能力(自我保护能力、经验提炼能力)

第二步:对标设计。围绕本课评价要素开展体验式学习活动设计,为达成教学目标,根据学情选择合适的教学内容及方式。

表6 "安全地玩"(第一课时)体验式学习活动设计

体验内容	骑木马
体验目的	1. 增强安全意识和自我保护意识。 2. 正确对待游戏中的困难,能够对游戏中的危险进行判断和规避
课堂片段实录	1. 玩一玩:骑木马 (学生把椅子当作木马,在教师组织下体验骑木马) 师随机抓拍:在旋转木马上打闹、倒着骑等现象 2. 议一议:这样骑木马安全吗?怎么玩才安全? (1) 学生判断并说明理由,教师提炼出安全骑木马的注意事项。 (2) 教师随机追问:不敢玩就放弃正确吗?(确保安全、勇于挑战) (3) 教师小结,编安全游戏儿歌,组织学生记诵。 3. 玩一玩:骑木马 (学生再次把椅子当作木马,在教师组织下体验骑木马) 组织学生交流体验感受,互评与纠错。 4. 练一练:这样玩,安全吗?对的打"√",错的打"×" 出示图片 ① 倒着躺下身子滑滑梯 ② 单脚站立着玩荡秋千 ③ 穿戴安全设备玩轮滑 (1) 小组合作,辨一辨 (2) 纠正错误,演一演 5. 教师小结,板书:遵守规则讲文明
评价要素	(1) 安全意识:能遵守游戏规则 (2) 辨识能力:能发现游戏中的安全隐患 (3) 解决能力:能改正游戏中不安全行为或提出合理建议

三、案例反思

(一) 多维研究,精准勾连,充分挖掘学科育人价值

1. 研究课标,把握学科育人方向标

学科育人,是从学科的性质、地位、任务出发,体现学科的特质,彰显学科育人的特殊功能。《课程标准》《青少年法治教育大纲》这些是道德与法治课程的基本纲领性文件,规定了本学科的课程性质、课程目标、内容目标、实施建议的教学指导性文件。只有认真研读课标大纲,领会精神,才能理解课程的内涵,发挥教材的最大价值,实现有效育人。

2. 研究教材,挖掘学科育人元素

学科育人,强调育人必须落实在具体的学科教学中。因此,学科育人说到底是用学科核心素养育人,通过培养学生的学科核心素养,进而推动学生整体素养的提升。基于单元整体视野下的体验式学习活动以单元为单位,教材为载体,挖掘学科教育元素,并落细、落实于体验式学习活动中,有助于扎实有序地培养学生必备品格、关键能力,以及尤为重要的正确价值观念。

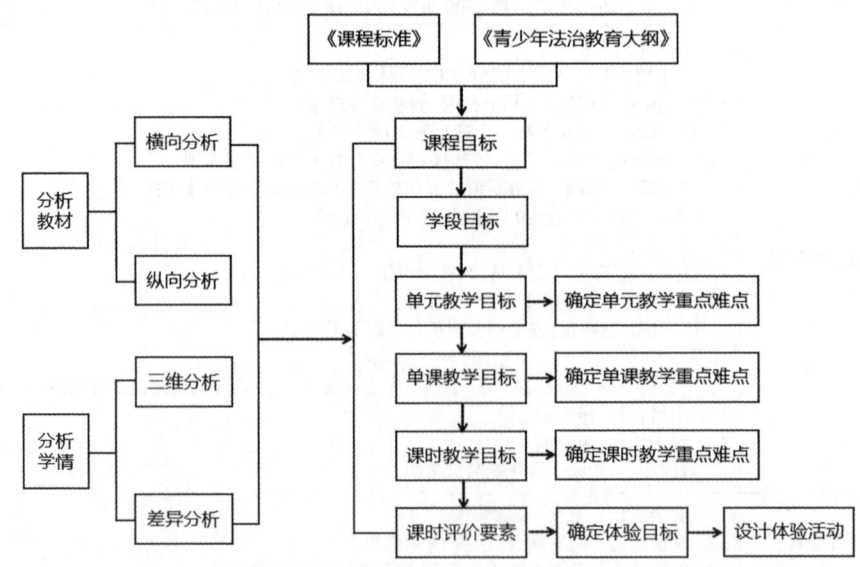

图1 单元整体视野下的小学道德与法治学科体验式学习活动设计流程

3. 研究学生，找准学科育人着眼点

教育的对象是人，人的发展是有规律的。教育只有依据人的发展规律，才能达到既定目的。要把高大上的理念要求结合学生的实际进行教学，将学科核心素养的培养落地到学生的生活中、言行中，不仅要加强对教材的研究，还要重视对儿童的认识、发现和研究。针对学生的生活、实际问题、已有经验等开展教学，育人才更有针对性。

（二）整体设计，有效体验，彰显学科育人价值

1. 同中求异，各有侧重

这里的"同中求异"有两层意思。第一层意思是指单元各课体验式学习活动目标都指向单元核心教育主题，但学习各有侧重。如本案例虽以"游戏"为主题，但"健康游戏我常玩"聚焦游戏的健康，"传统游戏我会玩"聚焦游戏的文化，"我们有新玩法"聚焦游戏的创新，"安全地玩"聚焦游戏的安全。再如"安全地玩"第一课时聚焦学生自我，提升学生对游戏的安全意识与辨识能力；第二课时转向关爱他人，培养学生对他人安全问题的关心与责任感。第二层意思是指基于单元核心教育主题，游戏内容可以相同，但是体验目的应各有侧重。如本案例中挑小棒游戏在单元四课中的四次体验式学习活动设计，"健康游戏我常玩"目的是让学生学习辨别有益于健康的游戏；"传统游戏我会玩"意在让学生了解传统游戏的玩法；"我们有新玩法"通过变换器材和游戏规则，培养学生创新思维；"安全地玩"在体验中提升学生对游戏的安全意识和识辨能力。基于单元整体的体验式学习活动设计，通过厘清内在逻辑关系，更好地凸显学科育人价值。

2. 异中求同，融合深化

这里的"异中求同"是指将整个单元教学看作一个整体，找出各课或课时教学之间的共性。如本案例游戏主题单元中，"健康游戏我常玩"隐含安全游戏教育及创新游戏的意识渗透；"传统游戏我会玩"如何有选择的传承传统游戏需要健康游戏的选择能力，也渗透了安全游戏、创新游戏的意识。"我们有新玩法"也是健康游戏的能力体现，也有注意安全游戏的意识渗透；"安全地玩"在前三课玩什么，怎么玩的学习基础上，进一步引导学生游戏要建立在安全的前提下，要学会对于游戏的场所、内容、形式等进行甄别与创造，这也是健康游戏、创新游戏的能力培养反馈。我们要在凸显课时体验重点的基础上，进一步做好各课体验式

学习活动设计与单元教学目标的对接,增强单元体验式学习活动的结构化、融合性设计,给予学生相对系统的、综合的体验,在课时不变的情况下更好地提升教学效益。

关注事实 让数据"说话"
——培养小学生科学素养的实践探索

上海市青浦佳禾小学 上海市毓秀学校 陆志红 陆 凤

小学自然学科作为上海市中小学课程体系的一部分,在培养学生人格、促进学生成长方面有着独特的作用和价值。如何更好地发挥学科的育人价值和育德功能是深化自然课程改革的重要内容。培养学生注重事实的科学态度、科学的思维方式和科学探究能力是小学自然学科育人价值和功能的主要方面之一。

《上海市小学自然课程标准(试行稿)》指出:"引导学生初步养成注重事实的态度;初步具有利用证据做出解释和判断的意识与习惯。"收集分析数据在培养学生的实证意识、求真态度、合作精神、逻辑思维等科学精神方面具有先天的优越性。

从最近几年小学自然学科的课堂教学来看,教师在设计探究活动中,越来越多地要求学生做记录,基于观察、实验、测量、调查、统计等方法进行定量研究,而数据是定量实验结果的主要表现形式,亦为定量研究结果的主要证据。

教师在课堂教学中也积极尝试着"用数据'说话'"。那么教师到底是用什么数据"说话"?如何用数据"说话"?用数据"说什么话"?

一、慎用数据,明确科学探究本质

一般而言,数据比较具有说服力,借助数据有利于学生发现问题、寻找规律、得出结论。因而,很多教师在教学中喜欢用数据"说话"。那么,用什么数据呢?如何用数据"说话"?利用数据"说什么话"?

【课例片段】

"植物的叶"是一年级的一节课,教学内容围绕植物的叶子展开,包括"植物叶子的生长从芽开始,叶子有各种各样的形状、大小也不一样。大多数植物的叶子是绿色的。"教学难点是通过观察、分类能发现植物的叶大多数是绿色的。为突破这个难点,执教者设计了这样的活动:要求全班 30 多名学生依次把课前准备的一片叶子贴在黑板上,并进行颜色分类,于是出现了一组数据(见表 1)。教师通过组织学生数数与交流,得出下述结论:植物的叶子大部分都是绿色的。

表 1 叶子的颜色

绿色的叶子	黄绿色的叶子	红色的叶子	枯黄色的叶子
31	1	1	3

为此,教师需要引导学生学会慎用数据,明确科学探究的本质,具体而言,涉及以下两点:

1. 小心伪数据

通过数据汇总,似乎得出了结论。就科学方法来说,教师采用了随机取样的观察方法,呈现了差异性较大的事实数据。那么我们不禁要问这个数据可靠吗?这样的样本存在哪些漏洞?其一,学生随机采来的叶子品种单一;其二,取样的来源基本以校园植物为主;其三,这 36 片叶子作为样本量太小了。"用数据说话"能使课堂探究变得更真实、准确,它能够很好地提高科学探究的效率,但是这样的数据的产生会给学生造成怎样的印象呢?

2. 在真实环境中收集科学数据

我们提出改进建议:首先,了解学生的认知起点,针对不同的叶子,可以通过访谈等方法获得相关依据,也可以在课堂上通过发掘前概念的做法,比如画一画见过的一片熟悉的叶子,通过与真实的叶子比较,得出学生对叶子的认识不到位的地方,这便是这节课新的增长点。围绕叶子的颜色问题,学生可能对以下问题感兴趣:为什么同一种植物的叶子颜色有所不同?之所以这样与哪些因素有关?为什么叶子的颜色大多数是绿色的?

其次,我们可以引导学生对植物的一片叶子进行跟踪观察,观察植物从芽到叶子的变化过程,测量叶子的长短变化,记录下大小和颜色等的变化。

最后,在学生对叶子颜色、大小等的变化获得事实性依据的基础上,教师可以引导学生做出合理的描述与推测,将叶子变化与天气、光照等建立联系。在这个过程中学生由观察一片叶子,到比较一个区域,一段时间内周围植物的叶子产生变化的特点与规律。从教室走出去,关注家门外的"自然课"。这样一种基于事实的记录、描述、统计和分析,也就是用事实(含数据)说话,才是真正需要教师花时间引导学生去做的。

笔者关注绿色指标中的测试,学生所暴露出的在一些科学探究方法与态度上问题,很大程度上取决于教师这一关键因素。在自然课中,教师有许多需要引导学生用事实说话的机会,我们要积极引导学生用数据说话。慎用数据说话,是从根本上要求教师明确科学探究的本质,提升科学课的针对性与有效性。

二、解读数据,揭示数据的规律

(一) 数据呈现太多,无从分析,流于形式

【课例片段】

"浮力的大小"是五年级的一节课,在教师精心设计下,学生用测力计测出了4种材料在空气中、水中受到的重力,并算出在水中受到的浮力,于是一个小组产生了12个数据,如图1。

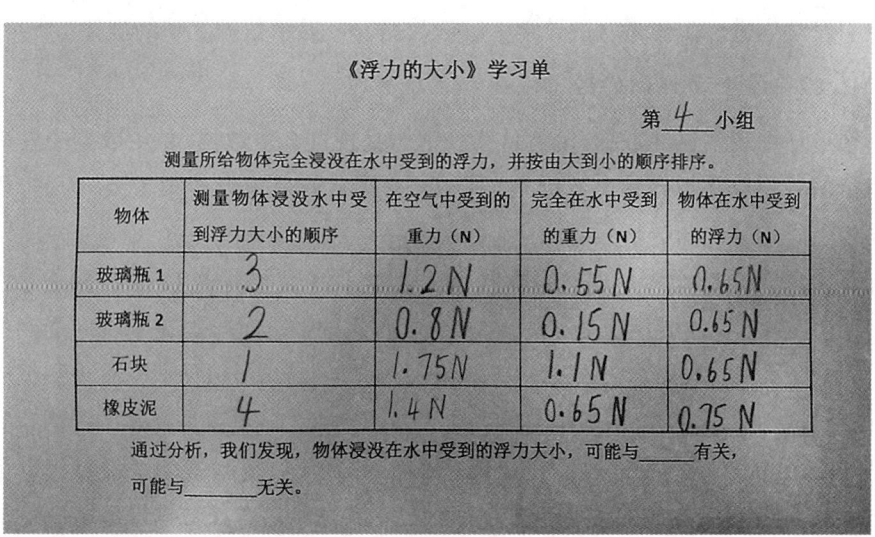

图1 《浮力的大小》学习单

在学生实验之后,共7个小组汇报了数据,数据呈现了物体在水中受到的浮力大小,涉及4种物体,7个小组共产生了28个数据。数据如图2。

图 2　学生测得的数据

面对这么多的数据,学生如何进行分析呢?能分析出什么呢?教师问道:通过实验,你们有什么发现?学生 1 回答:瓶 1(1 瓶水)、瓶 2(1 瓶沙)受到的浮力大小差不多。学生 2 回答:橡皮泥轻受到的浮力大……通过数据分析,学生认为"浮力大小与轻重、材料、结构"都有关系,即不能确定影响浮力的具体因素。为此,教师要引发学生进一步思考:指导学生解读数据——揭示数据之间的规律。

1. 指导学生用详细的语言描述和呈现数据

通过仔细观察这些数据,笔者认为一下子呈现这么多数据,要从数据中发现一些有价值的规律并不容易。数据是证据的一种,它的呈现方式很重要,为此,要引导学生更好地呈现与分析数据。

首先,引导学生分层呈现这组数据,先以小组为单位描述这 12 个数据是怎么来的?从中发现什么?再组织 2—3 个小组分享自己的数据,呈现"在空气中受到的重力""完全在水中的数据""物体在水中受到的浮力"3 个数据,引导学生发现数据变小了,是因为受到了水的浮力;数据有的变化大,有的变化小,也就是物体的浮力是有大小区别的,分析影响因素?通过比较第一个瓶和第二个瓶(大小形状相同,重量不同),帮助学生分析,物体的重量和浮力大小无关,可以通过分析数据得出结论。

2. 指导学生对数据进行横向或纵向比较

当数据比较多时,教师应该鼓励学生对数据进行横向或纵向比较。通过比较,就会发现存在几个特殊数据,利用这些特殊数据,可以帮助学生排除一些可能,或是测量的错误,或是其他原因。记得特级教师章鼎儿老师说过:"对于特殊数据,科学家是绝不会放过的,这是十分重要的信息;可能是一个重大发现的机遇——科学发现史中,应该这样,它却那样……;也有可能是一个重要问题的苗头;决不轻易放过;绝对要弄个明白,水落石出!"

笔者认为,既然教师想用数据说话,那么就应该学会合理运用数据,要从学生的已有认知出发,逐级出示,层层剖析,指导学生整理与分析数据,促进学生深入思考,提升学生思维能力。

(二) 数据呈现只为得出简单结论,流于形式

有的教师在实际课堂中,对数据的分析大多为得出结论,处理不当,容易出现流于形式、数据利用及得出结论不够严谨、教学实效性不强等问题。

表 2 不同材质杯子的保温效果

	① 塑料杯 ② 玻璃杯 ③ 不锈钢杯 ④ 纸杯 ⑤ 陶瓷杯				
	杯子	起始温度	5分钟后的温度	温度下降的格数	保温效果好的打"√"
1	①	62℃	61℃	1℃	√
	②	68℃	62℃	6℃	
	③	67℃	62℃	5℃	
2	①	69℃	63℃	6℃	√
	②	65℃	63℃	2℃	
	③	69℃	65℃	4℃	
3	⑤	60℃	56℃	4℃	√
	③	67℃	61℃	6℃	
	②	68℃	64℃	4℃	
4	①	61℃	62℃	1℃	√
	②	50℃	57℃	3℃	
	⑤	65℃	60℃	5℃	
5	①	55℃	53℃	2℃	√
	③	59℃	56℃	3℃	
	②	60℃	56℃	4℃	

这是二年级"保温"的第二课时,学生在完成实验活动"比较不同材质杯子的保温效果"后汇总了一串数据(如表2)。教师试图引导学生通过分析数据发现不同材质的杯子保温效果不同,普通杯子和保温杯子的保温效果不同。为得到这些数据,学生利用7、8分钟进行实验,可是在呈现数据之后,教师组织学生只花了不到1分钟的时间进行交流便得出了"不同的杯子下降的温度是不一样的"这个简单的结论。其实,对于二年级学生来说,由于生活经验的积累,学生可能已经具备相关知识,那么课堂中这一环节花这么长时间,得出那么多数据,意义何在?笔者认为,教师在组织学生进行实验后,要分析数据,重视实验之后的研讨。

课堂中,我们经常会看到这样的场景:教师组织学生通过实验、观察、测量、调查等得出一系列数据,在探究活动中花费大量时间,但是往往通过数据分析只为得出一个简单的结论,活动之后缺乏充分的交流。很重要一个原因是,教师本身对数据的认识比较浅显。那么,在交流研讨过程中,教师需要引导学生做些什么呢?那就是需要比对信息、甄别信息、整理信息、处理信息、加工信息。

之所以设置研究结论的讨论环节主要出于以下几方面的考虑:一是部分学生收集的数据可能会出现差错,需要通过讨论发现与改正;二是科学研究结果是需要交流和发布的,它是科学研究推广和应用的前提;三是可以引导学生借助讨论了解别人研究的情况,从而促进学生理性思考自己的研究结论;四是教师可以借此将各小组收集的数据整合起来,得到更大的样本,有利于综合判断形成新的结论。整个过程是个引导学生参与思考的过程,是科学探究活动的重要组成部分[①]。

小学科学探究的本质不仅仅是引导学生得出科学的结论,更重要的是要促进学生理解和体验科学探究的过程,并在此过程中培养学生严谨、求实、善于质疑等科学精神。而数据收集与分析过程正是培养上述科学精神的有效途径之一。

三、利用"意外"数据,培养学生科学素养

有些课堂存在忽略实验数据的情况,尤其当出现一些误差较大、不利于描述现实世界、甚至与现实世界客观事物相违背的数据时(我们暂且称之为"意外数据"),一些教师会回避或放弃对这类数据的分析。

---

① 章鼎儿在"2012黄山年会暨特级教师论坛"上做的主题报告。

关注事实　让数据"说话"

【课例片段】

"温度的传递"一课教学中,教师引导学生进行"小滴瓶放在大烧杯的热水中,观察两者的温度变化"的实验:大烧杯的热水温度越来越低,小滴瓶中的水温越来越高,最终达到两者相等。

在交流实验数据时,教师请了3个小组的学生进行汇报,但是其中第2组组长汇报的数据和教师预想的不一致,如图:

记录单

	刚开始的问题	2分钟时	4分钟时	6分钟时
大烧杯	42	51	49	47
小滴瓶	11	3	45	46

图3　学生交流的数据

这组数据与实验结论相违背,当教师看到学生呈现这一数据时慌了手脚,未能及时有效地处理,简单地制止了学生的汇报,未能引导学生反思实验过程,而是直接分析这组数据出现问题的原因可能是什么。为了进一步培养学生的思维能力,教师需要引导学生正确认识实验数据,并学会不断反思。

1. 尊重数据,善于把握课堂生成资源

教师为何没有发现或不敢分析那些"意外"数据,笔者认为,一个很重要的因素是教师担心这些数据会打乱自己的课堂节奏,或者教师只重视实验结论的得出而忽视了支撑这个实验结论的过程。教师其实也可以带领学生分析这些看似没有规律的数据,无法得出"科学结论"的数据,避免白白浪费可以引导学生体验科学本质、培养理性态度的良好契机。

2. 设问推进,培养学生的科学思维

其实,教师可以充分利用这些"意外"数据。比如,首先,可以展示更多小组的实验数据,寻找比较一致的变化规律,即大烧杯中水温越来越低,小滴瓶中水温越来越高。其次,分析第2组数据可能出现了什么问题?造成这种现象的可能原因

是什么？最后，引导学生推断如果这两杯水一直放着，最后可能会出现什么情况？这样由学生自己通过实验与分析再进行推断，更容易理解，也更容易让学生信服。这种处理信息的方式，实现了组和组之间的信息交流与沟通，有利于促进学生思维发展。

3. 深入探究，让"意外"数据成为教学资源

当科学课堂中出现"意外"数据时，教师要勇于直面，引领学生去思考与发现：重视事实根据，合理怀疑；倾听和考虑他人的不同观念或解释；避免在证据不充分的情况下做出判断；避免或将某结论不恰当地进行推广；注意考察任一数据来源的可靠性及重现性；多次实验，根据新的证据，怀疑并修正自己的意见。如果教师能够充分利用"意外"数据，那将更有利于培养学生的探究精神与创造性思维。

小学自然学科突出以探究为核心，而现在的课堂只能承担与完成教学一些科学知识与方法的目标任务，还不能很好地承担与完成提出的"发展学生科学素养"的目标任务，迫切需要进一步优化科学探究，活动之后的数据整理和分析便是一个很好的载体。

我们常说，有些时候提出一个问题比解决一个问题要重要，因为解决一个问题更多的是方法上的指导，而提出一个问题更需要具备较强的问题意识与质疑精神。同样，面对数据，我们更应慎之又慎。数据是学生在观察和实验中最重要的实证之一，是做出解释最重要的依据，是学生形成正确科学认识的有利武器。小学自然教学中，教师要充分利用科学数据，学会用数据说话，用事实说话，用证据说话，充分挖掘数据背后的意义，合理利用数据，从而推进学生科学探究活动，帮助学生形成正确的科学认识养成尊重事实、实事求是的科学态度，真正培养学生的科学素养。

依托创造性复述训练
挖掘语文学科育人价值

上海市青浦区沈巷小学 李 端

中国学生核心素养以培养"全面发展的人"为核心,核心素养综合表现为人文底蕴、科学精神、学会学习、健康生活、责任担当、实践创新等六大素养。语文学科是一门人文底蕴深厚的学科,学科的思想教育与语言文字训练融为一体。小学语文教材选用大量文字优美、具有一定思想性的文章。这些文章运用生动的语言塑造各种具体形象,表达作者的思想感情,或反映高尚的道德情操。教师可通过各种方式方法,引导学生品味作品语言,理解文章内容,产生如见其人、如闻其声、如临其境的感觉,引导学生从思想感情上受到潜移默化的影响。同时,语文学科对培养学生的语言表达、沟通交往、感知感悟等各种健康生活所必备的能力起到了教育影响作用。

一、课程目标

《义务教育语文课程标准(2011年版)》指出:阅读叙事性作品,了解事件梗概,能简单描述自己印象最深的场景、人物、细节,说出自己的喜爱、憎恶、崇敬、向往、同情等感受。受到优秀作品的感染和激励,向往和追求美好的理想。

沪教版小学语文五年级下册第五、六单元的重点目标是练习创造性地复述课文。创造性复述是指以原文为依据,在理解课文内容和语言形式的基础上,发挥合理想象和联想,重组课文内容和语言形式,用自己的思维方式来表情达意。

笔者结合教材内容,指导学生进行创造性复述训练的同时,引导学生接受情感熏陶,学习怎样生活、怎样做人、怎样与人相处,提升学生的综合素养,促进学生健康成长。

二、课程内容与实施策略

课堂上,笔者主要通过指导学生改变人称、角色或体裁等方式进行创造性复述,同时,引导学生紧扣文本留白处,合理揣摩人物心理活动,想象角色之间的对话等,以此丰富情节。

具体内容见以下小学语文五年级第二学期五六单元部分课文指导框架。

单元教学目标	课文	创造性复述训练点	实施建议	评价方式及关注点
第五单元主要目标: 1. 根据音变规则读准"不"的字音;积累本单元词语表中描写生动的词语。 2. 联系上下文理解词语,体会词语的感情色彩。 3. 能在阅读过程中了解作者的行文思路,体会作者选材组材的精妙。 4. 在理解课文内容的基础上,学习根据课文内容展开想象或改变叙述人称的方法进行创造性复述。 5. 读懂文章所要告诉读者的道理,感受人世间的真善美	《养花》	创造性复述"昙花开放,邀请朋友欣赏"的事例	赶到昙花开放的时候,约几位朋友来秉烛夜游,朋友们会欣赏到昙花的哪些变化?分别又会有怎样表现呢	教师即时评价:是否能说清楚昙花的变化以及主人与朋友的表现;语句是否连贯
	《信任》	在理解文本内容的基础上,让学生改变叙述人称,想象自己去桃林摘桃的经历	倘若去那片桃林,会有哪些和作者一样的经历?又会有什么不一样的经历	生生互评:是否能把所见、所做、所想说清楚;语句是否连贯
	《享受心安理得》	续编故事:假如你就是登山忘了带雨具的人,在暴雨中突然发现别人特意留下的雨具	"我"遇到了什么困难?别人怎么做的?"我"怎么享受别人的帮助?后来"我"又是如何做的	生生互评:是否能否按照提示的顺序说清楚;语句是否连贯
	《宽容》	根据小护士情绪变化的线索,加入所见所闻所想来进行复述	梳理护士情绪变化的线索,引导学生抓住她的神态或动作,揣摩其内心想法	教师即时评价:是否能从护士的角度,把所见和所想说清楚;语句是否连贯
第六单元主要目标: 1. 阅读中自主识字若干,积累词语34个,学习三句名言,两首古诗。 2. 在阅读过程中了解作者行文思路,感受文章选材、组材的特点。 3. 继续学习采用合适的方法创造地复述课文。 4. 通过学习,感受浓浓的师生情、朋友谊,体会这些朴素自然的情感滋养培育着我们的情操	《高山流水》	将文言文改编成现代文,并展开合理想象,把伯牙弹琴、钟子期听琴的情景说具体	指导合理想象钟子期听出伯牙弹琴志在高山、志在流水时,伯牙会想些什么	教师即时评价:是否能从伯牙的角度来说;是否能联系钟子期说的话猜测伯牙心里所想;语句是否连贯
	《唯一的听众》	重在指导,结合语境,揣摩老教授的内心想法,并以老教授作为第一人称复述	联系老人在那天清晨看到、听到以及她说的一番话,揣摩她当时的内心想法	生生互评:是否能以老妇人的角度来说;能否将看到的、听到的、想到的内容说清楚;语句是否连贯

依托创造性复述训练　挖掘语文学科育人价值

根据以上内容框架,课堂教学中,教师指导学生学习创造性复述课文的同时,引导他们感受人间真善美,主要采取如下策略:

1. 融入情境,补充情节,引导学生学会分享快乐

本单元第一篇课文是老舍的《养花》。本文写了作者养花的经历,切身体会到养花的乐趣,有喜有忧、有笑有泪、有花有果、有香有色,既须劳动,又长见识,抒发了作者热爱生活、热爱劳动的思想感情。第5自然段中写了"别人夸花,全家骄傲""邀请友人一起赏昙花""花儿分根,赠给他人"三个养花过程中的分享劳动果实的事例。文本内容简洁,留白空间大,教师为学生创设一定的情境,引导学生适当补充情节进行创造性复述,从而体会这份分享劳动果实的乐趣。

指导第二个事例时,教师补充昙花的资料,播放昙花开放的视频,引导学生了解昙花在夜里开放,且开放时间不长,是极难见到;让学生以老舍友人的身份,一起感受"等花开的期盼""赏花时的激动";然后再让学生交流赏花时看到昙花的变化过程,想象赏花时会说的话,表达自己的感受。

通过融入情境,学生在创造性复述时也就有话可说,语言表达更丰富了,也能体会到老舍先生那份收获成果的骄傲和与人分享的乐趣了。

2. 整合内容,揣摩人物心理,引导学生学会理解他人

《宽容》一文讲述了一个护士给"我"两次扎针,却没扎中,妻子生气,而"我"没有责怪她,并鼓励她,第三次她终于扎中的故事,主要表达了宽容这种美德带给人以力量。课文描写了护士三次扎针时的神情变化:紧张—慌乱—颇有信心。教师先引导学生思考:护士开始给作者扎针时挺紧张,手都有些颤抖,此刻,她心里会想什么呢?引导学生结合护士看到的病人血管细,旁边还有病人的妻子看着,联系自己的经验不足,心里会紧张,内心活动就丰富起来了。第一次果真没有扎中,试了第二次,又没有扎中,这时候,护士开始"慌乱"了,她看到病人妻子的怒目而视,心里又会想些什么?而被扎了两次的病人居然和颜悦色地劝她再试一次,她"颇有信心",并且第三次她真的成功了,这时候她心里又会想些什么呢?通过引导学生联系上下文的内容,揣摩护士的心理,从她的角度来看、想、做,进行创造性复述,了解护士最后扎针成功与病人理解她、原谅她的过失并鼓励她是分不开的。学生在交流中也能体会到宽容能带给人力量,明白宽容的重要性,从而学习做一个理解他人、待人宽容的人。

《高山流水》这个故事主要讲述了主人公俞伯牙与钟子期之间的真挚情谊,作

品表达了朋友间的相互理解、相互欣赏,表达了知音难觅的情感。由于这是一篇文言文,描写主要事件时所用的语言简洁凝练,人物对话想象空间大,文章所表达的"知音难觅"的情感学生理解起来是有难度的。教师引导学生在了解意思、熟读成诵的基础上,采用改变体裁的方式进行复述,即叙述为现代文,并在适当的环节指导学生揣摩伯牙和子期的心理活动。文中伯牙两次鼓琴,钟子期都说出了他所弹奏的内容,每一次,伯牙的心里怎么想的?钟子期死后,伯牙失去了这位知音,他的心情怎样,会想些什么?通过一步步推进,指导学生进行创造性复述,体会钟子期是懂得伯牙的,这样的人就是知己,是极难有的。这样,学生也就能明白钟子期死后伯牙把琴摔碎不再弹琴的原因了。引导学生进行创造性复述的同时,体会伯牙与子期之间"知音难觅"的深情,学做珍惜知音的人,就是这篇古文所要表达的育人目标。

从以上描述来看,教师通过指导学生揣摩人物心理活动进行创造性复述,在理解文本内容的同时,引导学生学习理解、懂得别人,语文学科育德的功能也就体现出来了。

3. 改变人称,换位思考,引导学生学会善待他人

《信任》一文通过记叙了桃林主人不在的情况下,"我"和丈夫到桃林自己动手采摘桃子、自觉付款一事,使"我"体验到了被人信任的喜悦,说明人与人之间的信任非常重要。教学时,教师设计了创造性复述:假如你和你的家人去那个桃林,会发生什么事情?请展开想象,用第一人称说说"我们的第一次摘桃经历"。让学生以"摘桃者"的身份体验乐趣,感受被人信任是很快乐的同时,学习做一个讲信用的人。

《享受心安理得》一文,作者通过三件事层层递进地阐明了"与人方便,与己方便"、毫无愧色地享受心安理得的道理。教师选取"登阿尔卑斯山"这件事进行复述指导,引导学生将自己当成那个登山时忘记带雨具的人,在暴雨中发现别人特意留下的雨具,自己会怎么想,等到自己安全上山之后,又会怎么做。让学生在换位思考的过程中把自己当时所想、所做的事情说清楚,引导学生理解"与人方便就是与己方便"这句话的意思,学习做"为他人着想"的人。

《唯一的听众》一文通过记叙一个"音乐白痴"成长为"能奏出真正音乐的小提琴手"的故事,引导学生明白默默的关怀、真诚的帮助和鼓励,能够帮助一个孩子树立起自信心。无论做什么事情,只要有信心,有毅力,刻苦学习,一定能获得成功。

文中的老教授是"我"成功的主要引路人。教学1—4自然段时,让学生改变人称,从老妇人的角度,用第一人称复述:一天清晨,我坐在林中的木椅上,看到了什么,听到了什么,想到了什么?提示学生要结合当时老妇人看到的孩子拉琴的样子,听到的"锯桌腿"般的声音和孩子对自己的咒骂声,猜测孩子热爱拉琴,但没有自信,如果知道有人听到他拉琴,他会窘迫不堪。引导学生理解老妇人"装聋"是在维护"我"的面子,保护"我"的自尊心,体会"我"能成功的主要原因就是老妇人的善解人意。通过复述的指导,引导学生学习像老妇人那样用合适的方法去关心他人、鼓励他人。

教师通过指导学生转换人称进行创造性复述,融入文本中,成为故事的主人公,去体会、感悟蕴含其中的道理,学习做一个为他人着想、能善待别人的人。

通过这两个单元的学习,学生在提升创造性复述能力的同时,还学习了生活、做人、与他人相处之道。

三、课后思考

上海市小学阶段已经全面使用统编教材,五年级教材中也有要求进行创造性复述指导的单元,笔者也会通过指导创造性复述训练,引导学生体会作者所要表达的情感。

教育家叶圣陶先生曾经指出"学语文,就是学做人",从某种意义上讲,育德是语文教学之根本。今后,我们要继续探索语文教学的特点和规律,在提升学生学习能力的同时,引导学生徜徉在作品语言文字中,受到情感的熏陶,培养学生的综合素养,促进学生身心健康成长。

话英雄人物　扬民族精神
——以初中语文学科"英雄故事里的民族精神"活动为例

上海市松江四中初级中学　蔡吉利

一、实施背景

英雄是民族的脊梁,是时代的标杆,是社会的良知风骨,也是根植于民心的榜样形象。英雄精神是一种伟大的民族精神,它是激励人民奋进、推动社会进步的磅礴力量。中华民族优秀传统文化中蕴含着英雄精神,而弘扬和传承英雄精神是对中华民族优秀传统文化的升华。中华优秀传统文化教育已经成为当前教育的一大热点和重点,语文新课标也提出了"弘扬和培育民族精神,使学生受到优秀文化熏陶"的要求。

部编版教材在原来教材的基础有了一些改变,其中之一就是对综合性学习的重视。开展语文综合性学习,是实施课程改革的重要举措,其主要目标是让学生在丰富多彩、形式多样的活动中开阔视野、陶冶情操、发展思维、锻炼能力。此次"话英雄人物　扬民族精神"的综合性学习,是在语文教材六年级下册第三单元课文的基础上,由课内向课外延伸的一次实践活动。学生通过参与此次活动,接受人格的洗礼,从英雄人物身上汲取精华,激起其对英雄人物的敬仰之情,培植理想信念和远大抱负,传承和弘扬中华优秀传统文化。

二、主要特色

本案例的实施对象是义务教育阶段的预备年级学生,案例主要研究的内容是英雄故事里的民族精神。本案例的实施与学校近年来大力倡导的"励志"教育相契合,以语文课堂为主阵地,以社会实践活动为辅助,力求为每一名学生提供自我成长的平台。

教扶放结合,步步生根。在资料选取、环节设计、剧本编排、参观访问等方面,给予学生必要的帮扶。凡是学生可以做到的事情,教师绝不越俎代庖,要大胆放手。强调学生的亲身经历,让学生自主学习、自主创作、自我展示、自我反思。这样有助于引导学生从学会走向会学,获得终身受益的语文核心素养。

课内外沟通,资源优化。生活处处有语文,语文的外延就是生活,语文的触须必须延伸到生活中。不断开发、合理整理、充分利用各类资源,拓宽学生的学习空间,增加学生的实践机会。通过剧本表演、故事演讲、探访故居、创作后记等方式,让学生在学语文、用语文中不断习得语文学习的规律,体会到语文学习成功的喜悦。

多元化评价,激励促进。聚焦培养学生的语文学科核心素养,笔者设计了评价表格,用于评价学生在活动中的态度、方法技能、合作精神、创新意识和实践能力等多维内容,力图实现评价主体多元化,涉及学生自评和小组互评、家长评价、教师评价、综合评语;评价方式多样化,涉及评级、竞赛、发表、兑换等多种形式,充分挖掘学生潜能,培养学生的思维能力,促进学生全面而有个性地发展。

三、主要内容

(一)"英雄故事里的民族精神"活动的整体框架

学校不仅仅承担着教授学生科学文化知识的任务,更是承担着传播优秀传统文化和引导学生树立正确的世界观、人生观、价值观的任务。我们学校始终把"立德树人"作为教育的中心环节,以"正见"文化统领学校的各项建设,培育正见未来、达观天下的新时代接班人。英雄精神是引领我国主流文化的力量源泉,是践行社会主义核心价值观的有效路径,也是增强国家软实力的重要举措。围绕学校"正见"文化和"励志"教育,整合各类课内外的英雄人物资源。同时根据新教材内容的编排和设计,并结合优秀传统文化教育的契机,不断遴选,从而设计了英雄故事里的民族精神这一案例,具体框架如下:

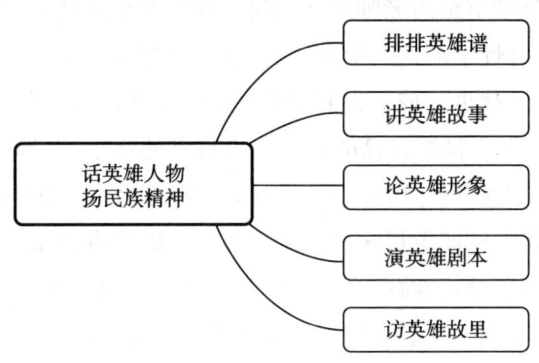

(二)"英雄故事里的民族精神"活动的主要目标

英雄故事里的民族精神这一案例研究主要的目标,是想通过综合性学习,让学生了解更多的英雄故事,寻找和发现故事中所蕴含的民族精神,提升学生的精神境界,厚植语文学科核心素养,增强学生的民族自信心和自豪感。在这个基础上,深入挖掘英雄人物身上的精神内涵,将民族精神作为一条主线索进行提炼,能够有机地结合英雄人物的精神品质与社会主义核心价值观,并引导学生了解民族精神的丰富内涵,感受民族精神的伟大力量,把英雄精神内化于心外化于形,铸就责任担当意识,树立肩负民族、胸怀天下的远大理想。

(三)"英雄故事里的民族精神"活动的实施路径

英雄是民族精神的守护神,一个有希望的民族不能没有英雄。黑格尔称英雄是"民族精神标本的博物馆"。崇拜英雄并非是中国特色,几乎每个民族都有自己的英雄情结。中华民族是崇尚英雄、成就英雄、英雄辈出的民族。在浩瀚的历史长河中,中华民族曾涌现出无数的英雄豪杰,如岳飞、文天祥、戚继光、郑成功、林则徐等。他们的名字永垂青史,他们的精神为人敬仰,他们身上所体现出来的英雄气概和民族气节是一脉相承的。时代在发展,英雄精神永不褪色。英雄人物的事迹丰富了民族精神的内涵,提升了民族精神的境界,彰显了民族精神的力量。

1. 研究主题,明确分课时目标

在执教完《为人民服务》一文后,发现学生对于主人公张思德的了解只停留在表层,对其英雄事迹和精神内涵并没有真正理解,更不用说从人物身上得到精神的启迪。确立了将英雄人物和社会主义核心价值观中的民族精神有机结合进行教育这个大方向后,立刻动员组内老师展开研讨。教师在统览教材的基础上,抓住六年级下册第三单元综合性学习这一契机,紧扣学校德育总目标,选择与梳理能够有效体现民族精神的英雄故事。依靠课程整合的理念,最后确立本次综合性学习的课程体系:第一课时,学生根据自己的喜好列出自己的英雄谱,旨在引导学生了解英雄事迹、初识英雄人物,同时培养学生搜集、整理、归纳信息的能力和口头表达能力。第二课时,讲述自己印象最深的一个英雄人物的传奇故事,旨在引导学生领会英雄内心、涵养英雄情结,同时提高学生写作能力和演讲技能。第三课时,开展"如何正确对待我们的英雄"话题讨论,旨在捍卫英雄形象、捍卫民族精神,培养学生如何客观正确地评价人物。第四课时,组织学生撰写剧本台词、排练剧本、表演剧本,旨在引导学生深入培养学生主动探究、团结合作和勇于创新的能力。第五课时,探访英雄故里、追寻英雄足迹,旨在挖掘本土的英雄人物事迹,培养学生青春信仰力量,激发他们热爱故乡、报效祖国的情感。

2. 合理筛选,确定分课时内容

依据部编版教材的编排和语文综合性学习的特征,将英雄故事里的民族精神综合性学习划分为五个课时,具体内容如下:

表1 英雄故事里的民族精神综合性学习分课时安排表

分课时	课时内容
① 排排英雄谱	1. 百家争鸣,学生围绕"什么是英雄?""你崇拜的英雄是谁?""英雄有哪些品质?"等问题各抒己见。 2. 排英雄谱,每个人列出5位英雄人物,并为每位英雄人物配上一段100字左右的简介,并说出这样排序的理由。 3. 展英雄谱,在小组内展示自己的"英雄谱",由组内推选一个优秀学生作品在班内分享交流(可以配上人物的画像)
② 讲英雄故事	1. 诵读家书,按小组诵读英雄的革命家书(篇目自选)。 2. 演讲故事,学生挑选自己印象深刻的英雄传奇故事,适当加工,写成一个生动完整的故事并将它讲述出来,先小组内推荐优秀代表。 3. 师生点评,推出最佳故事撰写者和最佳故事讲述者,推荐优秀者在班级及年级进行展示
③ 论英雄形象	1. 材料链接,提供网络上一些以"揭秘""真相"为噱头,实际上恶搞、调侃、丑化英雄人物和歪曲历史的资料,给学生阅读。 2. 话题讨论,以微博跟帖的形式进行评论,主要是分析"抹黑"英雄的表现形式及其带来的危害,分析"抹黑"英雄现象背后的原因,探讨如何抵制污蔑和诋毁、捍卫英雄形象。 3. 视频分享,观看微视频《新时代,致敬英雄》
④ 演英雄剧本	1. 编写剧本,选取剧本素材(人物、故事、时空),确定戏剧构成的成分(台词和舞台说明、人物表),成立编导组,构思剧本。 2. 排练剧本,把全班分为6个小组,让人人都有参与活动的机会;分配好角色试演,组内商议修改剧本。 3. 演出剧本,分小组进行表演,并撰写交流演出手记和剧评(演出前设计并制作海报和节目单)
⑤ 访英雄故里	1. 欣赏视频,播放泗泾本地的英雄人物史量才和马相伯的视频资料,了解英雄生平事迹。 2. 参观故居,走进泗泾本地名人"报业巨子"史量才和"民族之光"马相伯的故居,近距离了解两位英雄的传奇人生。 3. 撰写后记,根据参观故居的实际感受,并结合自己对人物生平的了解,写一篇参观后记

3. 选择内容,确认具体实施

确立研究主题和分课时目标后,组内教师纷纷建言献策,最终确定了具体的实施策略。备课组将课时统一为五课时,最终确定每周开展一课时的英雄故事的语文拓展课,通过五周五课时的连续性学习完成课程任务。这样既可以保证学生有充分的准备时间,又可以让参与面更广、形式更加丰富。针对不同课时设计相应的课时任务单和阶段性评价表,为学生在活动过程中搭建了一个支架,提供了一些路径,从而提高学生的学习效率和质量。

表 2　排排英雄谱任务单

英雄人物	人物简介(100字左右)		备注
1	主要事迹:		
	精神品质:		
2	主要事迹:		
	精神品质:		
3	主要事迹:		
	精神品质:		
4	主要事迹:		
	精神品质:		
5	主要事迹:		
	精神品质:		
排序理由			

表3 演英雄剧本任务单

小组名称		指导家长、教师	
小组长		小组成员	
剧本名称		剧本类型	
成员分工：			
剧情简介（300字以内）：			
创意说明：			
过程中遇到的困难或疑惑：			
时间安排			
注意：1. 详细剧本内容请另附页。2. 根据剧本内容设计一张海报			

四、成效与反思

通过"英雄故事里的民族精神"这一综合性学习，学生对英雄的内涵及价值有了更深刻的认识，民族情感也得到了很大的提升。通过排排英雄谱、讲英雄故事、论英雄形象、演英雄剧本、访英雄故里等形式让学生走进了英雄的内心世界，体会了英雄的英勇气概，感受了英雄的信仰坚守和情怀。通过一系列活动，让学生明白英雄之所以成为英雄，不是因为他们没有常人的欲望，而是因为他们在关键时刻能克制自己、坚守内心，做出一般人难以想象、难以做出的行为。通过设置螺旋上升的活动策略，使学生将崇尚英雄与个人经历、家庭传承结合在一起，引导学生厚植爱国情怀。

综合性学习活动是一种开放性、批判性、研究性的实践活动。在今后的语文综合性学习过程中,还有以下几个问题值得进一步思考与探索:首先,如何将语文综合性学习与学校的养成教育、励志教育活动有机结合;其次,确定的目标如何更好地体现语文学习的综合性、生成性和层次性;再次,如何确保成果展示有效性,激发全员参与热情,避免活动流于形式;最后,如何建设语文综合性学习的标准评价和档案体系,更好地促进学生全面发展。语文综合性学习立足语文课程标准,着眼于培养学生的综合实践能力、创新能力和探究能力,对广大一线教师而言是一个挑战。课堂是动态的、生成的、情境化的,只要我们大胆去实践、摸索与创新,就能寻找到语文教学的源头活水。

基于初中道德与法治课程发挥学科育人功能的实践探索

——以"宪法与美好生活"一课教学为例

上海市久隆模范中学　张世敏

一、实施背景

习近平总书记在学校思想政治理论课教师座谈会上强调,青少年是祖国的未来、民族的希望。初中阶段的"道德与法治"课程是思想政治理论课的组成部分,为了全面贯彻党的教育方针,解决好"培养什么人、怎样培养人、为谁培养人"的问题,作为一线教师,要在课堂中落实学科育人功能,体现学科育人价值,为中华民族的伟大复兴培养生力军。

随着全面依法治国的推进,在各学段的相关课程中培养青少年的法治意识显得尤为重要。初中"道德与法治"课程是培养学生法治意识的重要途径之一,在课堂教学中,为了有效实施法治教育,培养学生的法治意识,充分发挥学科育人功能,需要教师立足学生实际,选择适切的法治教育内容与教学方法。

初中"道德与法治"课程落实学科育人功能,要明确学科育人目标与实施路径。为此,教师既要拥有丰富的本体性知识,把握学科教学重难点,选择有效的教学方式方法等,还要具备一定的条件性知识与实践性知识,把握学生的认知特点,根据学生的已有认知基础开展教学,构建适合初中生的学习情境,引导学生在与环境的交互作用中培育学科核心素养,形成良好的法治意识与思想道德品质。

二、实施目标、内容与策略

（一）立足学生,从实际出发

"道德与法治"课堂中,为有效发挥学科育人功能,彰显学科育人价值,首先要

明确教学目标,即培养学生的学科核心素养,促进学生全面发展。教学必须围绕学生而展开,离开了对学生的理解与把握,教学就是无源之水。著名教育心理学家奥苏贝尔曾说:"假如让我把全部教育心理学仅仅归结为一条原理的话,那么,我将一言以蔽之:影响学习的唯一重要因素,就是学习者已经知道了什么。""学习者已经知道了什么"包括学习者已有的知识(包括但不限于陈述性知识、程序性知识、感性形态的知识、理性形态的知识)、已有的认知能力以及具备的认知的特点。

以初中"道德与法治"中的"宪法与美好生活"一课为例。《大纲》将小学阶段的教育目标定位为着重普及宪法常识,养成守法意识、培养学生的规则意识,等等。初中阶段的目标则是进一步强化权利与义务相统一的观念,初步建立宪法法律至上理念,初步具备运用法律知识参与社会生活的能力,等等。这意味着初中学生在小学阶段已经学习了相关内容,这是进行教学的前提条件,体现层层递进、螺旋上升的趋势。

根据瑞士心理学家皮亚杰的认知发展理论,初中阶段的学生已经从具体运算阶段进入形式运算阶段,即学生具备一定的抽象思维能力。基于该理论,初中学生已经"开始思考真理、公平和存在此类深刻的问题。他们开始系统地寻求问题的答案"。[①]

在"宪法与美好生活"一课中,"权利"是十分重要的教学关键词。那么,教师要如何引入"权利"的概念?面对初中学生该怎么讲述"权利"?根据初中学生的身心特点与认知规律,笔者认为,本节课与"权利"一词有关的语境以及学生需要使用的与该词相关的内容,初中生在日常学习和生活中已经默会,因此,本节课无需再详细阐述"权利"的定义。

(二) 吃透内容,明确教学重点与难点

为充分发挥学科育人功能,教师充分理解与把握学科所蕴含的德育元素,有针对性地加以选择与利用。学生的成长是通过每一个阶段学习积累而成的,是一个持续的过程,与之相匹配的学习内容也应当具有连贯性,是螺旋上升的系统。如果将不同学段教师与学生分享的知识比作同一座冰山露出水面的不同部分的话,那么,教师应该具备的本体性知识就是这座冰山本身。教师不能因为不同学段对学

---

① 【美】理查德·格里格,菲利普·津巴多著.心理学与生活[M].译者:王磊,王甦.北京:人民邮电出版社,2003:297.

生掌握的知识深度和广度要求不同,从而自身对这类知识的掌握程度也做相应的调整,这不利于形成整体观。

如此这般,学生在不同学段习得的知识容易成为碎片与孤岛,知识之间难以建立有机联系。由此,容易造成不良影响。例如:容易造成学生思维方式单一、思考范围狭窄,甚至会导致学生失去对学习相关内容的兴趣。世界是普遍联系的,联系是客观存在的,当教师在知识层面人为地切断了联系,容易导致"学习的内容"与实际生活不一致的问题,那么,教学内容便无法使学生信服,学习就失去了吸引力。

为此,教师要吃透教学内容,才能立足课堂,服务学生成长与发展。以"宪法与美好生活"一课为例。在这一课中,教师要引导学生学习《中华人民共和国宪法》第五十一条"公民在行使自由和权利的时候,不得损害国家的、社会的、集体的利益和其他公民的合法的自由和权利"的内涵,理解"权利与义务相统一"的思想。与之相应的,教师应对以下几个问题的答案了然于胸:"什么是宪法""宪法的内容有哪些""为什么是这些内容构成了宪法"……它们的答案是"宪法的概念、属性、地位、本质""宪法的分类""宪法的结构""宪法的制定""宪法的修改"等,俨然是一套《宪法学》理论体系。教师还应对权利的概念、义务的概念、法律范畴内的义务概念与其他范畴义务概念的区别、权利与义务的关系、权利的意义、权利的来源等内容有深入的了解。当然,教师的知识储备并不仅限于以上列举的内容,还应形成相应的知识网络(见图1)。

教学内容是学生重要的学习载体,教师对教学内容涉及知识体系掌握得越完整与严密,便越能避免断章取义,从而更好地把握教学重点内容。林崇德教授认为,教学重点是指在同类知识中分量大、重要的或主要的内容。那么,针对上述图1所反映的知识网络,如若教师不能对相关知识有足够的认识,又如何辨别出"在同类知识中分量大、重要的或主要的内容"呢?

在明确教学重点内容后,教师还要结合学生的实际,提炼出教学难点,即学生在理解与运用方面存在一定困难的知识。例如,在"宪法与美好生活"一课中,教学重点是理解法律限制自由、规定权利是为了让生活更有序。同时,权利是有边界的,行使权利的边界是不损害国家的、社会的、集体的利益和其他公民的合法的自由和权利。之所以设计这样的教学重点,是因为在同类知识中厘清自由与权利的关系是主要内容。在现实生活中,常有人将"自由"等同于随心所欲、为所欲为,完全不顾及他人的感受或给他人造成的不良影响,因而教学难点是辨析"自由"与"为所欲为、各行其道"的关系。

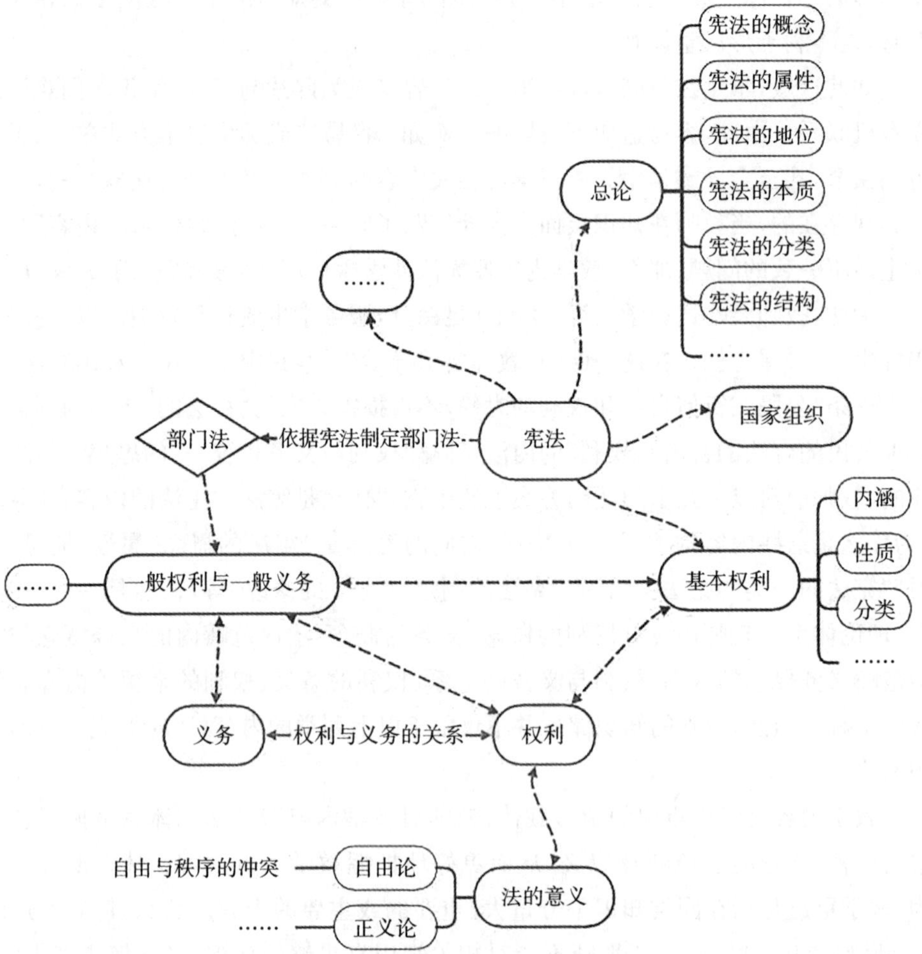

图1 以"宪法"为中心的知识网络(部分)

(三) 创设情境,培养学生素养

学科德育不是无根之木、无源之水,如果学科德育离开了真实的社会生活情境则难以达到应有的效果。创设真实的情境才会让学科德育充满生机与活力。

在中国学生发展核心素养中,核心素养被界定为"学生应该具备的、能够适应终身发展和社会发展需要的必备品格和关键能力",它是综合性的。中国学生发展核心素养之一"社会参与"中提到"学生要能明辨是非,具有规则与法治意识,积极履行公民义务,理性行使公民权利"。"公民"这一概念的核心要素是自

由和权利,拥有公民身份意味着需承担相应的责任。对青少年进行法治教育,有助于培养学生尊重宪法、遵守法律、承担责任的意识,这体现了学科本应发挥的育人功能。

初中法治教育的重点并非让学生熟知法律条文,而重在培养学生的法治意识。为了培养学生的学科核心素养,教师需要创设符合学生学习生活实际的教学情境。学生是社会人,每天都在阅读社会这本"教科书",这是一本包罗万象的"教科书"。现代认知心理学认为,知识是个体通过与环境相互作用后获得的信息及其组织。因此,教师创设的教学情境要尽量接近学生现实生活,从而有利于激发学生的学习兴趣,提升教学实效。以"宪法与美好生活"一课为例,在导入环节,教师设置以下三个问题:

问题一:请同学们描述一下校门口的马路是什么样子的?
问题二:马路上是否可以不要这些设置?为什么?
问题三:非机动车能不能占用机动车道?为什么?

教学中,教师从学生日常生活入手,引导学生从回忆校门口的马路开始,这一情境设置使教学与学生生活相结合。当学生描述校门口的马路分为人行道、非机动车道和机动车道之后,教师提出以下问题:"校门口的马路是否可以不要这些设置?为什么?"这一围绕马路上的设置展开的思考,就是"个体是在与环境相互作用"。学生认为马路上不能没有人行道、非机动车道和机动车道等设置,因为有了这些设置才能确保行人的安全,以及马路的秩序。这一回答的逻辑是"没有了那些设置"不等于"自由"。为自由设限,是为了更好地实现自由,即自由并不意味着为所欲为,绝对的自由会引起混乱,让自由消失殆尽。实现自由的过程需要受到一些约束,此时便需要法律的存在。在法律领域,自由就被称为"权利"。学生围绕这一问题思考的结果,便形成了对世界的认识。

在现实生活中,"高铁霸座""公交坐过站,抢夺司机方向盘"等现象暴露了一些人为了一己私利,存在不顾他人利益,甚至罔顾他人性命的不良行为。教师设置的问题三体现的情境正是对此类社会现象的思考。学生得出机动车与非机动车要各行其道,不得损害对方利益的结论。这恰是写入我国宪法的基本原则:"公民在行使自由和权利的时候,不得损害国家的、社会的、集体的利益和其他公民的合法的自由和权利。"在这样的讨论中,学生形成了"只有群己权界,也就是权利和义务的统一才能保障美好生活"的认识。

毋庸置疑,这类侵犯国家、社会、集体利益和其他公民合法自由和权利的行为

主体必须承担相应的法律责任,受到法律的制裁。因此,可以在这个情境中继续设问,从而加深学生对法律的理解与认识。

(四) 兼顾"道德"与"法治",两者不可偏废

法治教育与道德教育密不可分。在课堂中进行法治教育时,如果只有冰冷的法条,疏于培养学生的责任担当、道德、仁爱等品质,以及缺乏对生命的敬畏之心,那么这样的法治教育是有失偏颇的,未能真正发挥学科育人功能。

实施法治教育,旨在帮助学生树立正确的法治信念。人们只有在道德认知与道德情感共同作用下,才能建立和强化法治信念。法治信念是对法治所蕴含的价值观高度认同的心理机制,它激发人民以法治观念指导和规范行为。[1]

课后,笔者通过反思,领悟到:在"宪法与美好生活"一课的授课过程中,有一个环节处理不当,在该环节中,笔者仅强调了法律范畴内的"权利与义务的统一",而忽略了道德上的责任与担当。

笔者请学生列举生活中能够体现"权利与义务相统一,让生活更美好"的事例。有学生回答道:"我们有接受教育的权利,同时,我们也有好好上学的义务。"不难看出,学生将法律范畴的义务与道德范畴的义务混淆了。笔者虽在此处进行澄清,但仅限于法律范畴,学生有接受教育的权利,相对应的义务是不损害其他学生接受教育的权利。但遗憾的是,此处笔者没有就学生回答的"好好上学的义务"进行追问。如果当时能够对学生的回应进行追问,比如:"你是怎么想到还有好好上学的义务"或"你是怎么理解好好上学这个义务",想必,学生会有更精彩的回答。

美好生活应是道德范畴的"自律"与法律范畴的"他律"共同作用的结果,培养学生权利和义务的统一的意识也离不开培养责任和担当意识。在教学中,教师应当秉持道德与法律并重的理念,引领学生追求正义与善的美好生活。也只有秉持这样的信念,教师才能更全面地发挥学科育人功能,培养能够担当民族复兴大任的时代新人,为实现中华民族的永续发展提供力量。

---

[1] 戴木才.人民要论:坚持依法治国和以德治国相结合[N].人民日报,2017-2-14.

理直气壮上好思政课
——以"让友谊之树常青"一课教学为例

上海市青浦区重固中学 邓朝辉

2019年3月18日,习近平总书记在学校思想政治理论课教师座谈会上强调,"我们办中国特色社会主义教育,就是要理直气壮开好思政课"。作为一线思政课教师,如何才能理直气壮上好思政课?

一、课前调查打牢基础

了解学情、搜集资源、创设情境,并使学生提前进入学习角色,为教学设计、课堂教学奠定良好基础,是课前调查的重要作用。

(一) 正确把握学情

课前调查是教师了解学情的重要手段。通过课前调查并以调查反馈作为课堂切入点设计并展开教学,能迅速切入话题,吸引学生,增强课堂的针对性。

执教"让友谊之树常青"一课前,针对学生在交友以及呵护友谊方面的经验及困惑,教师设计了一份课前问卷。课堂教学以问卷中第一个问题"在学习、生活中遇到困难,你会向谁倾诉或寻求帮助"作为导入,引导学生对"友谊"这一话题进行探讨。

在执教过程中,教师围绕学生在问卷中反映出来的"困惑",设计相应的教学情境,引发学生思考和讨论。课堂讨论的话题是学生的真实困惑,课堂教学的过程就是分析和解决学生实际问题的过程,因而整节课学生始终表现出浓厚的兴趣和很高的参与度。

(二) 搜集合适的、具有代表性的教学资源

教学设计的过程中,搜集合适的、具有代表性的资源是相当耗费精力的。与大

海捞针似的在网上搜集材料相比,从学生在调查中反馈的情况入手,这不失为一个好的选择。通常,学生反映的问题具有典型性与代表性。教学设计源于学生生活实际,更能激起学生兴趣、引起学生共鸣。课前调查除了能帮助教师准确了解学情,还能为课堂教学提供相应资源。

在执教"让友谊之树常青"一课时,通过调查,教师发现学生建立友谊的主动性并不是很强;在呵护友谊方面,用心体会对方的感受并采取相应行动做得不是很好,且发生冲突后虽懂得要反思但行动力不足。根据这些情况,本课教学设计了"小鹏交友记"这样一个故事,通过设置"小鹏"这样一个积极主动而又有些"行事考虑不周"的形象,引导学生在分析其交友行为过程中达到自我反思的目的,并将"朋友的什么行为会让你感觉不被尊重或难以接受""朋友,我想对你说……"等作为资源呈现于课堂上,引导学生思考自身在现实生活中交友方面存在的不足,并给予他们道出内心真实想法的机会,促进学生增进与同伴的感情,提升人际交往能力。

(三) 引导学生"入戏"

教师唱"独角戏"的课堂往往是无味的、低效的,而让学生"入戏"的工夫不仅要做在课堂上,课前的工夫也不容忽视。设计与开展课前调查,能让学生在课前便对相关学习内容进行思考,这对活跃课堂氛围、促进学生思考等也能起到很好的促进作用。

当然,课前调查并不一定要采取问卷的形式。课前预习单的合理设置,也可以收集有效信息;课间走进教室,有意识地和学生聊一聊、谈一谈即将学习的内容,做个有心人,也能获取有用的信息。做好应对,不上无准备之课,课堂才能有理有据,理直而气壮。

二、"一案到底"串联全课

案例教学是思政课教师在教学过程中经常采用的方法。一个个鲜活的案例将生活场景引入课堂,师生在共同分析案例的过程中,课本中的内容也跟着活了起来,教学效果就能水到渠成。

党的十九大报告指出,要"讲好中国故事"。在学校思想政治理论课教师座谈会上,习近平总书记提出,"思政课要坚持灌输性和启发性相统一"。选择或者运用好的案例辅助教学是思政课教学中落实"讲好故事"与"启发性"要求的重要体现。

好的案例实际上就是"好的故事"。好的故事能吸引人,好的故事能启发人,好的故事能营造良好课堂氛围,好的故事能引导学生发现问题、分析问题、解决问题,好的故事能带来好的教学效果,思政课教学也要学会"讲好故事"。

由于一堂课往往涉及多个不同的教学任务,可能需要多个案例分别辅助,教师在教学过程中需要在不同案例中进行切换。这不仅给教师收集和分析案例增添了难度,同时,涉及不同内容的案例往往容易导致课堂环节缺乏连贯性。如果能根据课堂教学目标,采用"一案到底"的方式,就能在很大程度上避免课堂各环节相互割裂的问题,体现课堂的整体性,也便于层层推进解析案例,提升课堂教学实效。

本课教学中,教师根据课前调查设计了"小鹏交友记"这个中学生的交友故事,从"征友启事"到"初次见面",再到"重中好声音",最后走向"结局"。整个案例环环相扣、层层推进,分析过程中,学生似乎跟同龄人"小鹏"一起尝试交友,一起面对困难,一起应对挑战,一起呵护友谊,一起感受成功的喜悦。整节课流畅而富有层次感,贴近学生实际,激发了学生的学习兴趣。

当然,合适的案例、好的故事有时是可遇而不可求的,需要教师在日常生活中做个有心人,需多看多读多思考,有敏锐的洞察力,能够将典型的案例与教学内容相结合,有效挖掘与利用各种教育资源,为课堂教学服务。

三、助力学生实现"知行合一"

引导学生实现"知行合一"是思政课教学的重要目标。学生在课堂中所学的知识最终要落实到日常生活中的一言一行、一举一动中,而这些言谈举止,不仅仅是对课堂所学知识的落实,更会对他们的成长与发展起到举足轻重的作用。为此,教师要在学生心中种下真善美的种子,帮他们系好"人生的第一粒扣子"。

思想政治理论课作为落实立德树人根本任务的关键课程,教学尤其要关注引导学生将课堂所学的正确理论落实到行动中,用理论指导实践并逐步改进实践,做到知行合一。教师要创设尽可能贴近学生实际的情境,让学生通过丰富的活动,尝试运用所学解决问题,这也是落实"理论性和实践性相统一"的重要手段。

在学生学习建立友谊的两大原则——开放自己和持续行动之后,教师设计与开展了"交友大会"这一模拟交友活动;在"小鹏交友记——结局"环节,设计了"化解冲突并表演"活动,鼓励学生尝试运用所学知识去建立友谊、呵护友谊。两个活动都是基于学生现实生活而设计的,引导学生学会从多角度分析与解决问题。根据课后跟进了解,六(1)班季同学、六(3)班杨同学、六(4)班赵同学等课堂活动的主动参与者,课后真的与课堂所选择的活动对象建立了初步的友谊,相信这一经历也会对他们今后的交友及人际交往产生一定影响,真正达到知行合一。而那些课堂上没有亲自体验的学生,相信也会通过课堂观察获得一些间接经验。

需要注意的是,情境是动态的、变化的,活动的创设需要在课前做好充分预设,并且要在课堂实践过程中不断完善,越接近现实、活动要求越明确,对于课堂教学的完成度以及现实生活的指导意义越大。例如"交友大会"活动,最初的设计是在同桌间开展(见图1),实际操作中发现同桌在日常学习中通常都已经建立了比较熟悉的关系,活动对帮助学生建立新的友谊意义并不大。在进一步的课堂实践中,又出现了面对同学良好的交友举动,被动交友的同学没有任何回应的尴尬局面。因此,在后来的教学实践中,教师又进一步明确了活动要求(见图2)。同时,教师需做好现场及时指导的准备,如此才能确保有效达成教学目标。

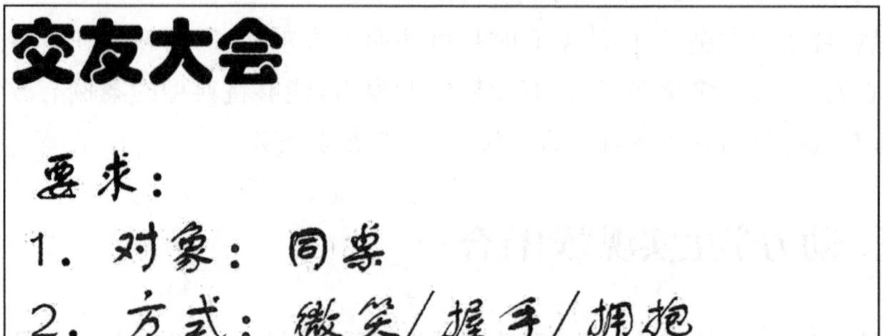

交友大会

要求:
1. 对象:同桌
2. 方式:微笑/握手/拥抱
3. 语言:XXX(姓名),你好!
希望我们能成为好朋友!

图1

四、有效整合利用信息技术

"思维要新"是习近平总书记对思政课教师提出的"六要"之一。有效整合运用

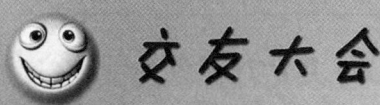

图 2

信息技术,不断丰富活跃课堂资源的呈现形式,是教师思维新的一种表现。

目前,运用 PPT 辅助教学,已经是很多教师的常态。PPT 可以帮助教师把图文影像等资源快捷直接地呈现出来,节省时间、活跃课堂。如何让日常的 PPT 更大限度地发挥作用呢?就需要教师尝试摸索软件的性能。

本堂课主要呈现的资源有两大类:一是课前调查结果的反馈,二是"小鹏交友记"的推进。调查结果的反馈最初是用简单的表格及文字呈现统计数据(见图 3、4),这种呈现方式难以有效激发学生的参与热情。

图 3

图 4

在后续的教学实践中,纯数据的调查反馈修改为用饼状图的方式呈现(见图 5),纯文字的反馈则做成弹幕的样式(见图 6),形式更加活泼。特别是弹幕配背景音乐的呈现方式,符合当下媒体交互性的特点,极大地吸引了学生的注意力,提升了学生参与课堂的积极性,教学效果自然也更加显著。

作为贯穿全课的故事"小鹏交友记"的呈现方式也在很大程度上影响着课堂氛围和教学效果。教师将整个故事分为"征友启事""初次见面""重中好声音""结局"

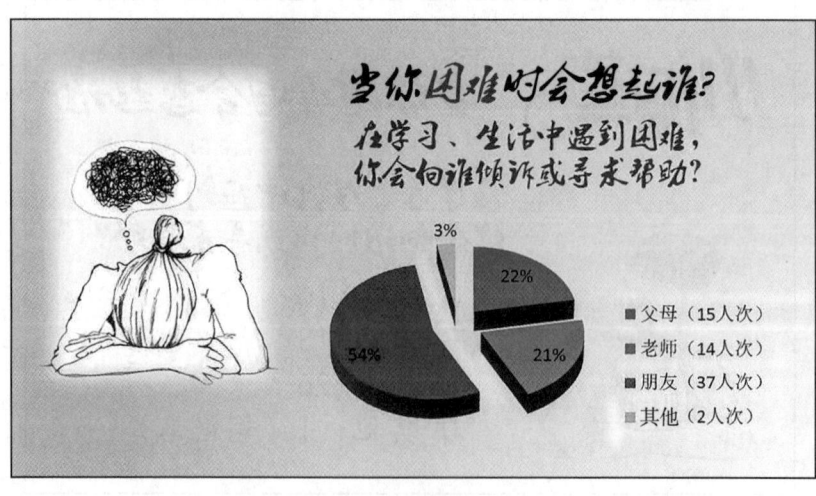

图 5

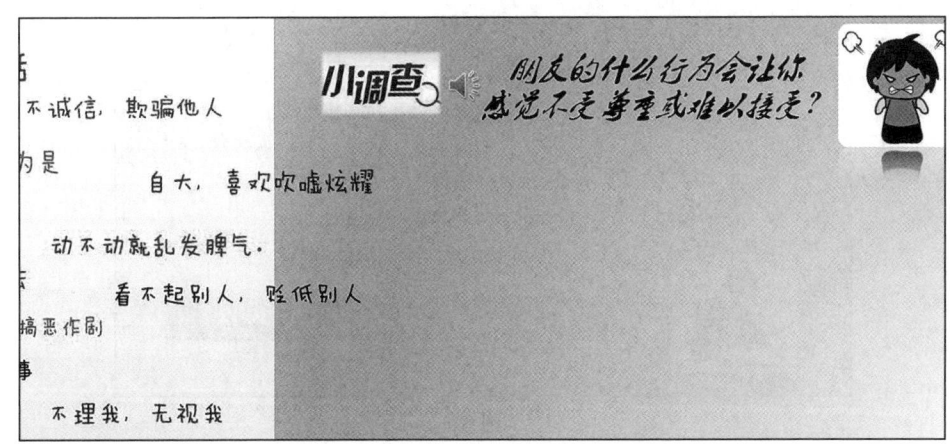

图6

四个部分,每个部分辅以相应的动画形象衬托氛围(见图7—图10)。故事的主体描述,则是请学生当场朗读与播放事先录音的形式相交错,以期最大限度减轻学生的视觉疲劳与思维疲劳。

此外,在PPT页面切换的效果上,充分运用了PPT2013提供的"涟漪、帘式、飞机"等效果,力求生动活泼。字体主要采用"叶根友毛笔行书、方正喵呜体",进一步丰富了课件的可观赏性,营造了良好的课堂氛围。声音、影像的应用,以及教师对课堂细节的把控,让课堂呈现的内容更加丰富、有趣。

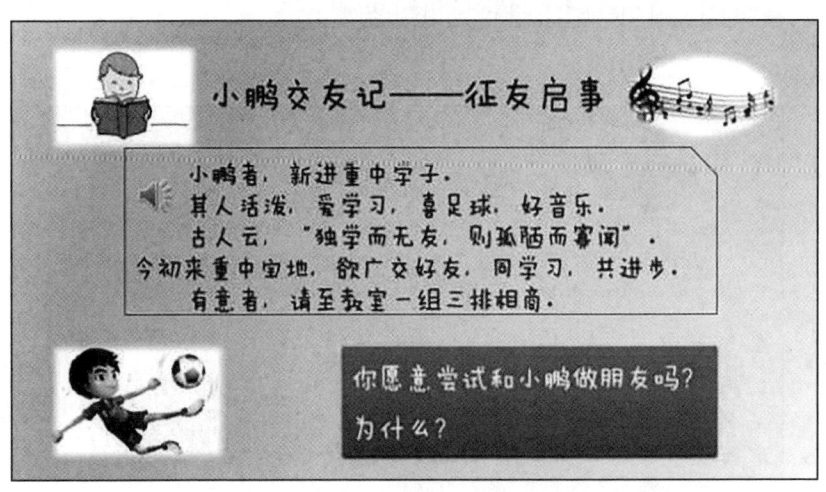

图7

图 8

图 9

图 10

教师充分运用多媒体技术呈现教学资源,引导从视听、思维等多角度学习相关内容,拉近了学生与课堂、与实际生活的距离,从而有效提升了课堂教学实效。当然,信息技术是辅助教学手段,是为课堂增色添彩的,不能喧宾夺主。

习近平总书记强调,办好思想政治理论课关键在教师,关键在发挥教师的积极性、主动性、创造性。只要思政课教师都能深刻认识到这一点,从"精准把握学情、科学选择案例、讲好教学故事、有效开展活动、生动资源呈现"等方面不懈努力,"不懂就学,不会就练",化压力为动力,不断思考与改进教学方法,提升教学能力,定能理直气壮地走进课堂,上好每一堂思政课,携手迎来思政课美丽的"春天"!

运用"小先生制"提高道德与法治课堂讨论质效的实践探索

上海市奉贤区金水苑中学　陶家乐

一、案例概述

道德与法治学科是德育课程的主渠道之一,反映了新时代的育人要求。道德与法治课堂教学中应关注学生自主探究、独立思考、实践创新等能力,课堂上不能依靠教师的理论灌输和说教,应提倡以学生作为主体,创设有价值的活动,让学生主动参与课堂教学。小组讨论是课堂活动的常见组织形式,在课堂中运用小组讨论的形式不仅能调动学生的学习积极性,还能培养学生的表达能力、合作意识、学科关键能力等,从而实现课堂教学的目标。然而,在实际教学中发现,小组讨论往往流于形式,没有达到应有的效果。

其一,讨论的问题价值不高。为了调动学生的积极性,教师会在课堂中设置相关小组讨论问题。但有些问题缺乏讨论的价值,学生可以通过自主学习来解决,此时再设计小组讨论,基本就是流于形式,难以有效发挥讨论的应有作用。

其二,学生的参与程度不高。学生已经熟知小组讨论的基本形式,只要教师发出指令,他们可以很快投入讨论中。但要注意的是,道德与法治学科的讨论主题和其他学科有所区别,既不是合作完成一个会话,也不是解决一个几何问题,而往往是针对某一材料或某一行为进行具体分析。所以在小组讨论中容易出现只有一两名学生在发言,或者大家聚在一起无序发言等现象。讨论结束后,仅由几个代表来发言,教师较难掌握是否每个学生都参与讨论过程。

其三,教师的引领作用有限。在课堂讨论中,教师一般在教室里巡视各个小组的讨论情况,适当参与他们的讨论。但是一个班级里有多个讨论小组,在规定的讨论时间里,教师仅能和部分小组进行简单的交流,很难对各个小组的成员进行指导。如果小组里缺乏引领之人,组员容易出现纪律松散、无话可说等问题。

因此,笔者尝试将陶行知的"小先生制"运用在课堂小组讨论中,切实提高道德与法治课堂讨论的有效性。

二、目标与思路

与生活实践相结合的德育,才更具有说服力。道德与法治学科强调学科知识与学生生活相联系,实现道德与法治的内在融合。因而,教学应该站在学生的视角,考虑学生的生活需要,基于学生的困惑,创设真实的主题情境,将书本知识迁移应用于解决真实情境下的实际问题,这也是基于学科核心素养培育的课堂教学的本质特征。

"小先生制"是陶行知先生在开展教育实践过程中依据"即知即传人"的原则,采取小孩教小孩、小孩教大人的方法,倡导并推广实施的一种教育组织形式。"小先生制"是针对当时国情而实施的教育方法,实践证明这一形式充分发挥了学生的主体性,与"以学生发展为本"的新课程理念十分契合,是一种行之有效的教育方法。小组讨论与"小先生制"的理念与方法一脉相承,充分尊重学生的主体性,改变传统的接受型学习方式,激发学生学习兴趣和主动性,将"课程育人"融入学生生活。

三、过程与方法

(一) 设置合适的讨论小组

传统的课堂讨论小组以座位前后四人为单位,如此小组之间的情况不尽相同,如某个小组里有两至三名表达能力较好的成员,但另一个小组的成员都不善于表达。因而,要想开展有效的课堂讨论活动,需求合理分组,"小先生"便是其中的重要角色。

教师在建立小组时,首先要尊重学生的意愿,让学生自由组合,形成学习共同体。然后再根据各小组的实际情况适当调整。小组内各成员之间应存在差异性,有利于发挥互补效应。为了加强小组管理,每个小组可设一至两名"小先生",一般由表达能力较好、组织能力较强的学生担任。小组规模一般控制在四至五人。如果成员过多,在有限的时间里成员之间难以充分交流,也不利于维持讨论秩序;如果成员较少,大家可以共享的资源有限,较难体现优势互补,也难以达成良好的讨论效果。

(二) 确立科学的讨论步骤

讨论的目的是促进学生之间思维碰撞,合作解决学习中遇到的问题。为避免讨论过程中出现偏离主题、秩序混乱、回答缺乏条理等问题,"小先生"要在小组讨论中发挥示范引领作用,确保讨论高效开展。为此,笔者在组织课堂讨论时,围绕"讨论前—讨论中—讨论后"三个步骤展开。

1. 讨论前:引导学生独立思考

教师出示讨论话题后,要求学生不要急于讨论,而是针对讨论话题进行自主学习与独立思考,将自己的观点与问题记录下来。

2. 讨论中:组织学生进行思维碰撞

在小组讨论过程中,"小先生"需承担以下工作:检查每名成员是否写下自己的想法,安排组员有序进行发言。为此,一方面,"小先生"需要具备一定的管理能力,需安排好各个成员的发言时间,发言简明扼要。另一方面,"小先生"还应具备一定的知识积累,如果组内成员在准备发言时遇到困难,"小先生"可帮他梳理自己的观点。如果小组成员意见存在分歧且在"小先生"能力范围之外时,可以向教师求助,在教师指导下进行商讨。讨论中,教师作为学生学习的组织者、引导者和合作者,在小组间进行巡视,确保小组需要时给予及时的帮助与指导。

3. 讨论后:组织学生归纳总结

小组在规定时间内结束讨论,每名成员根据小组讨论意见与结果,进一步归纳与总结,充实与完善自己的观点。接着,由"小先生"推荐或者教师指定人选进行成果分享。汇报的学生可以发表经小组讨论后形成的共同观点,也可以表达自己与小组成员之间存在不同意见的观点,以便在全班层面进一步交流与讨论。

以"道德与法治"六年级全一册第五课"交友的智慧"中第二目"网上交友新时空"一课为例,课堂中教师设置了辩论,论题为"网络交友是利大于弊还是弊大于利",学生需要对论题进行深入思考和分析,聚焦"独立思考""思维碰撞""归纳总结"三个维度完成下表的填写。

课堂讨论记录单	
独立思考	我的看法：
思维碰撞	小组观点：
归纳总结	我的汇报：

（三）形成多元的讨论评价

有时由于受多种因素影响，几名小组代表发言后课堂讨论就结束了，教师并没有对各讨论组进行细致的评价，这会在一定程度上降低学生的讨论热情。总结与评价是小组讨论的重要环节。在总结环节，教师需归纳学生汇报的基本观点，并就讨论中大家忽视的问题进行补充说明，培养学生学会全面看待问题的能力。在评价环节，教师要组织学生对讨论成果进行评估，可以采用自我评价、学生互评、教师评价等方式，从而使评价更客观与全面，有效发挥评价的诊断、导向、监控和激励等功能。

四、成效与思考

（一）实施成效

1. 充分发挥学生的主体作用，提升了学生的综合素养

课堂中，在学习教材中的一些理论知识时，学生可能会觉得枯燥，学习的积极性与主动性不高，课堂变成教师的"一言堂"。采用"小先生制"可以让学生之间交流，引导学生在互动中感受到学习的快乐，营造轻松愉快的课堂氛围，激发学生的学习热情。在整个讨论过程中组员间要不断沟通，查漏补缺，互相帮助，才能保质保量地完成学习任务。在遇到问题时，"小先生"就是以小老师的角色来引导组员开展讨论，这便需要他动用已有知识与经验去发现问题、分析问题与解决问题，这充分体现了学生在活动中的主体性，提升了学生的综合素养。

2. 优化了课堂教学方式，促进了教师专业发展

运用"小先生制"，以学生为主导，组织学生以小组为单位进行讨论时，创新了

教学组织形式，每一个人都参与其中，充分调动了大家的积极性，有利于促进学生与学生、教师与学生之间的沟通与对话，形成良好的课堂氛围，引导学生通过讨论主动获得新的知识与技能，提升了学生解决问题的能力，提升课堂教学实效。在讨论过程中，教师需要适时介入与指导，需要具备一定的专业能力，这在某种程度上也促进了教师专业发展。

3. 有效发挥了课程育人功能

道德与法治学科是国家课程，体现了国家意志，是德育课程的主渠道。《中小学德育工作指南》提出："充分发挥课堂教学的主渠道作用，将中小学德育内容细化落实到各学科课程的教学目标之中，融入渗透到教育教学全过程。"在"道德与法治"课中运用"小先生制"，符合学生身心发展规律与成长需求，引导学生关注社会生活，有利于发挥学生的自我教育作用，促进学生在交流互动中增强情感体验，初步形成正确的世界观、人生观和价值观。在"小先生"的组织下，学生通过参与"道德与法治"课堂小组讨论，养成了良好的政治素质、道德品质、法治意识和行为习惯，形成了积极健康的人格和良好心理品质，培育了学科核心素养，充分发挥课程育人功能，为学生成长成才奠基。

（二）实施思考

1. 精心设计讨论内容

在课堂讨论中论题的设计尤为重要，直接影响课堂讨论效果。在"道德与法治"课中运用"小先生制"时，教师需要在课前做好相应的准备，精心选择讨论主题，明确讨论方向，把握好课堂讨论的问题的广度和深度，将教材内容和学生生活有机结合起来。讨论主题应聚焦教材的重点与难点，设计的问题要面向全体学生，尽量做到难度适宜，以确保教学的针对性与有效性。

2. 充分尊重学生的主体性

在小组讨论过程中，要充分发挥每一个学生的积极性与主动性，尽量确保每一个学生都有表达自己观点的机会，都能参与展示与分享自己的学习成果，促进学生与学生、教师与学生之间的思维碰撞。在此，"小先生"发挥了示范和组织的作用，教师要适时引导他们充分认识到每一个学生都是平等的个体，每个人都有表达自己观点的权利。学生通过交流与分享，在巩固与完善已有认知的基础上形成新的认知。

初中阶段是学生价值观形成、思维品质养成的重要阶段,"道德与法治"课堂要着力培养学生学会独立思考、大胆表达观点、合作探究的能力。教师要根据该年龄段的学生身心发展特点与认知规律,不断改革创新课堂教学组织形式,提升思政课的感染力与吸引力,培养学生的学科核心素养,促进学生全面发展。

开发"3W 浸润式场馆教学"课程
拓宽学科育德时空

上海市静安区市北初级中学北校　易传辉

一、实施背景

《中小学德育工作指南》指出：实践育人是学校全面育人不可或缺的重要环节，学校要积极挖掘社会各方面的教育资源，广泛开展社会实践，组织学生走出教室、走出校园。

当前，中小学在推进社会实践教育过程中存在以下三个突出问题：第一，社会实践教育实践经验缺失与资源积累相对不足，限制了社会实践教育的质量提升与价值实现，间接影响了学生相关能力的培养；第二，社会实践教育指导教师专项知识与能力不足，制约了教师把握教学设计、实施教学、完成教学目标的效果，造成社会实践教育效能欠佳；第三，教师专项研修资源稀缺，阻碍了教师专业发展，同样也会影响社会实践教育实效。

那么，如何充分利用好场馆教育资源，使之更好地与学校教育教学有机整合呢？开发"3W 浸润式场馆教学"课程就是一种很好的途径。

二、主要特色

"浸润式教学"即教师将自己的教学意图渗透在特定情境（这里特指场馆）之中，以活动为载体，通过师生间积极的交往与互动，帮助学生习得社会性知识，初步形成积极的社会性情感体验的一种教学方法。

"3W 浸润式场馆教学"是全员（Whole students and teachers）、全学段（Whole process）、全学科（Whole subjects）对博物馆、图书馆、科技馆等文教场馆及其衍生平台的开发与利用，使之服务于教育教学的一种教学方式。通过整合三类课程，

将教学内容与具体场馆挂钩,增加教学的互动性和情境性,以此丰富课程,拓宽学生的眼界,激发学生的学习兴趣,培育学生的学科核心素养,促进学生全面发展。

三、主要内容

(一) 问卷调查,了解学生实际需求

为了解学生参观各类展馆的现状,将此作为活动设计参考以及活动前后对比的参照,我们围绕学生参观场馆的次数、原因、收获等进行了问卷调查。

据调查,学生参观场馆的频率一般一年一次,主要集中在双休日,参观的主要原因是教师在课堂上提及该教学内容可以通过参观场馆获得(49.1%),其次是对展品本身感兴趣(33.6%)。参观后,53.2%的学生反映拓展了视野,37.7%的学生认为对理解课堂内容有帮助。在参观场馆过程中,让学生印象最深刻的是展品,但也有39.3%的学生对场馆的环境、展示手段等方面感兴趣。

在参观过程中,超过九成的学生希望有相关讲解支持,有80.7%的学生听过讲解,69.2%的学生没有参加过场馆组织的活动而希望场馆能够多组织诸如考察等实践活动。89.5%的学生希望到场馆上课,36.4%的学生希望以带着问题参观场馆的方式进行学习。

由此可见,学生对场馆有较高的兴趣,也有一定的了解,这就需要教师结合教学内容进一步挖掘与利用相关教育资源,设计与实施相应的课程,最大限度地发挥课程育人功能。

(二) 全学科融入,充分利用场馆资源

社会实践需要学科全面参与。为了引导学生深入体验,项目实施过程中所有学科均有参与,教师通过调查与了解,挖掘本学科的展馆资源,如在学习历史、物理、化学、地理、美术等学科过程中,可以充分利用历史博物馆、科技馆、地质馆、天文馆、美术馆等大量展馆资源,在政治学科教学中可以结合参观城市规划馆等活动,体育学科则找到了一些高校体育学院的博物馆或与体育相关的行业博物馆。最后,连语文、数学、英语等学科也参与其中,寻找到相应的场馆资源。

(三) 精耕细作,编目建档

为了有效发挥场馆的教育功能,我们要求每个学科结合教学知识点"建目编档",将教学内容与具体场馆、展品等相结合,选择适切的教学方法,探索"馆教结合"的有效途径,提升教育教学实效。

为了进一步细化与优化"馆教结合"内容,各学科教师将相关学科知识点与场馆展品相结合,设计一系列活动,提升教学的针对性与有效性。以历史学科为例:

表1 "馆教结合"内容列表

知识点	出处	博物馆	展品	备注
人类起源;原始人类的外貌和生活	《中国历史》教材七年级第一学期第一课"中华文明的曙光"、第二课"原始农耕形成"	上海自然博物馆	原始人骨骼化石、标本、旧石器、新石器、原始人生活复原场景	
原始社会陶器	第二课"原始农耕形成"	上海自然博物馆 上海博物馆陶瓷馆	原始陶器	学习龙山文化、大汶口文化、河姆渡遗址、良渚文化、崧泽遗址、马家窑遗址相关知识
国君权力的象征——十字纹钺	第3课"国家的诞生与发展"	上海博物馆青铜馆	夏朝的十字纹钺	书上插图实物
……	……	……	……	……

(四) 制作微课,创新教学模式

我们将每一次的活动制作成微课,形成"馆教结合"微课程,以便师生随时、随地学习与共享。"馆教结合"微课程采用"1+3"模式,即一个主题、三个课时(分别为"准备""探索""分享与拓展")。以语文学科"走进鲁迅"社会实践微课程为例:

1. 准备阶段

(1) 视频一:鲁迅的一生(教师主讲+PPT)

(2) 视频二:温馨小贴士(内容包括:① 爱护展区内文物展品,公共设施及花草树木。② 展厅内须经有关部门同意并办证后方可拍照和摄影。③ 在展厅内做到不奔跑、不大声喧哗。④ 保持馆内环境整洁,禁止吸烟,不吃食物,不喝饮料,等等。⑤ 进入展厅参观时,听从工作人员指挥,上下楼梯靠右行。⑥ 带着相应任务文明参观。⑦ 衣冠不整、酗酒者谢绝参观。⑧ 禁止宠物入馆。⑨ 遇到重大活动或特殊情况,暂停开放,以告示为准。形式由学生自编自演。)

(3) 制作学习任务单

学习任务单分多个板块,一般包括场馆简介、温馨提示以及作业等。通常作业以"想一想""练一练""做一做"等形式呈现,旨在促进学生在参观过程中进行思考与探究。

2. 探索阶段

(1) 视频三:场馆内讲解员场馆简介(讲解员主讲＋PPT)

(2) 视频四:分组合作研讨问题,如鲁迅为什么被臧克家评价为"活在人民心中的人"? 回答可从作品、为人处世、精神等方面展开。

3. 分享与拓展

(1) 视频五:朗诵《有的人》

(2) 视频六:分享"我喜欢的鲁迅作品人物"

(注:上述视频都具有以下特点:① 容量小,涉及知识点比较单一;② 时间短,一般不超过10分钟;③ 结构完整,包含了教学各个基本环节,如教学目标、教学内容、教学评价等,能够在语意上表示自身意义,无需再参考其他信息来帮助理解;④ 便于传播和学习。微课程具有相对独立性,视频格式一般为支持网络传输的流媒体格式。学习者可以利用电脑、手机、IPAD等设备随时随地进行学习,充分体现了数字技术的普适性与便利性。)

(五) 形成序列,循环探索

我们根据学生年龄特点与学科特色,拟设立八个活动主题,形成序列:例如针对预备年级学生活泼好动的特点,第一学期利用教科书上"了解中国武术历史和文化,武术之魂,延续学习中华之传统"的内容,安排学生参观上海体育学院武术展览馆,通过参观帮助学生领略武术的精气神,学习中国传统美德,培养吃苦耐劳精神。七年级学生处于"三观"形成关键时期,可引导学生进一步学习老一辈无产阶级革命家身上的光辉品质,因而设计了"走近鲁迅"这一教学内容。初二学生正值青春期,思维活跃,可组织学生前往上海博物馆领略厚重的历史,厚植家国情怀。初三

年级学生面临毕业,可以引导学生进行"生涯规划",结合"道德与法治"课本相关知识,参观"上海城市规划馆",领略上海城市发展历程,展望上海未来发展的美好蓝图,感受上海改革开放以来的可喜成果,树立道路自信、理论自信、制度自信和文化自信。

四、成效与反思

(一) 成效

"3W浸润式场馆教学"课程的开发与实施,促进了师生共同成长,具体体现为以下三个方面:

其一,微课的开发与实施,提高了教师的职业技能和专业水平。教师带领学生参观相关场馆,探索"基于场馆的社会实践"的有效方法。在"馆教结合"社会实践微课程开设过程中,我们注重收集过程性资料,要求教师事先到相应场馆踩点,精心设计教学流程,准备学习单以确保实践成效,并在此过程中做好阶段性小结工作。由此,进一步提高了社会实践教育指导教师专项技能以及社会实践教育的效能。另外,在探索过程中,跨学科教师之间、教师与场馆工作人员之间,经常就如何充分利用场馆资源、围绕如何提升学生社会实践能力方面进行研讨,形成了"基于场馆的社会实践"系列知识链,促进师生共同成长。

其二,微课的实施,培养了学生的合作意识以及"求真"精神。学生通过参与四年共计16个场馆的参观学习,拓展了教育时空,开阔了视野,提升了综合素养。比如,在"走近鲁迅"活动中,学生分工明确:有的分析作品,有的分析鲁迅生平,有的则探究鲁迅精神,他们互通有无、合作分享,对进一步理解教材中鲁迅作品的主旨做了有益的补充。

其三,积累了课程资料,形成了课程资源库,并在一定层面实现共享。

(二) 进一步思考

"3W浸润式场馆教学"课程建设取得了一定成效,以下三方面还需进一步探索与优化:

其一,设计分年段学习任务单。各年级学生的身心发展特点与认知水平具有一定的差异性,具有不同的成长与发展需求。为此,教师可以结合学生实际情况,

设计分层学习任务单。例如针对"走近鲁迅"这一活动,根据学生的思辨能力不同,预备年级可设计"鲁迅是怎样看待他的童年生活的",初三年级可设置"鲁迅笔下的人物反映出他秉持怎样的观点",从而更有针对性地促进学生思维获得不同程度的发展。

其二,场馆参观过程中,重视发挥学科教师的指导作用。为了提升教师在场馆参观过程中指导的有效性,需要各学科教师在参观前充分备课,包括了解学生、展馆、展品以及学科知识点等。

其三,要进一步发挥场馆专业人员的指导作用。相较而言,场馆中的工作人员比教师具备更加丰富的相关知识,为了充分利用这一资源,需进一步发挥他们在学生参观过程中的指导作用,馆校联动,形成合力,共同助力学生全面发展。

学科核心素养呼唤有"逻辑"的历史课堂

上海市青浦区实验中学　陈　丽

坚持以德为先、课程育人,是上海基础教育 30 年课改的不懈追求。学校课程变革的根本任务是立德树人,提升学生的核心素养。良好的课程有以下基本特征:一是倾听感,关注学生的学习需求;二是逻辑感,严密的而非大杂烩或拼盘。

一、学科要素中的"逻辑":聚焦思维方法

历史学科立足于课程本体认识,将德育定位于历史课程的基础。历史的最大魅力就在于它是鲜活、生动的过去。如何将这些过去展现给学生,也是如何培养历史学科素养的问题。历史教育要产生穿透学生思想灵魂的张力,为学生的健全成长、终身幸福奠基,从而实现学科核心素养培育的终极目标。

基于培养学生历史学科核心素养的历史教学,更是一项带有探索性的研究和实践。"学科核心素养是学科育人价值的集中体现,是学生通过学科学习而逐步形成的正确价值观念、必备品格和关键能力"。其中,中学历史学科核心素养包括五大方面:唯物史观、时空观念、史料实证、历史解释、家国情怀。

历史学科的五个核心素养之间是具有逻辑关系。唯物史观是诸素养的灵魂统领和得以达成的理论保证;时空观念是诸素养中历史学科本质的体现;史料实证是诸素养得以达成的必要途径;历史解释是诸素养中对历史思维以及表达能力的要求;家国情怀体现了诸素养中的价值追求目标。通过诸素养的培育,从而达到立德树人的要求。学生的历史核心素养正是学生形成学科能力的关键,而核心素养的形成要求教师积极挖掘历史课堂的情感元素,学生的历史学科核心素养不能凭空形成,更不能靠灌输养成。具有情感烙印的课堂才能够激发学生学习历史的兴趣,培养学生的历史思维和人文素养,才能发挥历史学科的巨大育人功能和价值。

那么,如何在历史课堂上通过有"逻辑"的教学,培养学生有"逻辑"的思维呢?以下笔者拟以统编教材初中中国历史第四册"独立自主的和平外交"一课教学为例加以说明。

通过历史教学,借助史料还原鲜活的人和真实的历史场景,既帮助学生养成对历史中人和事同情理解的自觉,也形成基于史料解读历史的证据意识,从而涵养学生的人文情怀与科学精神。历史课堂是追求真善美的殿堂,是古今生命对话的场所,是感性触摸历史和理性反思历史的思辨场。

二、课堂教学中的"逻辑":启学重引领

历史思维的特点就是避免"就事论事",而是以时间与空间两个维度,综合多种因素,以不同视角,全面综合地思考问题。时空是历史的舞台,史论逻辑推演应立足于特定历史时空。借鉴启发式教学方法,选取能启发思考、具有辩证性、批判性特点的材料,帮助学生培养其在一定逻辑下的思辨能力。

(一) 以问题为线索,提升学生时空观念素养

以问题引领作为展开教学的切入点,根据学生的认知逻辑和教学内容的逻辑层次,设置需要在教学过程中解决的问题。

时空意识,是历史学科核心素养之一。回到历史现场,首先要回到具体的时空中去。回到具体的时空,首先要回到具体的情境中去。例如,导入新课环节中,我进行了以下处理。播放短视频《1971 年中国重返联合国》,并设问:随着联合国大会第 2758 号决议的通过,新中国在联合国的合法席位得以恢复,那么新中国在联合国的合法席位为什么直到 1971 年才得以恢复?新中国在世界外交舞台上取得了哪些世人瞩目的成就?开宗明义以 1971 年中国重返联合国切入,过渡到交代本节课的内容。再通过播放短视频《新中国的成立》、展示档案《新中国的第一份外交公函》,提问:新中国建立之后所面临的外交环境是怎样的?以《新中国的第一份外交公函》引出新中国的成立揭开了中国对外关系的新篇章。

师:新中国成立揭开了中国对外关系的新篇章。《新中国的第一份外交公函》,这份档案目前保存在中国外交部档案馆。这份公函的内容,我们来看看上面写些什么:敬启者,中华人民共和国,中央人民政府毛泽东主席已在本日发表了公告,我现在将这个公告,随函送达阁下,希为转交贵国政府。我认为中华人民共和

图1 1949年10月1日 新中国外交公函(现保存于中国外交部档案馆)

国与世界各国建立正当的外交关系是需要的。此致先生,中华人民共和国中央人民政府外交部长周恩来。这份公函非常直接,就是说,新中国政府成立了,希望同各国建交。

师:那么,新中国建立之后所面对的外交环境是怎样的?

生:新中国建立后,西方大国为了孤立、封锁中国,都不同中国政府建立正式外交关系。

这样,让学生带着问题在教师创设的情境中,置于具体的时空条件下进行观察、分析,有效地学习,促进学生历史核心素养的形成。要准确判断史料的证史价值,必须要回到该史料产生的具体时空中去,同时将问题融入情境中,使得问题有了温度和情感;学生进入情境解决问题,有利于学生理解信息、加工信息主动建构知识,有利于学生体验知识的发生和发展过程。

学科核心素养呼唤有"逻辑"的历史课堂

(二) 以细节为抓手,提升学生历史解释素养

本节课的难点为新中国如何从被孤立、封锁到走向世界。历史需要细节,没有细节的历史如同没有血肉的骨架。通过细节,我们可以触摸到历史的温度,感受到历史的真实。通过了解新中国外交历程中的细节,体会新中国外交历程的艰辛。在此过程中,因事实选择不同形式逻辑方法,让学生构建史实之间的关联,获得一定历史理解,从而阐发他们自己的一定历史解释。

例如,为了帮助学生更好地理解新中国初期外交的国际背景时,我进行了以下处理。

师:第二次世界大战之后,形成了以美国为首的西方阵营和以苏联为首的社会主义阵营之间的冷战对峙格局。美国和苏联是当时世界的"超级大国",为了争夺主导世界的霸权,美苏两国及其盟国展开了几十年的对立。新中国成立后的第一年,苏联就与我国建立了正式外交关系。美国出于意识形态考虑支持台湾蒋介石国民党政府,不承认中华人民共和国政府,孤立、封锁中国。你能举例说说当时美国对新中国的态度吗?

生:1950年6月25日,朝鲜战争爆发,美国操作联合国,以组成以美军为主的联合国军,出兵支持韩国,把战火烧到中国东北边境,威胁中国安全。并以各种理由将中华人民共和国的代表权问题搁置起来。

师:1950年6月25日朝鲜战争爆发,美国操纵联合国通过决议,联合国成为美国的工具。美国第七舰队相继侵占台湾的高雄、基隆。中国总理周恩来向联合国控诉美国武装侵略台湾。1950年9月29日,安理会通过决议同意新中国代表团出席联合国大会和安理会参加"美国侵略台湾案"的讨论。1950年11月28日,在美国电视台的实况转播下,新中国第一次在联合国会场发言。中国代表和所谓台湾当局代表就朝鲜问题、中国代表权问题等进行交锋。伍修权在联合国的第一次亮相,被看作是"大闹天宫",展示了中国外交"硬"的一面,随后因联大休会,伍修权归国。这张当时的照片显示,在联合国第一委员会议席上坐在新中国代表团团长伍修权身后的是乔冠华,他后来带领中国代表团重返联合国。在伍修权旁边,隔着英国代表团团长杨格的,是时任美国代表团团长、后来担任美国国务卿的杜勒斯。杜勒斯,美国冷战政策的制定者,之后在1954年日内瓦谈判桌上与新中国总理周恩来进行了交锋。

以往大多是通过教师的讲解及教材提供的文字材料去归纳的,抽象的文字不

图2 1950年11月28日,新中国特派代表伍修权(前排左一)出席联合国安理会议,控诉美国武装侵略中国领土台湾

利于学生对历史的理解。老师作为课堂的引导者,应让学生知道史实与理解二者之间的逻辑关系,进而为史论逻辑推演提供可靠的历史背景支撑,以细节为线索,促进历史理解和历史解释素养的达成。

(三)以人物为中心,引导学生厚植家国情怀

所谓"教活的历史",旨在历史对学习者有智慧启迪。历史的最大魅力就在于它是鲜活、生动的过去。"如何让资料说话",把历史讲活,本节课中新中国各时期外交家的活动、新中国外交历程的艰辛和成就,如何将这些过去展现给学生,也是如何厚植学生家国情怀的问题。

为此,我设计并实施了下面一段教学环节:展示照片《周恩来总理步入日内瓦会议厅》,档案《关于日内瓦会议的估计及其准备工作的初步意见》,档案《周恩来总理日内瓦会议通行证》,略述周恩来总理与日内瓦会议。

师:(出示照片),这张照片拍摄于日内瓦会议开幕的当天,中国代表团首席代表周恩来入场时。这样一张照片,我们可以从哪些方面进行解读、获取真实的历史信息呢?

生:从人物、服装、表情(神情)、步伐(动作)、外国记者的反应(旁观者)……

学科核心素养呼唤有"逻辑"的历史课堂

图 3　周恩来总理步入日内瓦会议厅

师：我们一起来看其中的主角周恩来，从他神态和步伐中我们可以感受到的是什么呢？

生：自信、儒雅、大方。

师：照片中的周总理风度翩翩、沉着自信，他令世人折服的外交风范，在这一瞬间得到了完美的诠释。

师：关于参加这次会议，周恩来是有准备的。周恩来在《关于日内瓦会议的估计及其准备工作的初步意见》一文中指出，我们应该采取积极参加日内瓦会议的方针，并加强外交和国际活动，破坏美帝的封锁、禁运、扩军备战的政策，以促进国际紧张局势的缓和。

师：出示图片（周恩来总理日内瓦会议通行证），这张是周恩来总理进入日内瓦会议会议厅的通行证，这上面是用法文写的：日内瓦会议，时间是 1954 年 4 月，这是一张个人准入卡，持这张卡可以进入大会会议厅和小会议厅，通过的通道是 4 号入口，这张卡是发给谁的呢？日内瓦会议中国代表团，签发的人是王炳南，因为他是中国代表团的秘书长。持证人就是周恩来，这里有他的签名，日期是 1954 年 4 月 26 日。1954 年 7 月 21 日，在中国的斡旋下日内瓦会议终于实现了印度支那的和平，签订《印度支那停战协定》，重申了《和平共处五项原则》。什么是和平共处五项原则？

图 4　周恩来总理日内瓦会议通行证（现保存于中国外交部档案馆）

生：互相尊重主权和领土完整，互不侵犯，互不干涉内政，平等互利，和平共处。

师：正是由于有周总理这样的杰出的外交家们的卓越表现，新中国的第一次国际亮相就惊艳了世界。正是他们谱写出了新中国外交史诗的第一乐章，这是新中国外交走向世界，打破被孤立、被封锁局面的第一步。习近平总书记于2018年3月1日《在纪念周恩来同志诞辰120周年座谈会上的讲话》中提道："每当我们提起这个名字就感到很温暖、很自豪。周恩来同志在为中国人民谋幸福、为中华民族谋复兴、为人类进步事业而奋斗的光辉一生中建立的卓著功勋、展现的崇高风范，深深铭刻在中国各族人民心中。"

这样，由生动的人物、具有感染力的历史场景和有冲击力的事件组合成的历史情境，将成为学生终身发展的坚实基础。通过新中国各时期外交家的活动，体会新中国外交历程的艰辛和成就；通过新中国的外交成就，厚植爱国情怀，领悟新时代和平外交继续为变革的世界贡献中国智慧。教师捕捉到学生的兴趣点，并将此发展上升到志趣高度，为学生的终身发展奠基。这是新课改背景下培养学生核心素养的基本需要。

总之,历史课堂培养学生的历史学科素养,并非是一件遥不可及的事情。社会在进步,育人内涵在变化。习近平总书记指出,一个国家,一个民族要振兴,就必须在历史前进的逻辑中前进。由上海师范大学历史系苏智良教授和上海市教委教研室历史教研员於以传老师主编的《怎样上好历史课——来自上海市特级教师的方案和经验》一书中提到:"既要讲理性和智性,也要讲人性和诗性",要有"志于道、据于德、依于仁、游于艺"的境界;要"启迪智慧、点悟人生";要"营造有思想、有文化的精神殿堂";要"关注'人'的意义和价值,建立一种尊重人、理解人、解放人的教学""教学立意必有良心之取向"。历史课堂是追求真善美的殿堂,是古今生命对话的场所,是感性触摸历史和理性反思历史的思辨场。历史学科核心素养的培养,换言之就是让学生养成历史的思考逻辑,养成基本的历史环境中的思维、看待问题的方式。由此来看,这样的学科特质"逻辑"是可以达成的。

拨动学生的心弦　在感动中浸润育人的思政课堂
——以初中"为振兴中华奉献青春"一课教学为例

上海市青浦区教师进修学院附属中学　佘慧萍

著名教育学家夏丏尊说:"教育没有感情,没有爱,如同池塘没有水一样。没有水,就不能称其为池塘;没有情感,没有爱,也就没有教育。"这就要求在思政课教学中,教师要明确教学的育人目标,合理地"取舍"教学资源,运用好多媒体辅助教学手段和资源,从学生心理特点出发,激发学生的情感,拨动学生的心弦,让学生产生心灵震撼。

一、选材的思考——感动自己的题材才能引发学生共鸣

"增强国家观念"是初中思想品德九年级教材中"为振兴中华奉献青春"的教学重点。学生需要知道国家观念的含义,理解国家利益是至高无上的,认识增强国家观念的重要性。要向学生解读课本中这些抽象的概念,倘若单纯以思想道德理论进行说教,是很难达成教学目标的,更难以激发学生的爱国情感,达到思政课的育人目标。如何有效的进行教学?这就需要在教学资源和教学方法选择上"别有用心"。

在本课的教学中,教师选择以三峡移民的事例作为资源主体,这归根结底是源于一份感动。三峡移民"舍小家,为国家"的典型事例足够证明"国家观念"的本质属性;更是因为百万三峡移民,这个平凡的群体所奏响的中华民族伟大复兴的强音,一次次扣动了师生的心弦、浸润了师生的心灵。

苏霍姆林斯基说过:"在每个孩子心中最隐秘的一角,都有一根独特的琴弦,拨动它就会发出特有的音响,要使孩子的心同我讲的话发生共鸣,我自身就需要同孩子的心弦对准音调。"三峡移民的事例就是能引发师生心灵之弦共鸣的那个最准的

音调。

因此,在教学中引入现实生活中令人感动的实例,可以使教学过程中知、情、意、行丰富饱满,激发学生情感,势必事半功倍。

二、感动课堂的设计——依据学生心灵情感用活、用好教学案例

(一) 为祖国的成就感动——镶嵌在中国"母亲河"上的"三峡梦"

在历史的长河中,三峡之美集中华儿女之爱绵延千年。为让学生对三峡工程有个概况的了解,教师布置了预习作业:课外上网、图书馆查阅相关资料,然后课堂交流。课上,在学生零星交流的基础上,教师播放了《感动中国》视频的相关片段。随着影片内容的慢慢呈现,一个"三峡梦"在学生心中澎湃起来,一个宏阔蓝图慢慢勾勒起来,"风樯动,龟蛇静,起宏图。一桥飞架南北,天堑变通途。更立西江石壁,截断巫山云雨,高峡出平湖。神女应无恙,当惊世界殊。"梦想 70 年,论证 40 年,建设近 20 年。三峡工程作为"中国梦"的伟大实践,在人类历史上,缔造了一个又一个的传奇,创造了一个又一个的辉煌:白鹤梁水下博物馆、张飞庙的整体搬迁、大江截流、明渠截流、左右岸机组安装、70 万千瓦发电机组的运行、五级船闸通航……17 年的鏖战,无不彰显着中国人的智慧与能力。宏伟壮观的三峡工程以其宏大的规模傲居世界之首,成为目前世界上最大的水利枢纽工程时,更是为三峡工程这个中华民族前赴后继追逐了近百年的"世纪梦想"画上一个圆满的句号。

一幕幕真实的画面还原了 130 万三峡移民感动中国、震惊世界的壮举。同学们在惊叹、震撼的同时,更多是发自心扉的感动!三峡移民强烈的国家观念与爱国情怀让学生们肃然起敬,无形中对国家利益至上有了深刻的体会。

(二) 为三峡移民实例感动——讲好故事,点燃学生心灵的情愫

感动的课堂需要教师的真情流露和激情演绎。结合教师亲身经历的故事,通过教师的深情演绎,往往能起到意想不到的效果。在执教"为振兴中华奉献青春"这一课时,教师把自己耳闻目睹的三峡故事、自己的三峡情结向学生娓娓道来,点燃了学生心灵的情愫。

1. 移民乡亲们眷恋故土的感动

三峡移民在离开自己故乡的时候,有很多感天动地的瞬间:乡亲们保存着老家的门牌号,带上蔬菜种子、喜爱的红辣椒、树苗、石磨……一步三回头地离开了故土。81岁的阿婆在乘船启程的那天,不忘带着装满故土的坛子,并深深叩的3个头……在教师的深情讲述中,学生们深刻体会到三峡移民在离开家乡时那种亲情难舍、故土难离的哀伤。那种哀伤是融入骨血,而又让人刻骨铭心。"国家兴亡,匹夫有责",百万移民在大义和大节面前,选择了移民搬迁。在移民搬迁中,很多移民的祖坟会被淹没,很多外迁移民将远离家乡。临行前祭祖拜坟,烧上一炷香,敬上一杯酒,添上一抔土,是许许多多移民都要做的一件事情。他们奉献的是浸入骨髓的精神阵痛——千百年来积淀在人们心中的故土情结。在这个物欲横流的时代,三峡移民们用他们的情怀感动了中华大地,震惊了世界,也感动了每一个学生。

2. 零距离接触三峡移民"老乡"的感动

教师讲述的零距离与三峡移民交往的故事,更是深深扣动了学生的心弦。移民们对故土生活的眷念与不舍,对当前生活的满足与欣喜,对政府与村民们种种关心和照顾的感激以及自己安家创业致富的经历,在教师的徐徐道来中愈加清晰地呈现在学生眼前。教师的故事犹如一块巨大的磁石吸引了每一个学生的注意力,点燃了沉睡在学生心灵深处的情愫。

三、感动课堂的延续——自主搜集材料,释放情感

精心选择的"感动"系数高的材料,以及教师的深情讲述拨动了学生的心弦,激发了学生的情感,讲述结束时,学生纷纷表示要去搜集更多的有关三峡移民材料和故事。

在搜集资料过程中,学生表现出了极大的热情,他们通过网上信息和图片、电影、电视、报纸、书刊等各种文化传媒广泛搜集资料:有关于三峡移民舍小家保国家可歌可泣的感人故事,有因工作积劳成疾而永远"定格"在搬迁一线的干部身影,有国家对三峡移民优惠的补偿政策,更有上海市各区安置三峡移民的业绩、外迁移民创造新的美好生活等方方面面的内容。同学们满含敬意地通过网络自发进行了实践调查,并以制作PPT的形式呈现《三峡移民生活现状》调查报告。学生用他们

的视角来了解三峡移民的 10 年"移民路"。大家还以小组调查、个人问答等种种途径来展示自己搜集的成果。

四、感动课堂的升华——从吐露心迹到付诸行动

在学习、理解国家利益与个人利益关系时,教师设计了引导学生各抒己见的环节。在对社会热点问题的探讨中,在情感和理智的碰撞下,学生逐渐明白了国家利益是至高无上的。而"三峡工程"那风雨与彩虹共生,坎坷与辉煌同在的典型事例,更让学生在情感和理智上深刻懂得了爱国就要振兴中华。课后不少学生都以励志卡片的形式表达了自己报效祖国的决心和信念。可见,怀揣"三峡移民"的这份感动,学生的内心和思想深处已经受到潜移默化的影响,有利于他们树立正确的世界观、人生观和价值观。

水本无华,相荡而生涟漪;石本无光,相激而发灵光。在思想政治课中,若让学生收获一份感动,就帮助他们升华了情感,经历了一次心灵的洗礼。学生在这种看似寻常的"感动"中丰富情感、提升认识、超越自我,体验着生命的增值和律动。

历史课堂发挥影视媒体育人功能的实践与反思
——以《我的1919》影视资源应用为例

上海市青浦区崧泽学校　张韵安

一、背景

从传播学的角度来讲，历史课堂实际上就是一个及时构建的双向的传播机制。在这一传播机制中，教师是传播主体，负责将信息（即传播内容）自上而下地传输给学生，而学生则是受众，在接受了信息之后尝试独立思考得出结论，再进行反馈。这是一个信息双向交互的过程。教师作为传播主体会运用多种传播媒介以达到更好的信息传导的目的，比如言语点拨、视觉刺激等。无论传播途径、传播手段有多么纷杂，有一条主线始终不变，那就是教师一定是在进行着一种有意识的传播。所谓有意识的传播指的就是教师带着某种传播意图有选择性地呈现历史信息。

传播学领域中的议程设置理论对此作出过精妙的注解："大众媒介往往不能决定人们对某一事件或意见的具体看法，但是可以通过提供信息和安排相关的议题来有效地左右人们关注某些事实和意见。"我们可以在历史教学中抓住媒介传播的这个特点，有选择性地给学生提供历史信息，引导学生在历史学习的过程中寻找生命的意义，塑造大写的人格，培养高尚的品德，落实立德树人根本任务。

在统编初中历史教材"五四运动"一课的教学中，笔者就运用《我的1919》这一影视作品向学生提供一些历史信息，借此来实现育人目标。由于影视传媒育人的特殊性，笔者有必要简单地先从以下三个维度来论述一下影视传媒在历史学科育人过程中的功用：

一是能够更好地调动观者的情绪，影像媒体往往存在着虚构的成分，用模拟的方式重现一个历史现场，或者描述一个历史事件，或者塑造一个历史人物。虽然其中存在夸大的成分，但它依然有价值。教师可以通过辨析虚构历史和真实历史之

间的关系,培养学生"寻史求真"的精神。

二是影像媒体所带来的强烈的代入感和情绪刺激,有助于学生神入历史,穿越到历史的风口浪尖,去深切体会当时的历史情境下,人们的所作所为是不由自主的,是合乎情理的,有助于培养学生的家国情怀。

三是影视作品往往成为拍摄者对于某个客观事实的历史印象的主观成像。所以观看影视作品实际上是一个思维植入的过程,它提供了一个认识人物的角度。"人是万物的尺度",影视作品的先入为主容易在学生心中设立一个善与恶的标尺,帮助学生树立正确的价值观。

二、过程

影片简介:《我的1919》以外交奇才顾维钧在巴黎和会上的外交抗争伴随国内五四运动最终拒签的历史事件,揭示了"弱国无外交"的主题,体现了中华儿女在民族危难之际所迸发的民族尊严和历史责任。笔者在授课过程中截取了影片中的两个片段:肖克俭的自焚、顾维钧的拒签。试图从多个方面来发挥历史学科"寻史知真""释史求通""鉴史立德"的育人价值。

【片段一】 肖克俭自焚凡尔赛宫广场事件

笔者给学生播放了《我的1919》中爱国人士肖克俭自焚于凡尔赛宫广场的视频,学生们目睹了自焚的惨状,开始在底下窃窃私语。对于肖克俭的自焚行为学生们的态度似乎有些分歧,于是笔者当场组织学生进行了一次辩论。

师:"肖克俭自焚到底值不值?"

生A:"君子报仇,十年不晚。即使自焚也改变不了巴黎和会的结果,不值得用血肉之躯为腐败的政府作无谓的牺牲。"

生B:"如果连国家都没有了,那还有什么尊严可言?难道做苟且偷生的亡国奴不成?生命的意义更在于实现生命价值。"两种观点针锋相对,争执不下。

师:"看来同学们对于肖克俭自焚的行为产生了不同的看法,老师想暂时先撇开肖克俭自焚这个行为本身,提出另外一个问题,大家觉得肖克俭到底爱不爱国?"

生:"爱国。"

师:"既然大家都认为他是爱国的,那刚才我们争论的焦点其实是什么?"

生:"他的行为。"

师:"对,搞清楚这个问题,刚才的争论或许就可以得到结论。在今日中国我们更注重生命的价值,我们始终强调理性爱国,而自焚这种行为显然是极端的,是不理性的。但是,同学们始终不该忘记的是,电影中描绘的肖克俭自焚的行为发生在什么时候?"

生:"1919年。"

师:"在那个特定的时空背景之下,面对蛮不讲理的强权,一个普通学生,他又能做些什么呢?就像刚才有同学说的那样,以肖克俭一个人的能量什么都改变不了。自焚实际上是处于弱势地位的一个普通中国爱国学生既无奈又崇高的抗争,他以生命来捍卫正义、震慑强虏,其生命的消亡恰恰体现了生命的最高价值。它代表了中华民族不屈不挠的精神,体现了中华民族的无限生机。自鸦片战争以来,中华儿女始终在屈辱中奋进,牺牲了无数的生命,但他们死得其所,历史的无数事实证明了正因为有了这种'舍我其谁'的精神,中华民族才能生生不息……"

我借由这个问题阐释了历史学科时空观念的理念,同时也渗透了理性爱国的价值观。

师:"肖克俭自焚这么震撼人心的片段其实完全是导演虚构的,在真实的历史中并不存在,请问大家,为什么导演要刻意虚构这样一个人物,为什么要刻意安排这样一段情节?"

生:"导演塑造的肖克俭的形象,代表的是广大的爱国知识分子。"

师:"很好,导演虚构的肖克俭反映出的不是他一个人的态度,而是一个群体的态度,甚至是当时整个中国社会的心理状态。当现实的残酷与他们当初的心理预估背道而驰的时候,这种弥漫在中国有识之士心中的愤恨就会集中爆发出来,在导演的设计中,这种爆发就集中体现在了肖克俭这个人物身上,除此之外,导演这样的安排还能直接反映出谁的看法和态度?"

这个问题难倒了大多数的学生,只有一个学生起来回答能反映出导演的态度。我马上给予了肯定,同时指出所有的影视作品说到底只能反映出创作者对这一历史事件的认知。

【片段二】 顾维钧拒签和约

笔者又给学生们播放了电影《我的1919》中签约仪式上的视频片段,视频中中方代表顾维钧面对《凡尔赛和约》,冷静而愤怒地说道:"我——拒绝签字!"然后愤而离场。视频播放完毕,我提出问题:"电影《我的1919》是否可以作为研究巴黎和

会上中国代表顾维钧的原始史料?为什么?"学生们纷纷表示不可以,在论述原因的时候学生们也大都提到了影视作品中存在着虚构的成分、用了夸张的艺术手法,不可尽信。然后笔者进一步提出问题:"那么这一部拍摄于1999年的电影可以作为原始史料吗?它是研究哪个问题的原始史料?"很多学生不假思索地回答不可以。只有少部分学生联想到了之前提到的虚构肖克俭形象的原因这个问题,回答:"可以当作研究1999年的导演用电影技术反映这段历史的原始史料。"笔者马上加以肯定,并进行强调电影《我的1919》不能作为研究巴黎和会中国代表顾维钧的原始史料,却可以作为研究在1999年用电影艺术方式反映巴黎和会这一史实的原始史料。

在搞清楚这个问题之后,笔者进行如下小结:"在真实的历史中,实际上中国代表根本就没有去参加签字仪式,也根本不存在顾维钧拒绝签字的可能,但影片刻意安排的拒签场面却足够震撼人心。这句话正是代表了所有在1919年这个日子里大众的一句呼喊。当中华民族面临危难之时,须有'天下兴亡,匹夫有责'的社会责任;当中华民族面临重大转折时,须有审时度势,把握现实的历史使命;当中华民族开始伟大复兴时,必须有积极参与其中,为祖国奉献的热情。每一个公民都应担负起社会的责任和历史的使命。"将爱国主义的思想根植其中,在进行历史教学的同时培养学生的家国情怀。

三、反思

历史是沉潜的,深藏不露的,而影视作品所具有的感染力和震撼力弥补了它的默然,它可以再现历史场景,让学生穿越时空,神入历史,更好地把握人物精神和时代精神。但它也可能成为一种挑逗,它有一种本领能将情绪助推到癫狂,癫狂之后的失智,偏执,以致语无伦次,把潜移默化的心灵陶冶变成了宣泄。特别是对于心智尚不成熟的初中学生来说,会吐露出极端的词语,埋首在仇怨与愤恨中,失去理性的判断。所以说,影视作品的介入,实际上可以看作是一场理性与感性的博弈,如何权衡两者之间的关系,做到适当的平衡,是教师需要细致拿捏的。

如何评价一个历史人物?如果单凭一部影视作品就给一个人盖棺论定,那显然是有失偏颇的。哪怕影视作品中的人物被塑造得多么有血有肉,他终究是一个"镜像人",那些被剔除的历史的碎屑很有可能反映出一个截然不同的他。如果我们的意识被一个个画面牵动的话,那我们就将掉入"电视人"的陷阱。所谓"电视人"指的是伴随着电视的普及而诞生和成长的一代人,他们在电视画面和音响的感官刺激环境中长大,全凭感觉来评定一个人。而感觉是最不靠谱的,一个人的俊丑就能影响到观者的好恶。所以单一视角的影视作品容易造成一种情况,为一个历史人物定性全由拍摄者说了算,观者只能被牵着鼻子走。这样,学生接触到的历史人物只能是一张伪装的皮囊,无法触碰到实质。

作为历史教师,在选取影视作品时,首先要体现"适当"原则,要紧紧围绕教学目标和学生实际来选择和决定,不能为"影视"而影视,将影视情境仅停留在激发兴趣或烘托气氛的感性层面,需升华到理性层面;其次是把握"适时"原则,需要教师及时引导,将学生与情境连接,帮助学生深入历史建构知识,体验过程,孕育情感;再次要凸现"适度"原则,引用影视的目的是为历史教学服务的,所以引用要与课堂教学内容紧密结合,要适量、适度,不能喧宾夺主。

教师在教学中应提供多元的历史信息,搜集丰富的史料(文献、实物、口述),相互印证,变虚空为确凿。如果是同一类型的史料,则可以进行多角度的挖掘,免受"一家之言"的局限。要注意培养学生由历史现象透视社会现实的能力,前事不忘,后事之师。教育家杜威认为,历史学科是形成人的道德品性的最优良的学科,人类社会中的道德规范都可以从历史人物和历史现象中找到典范。历史人物及其历史事件、历史现象可为学生提供一个可借鉴的世界,可以为学生提供一种道德判断、一种价值取向、一种思维方式、一种对社会的认识和理解。

在艺术课堂中培养学生的爱国情怀
——以"明天会更好"一课教学为例

上海市青浦区初等职业技术学校　吴青岚

核心素养是完整的育人目标体系,在全面贯彻党的教育方针、落实立德树人根本任务、发展素质教育中具有独特贡献,是学科育人价值的集中体现,是学生通过学科学习之后逐步形成的正确价值观念、必备品格和关键能力。因此,所有学科都要完成培育中国学生核心素养的任务。同时,每一门学科承担的核心素养任务不尽相同,需要发挥课堂教学主阵地作用,创新德育方式方法,培育学生的核心素养。

一、课例背景

当前安逸而幸福的生活,让学生感到无忧无虑,鉴于本校学生的特殊性(轻中度智力障碍、随班就读以及行为规范偏差导致无法完成九年制义务教育的学生群体),他们较难了解国家基本的大事件,例如不知道《七子之歌》中涉及的澳门何时回归,不知道《过雪山草地》创作的历史背景……作为一名艺术学科教师,笔者具有一种使命感,想借助艺术课程这一载体,充分发挥这一课程的育人功能,让学生课堂中学会关心国家与社会中的事件,厚植爱国情怀。

正好看到《明天会更好》这首歌曲,是上教版九年级第二学期艺术第四课"探索的展示"的一首学唱歌曲。1986年是"世界和平年",《明天会更好》这首歌曲的创作初衷是模仿 *We are the world*(群星为公益而唱)的形式,呼应世界和平年的主题、并纪念台湾光复40周年。《明天会更好》这首歌曲由著名音乐人罗大佑创作,该歌曲为4/4拍,这是一首非常好听的流行歌曲,曲调舒缓、情感真切。

二、课例构思与编排

(一) 学情分析

中职预备班的 18 名学生,相对来说,男生和女生比例均匀,其中爱好音乐者不在少数,大部分学生都具备一定的表达能力。正好这节课是他们在校的最后一节音乐课,因而开设这堂课具有一定的意义。

(二) 教学目标

1. 通过听《明天会更好》、唱《明天会更好》,引导学生热爱生活,展望美好的明天,理解歌曲的主旨。

2. 通过师生互动交流,引导学生学会表达出自己的情感,鼓励学生参与艺术实践活动,帮助学生树立自信。

3. 通过学习音乐基本乐理知识,解决在歌唱中遇到的问题,培养学生自主学习发现问题的能力,并且能够自然而有感情地演唱歌曲。

(三) 教学重点

1. 认识音乐记号。
2. 学习附点节奏和切分节奏。
3. 区别 2/4 拍和 4/4 拍。

(四) 教学难点

1. 通过学习音乐基本乐理知识,培养学生自主学习和发现问题的能力,并且能够自然而有感情地演唱歌曲。

2. 引导学生学会表达出自己的情感,鼓励学生参与艺术实践活动,帮助学生树立自信。

(五) 设计说明和预设目标

其一,课前先播放 *We are the world* 创设课堂氛围,介绍这首歌曲的创作来历和非凡意义,从而导入新授歌曲《明天会更好》,两首都是群星为公益而唱的歌。

【预设目标】创设有效的教学情境,引导学生掌握简单的艺术语言运用手法,体会"情感"是艺术创作的源泉。

其二,带领学生观看结合 5·12 汶川大地震的场景的歌曲 MTV,向学生提问:你们有怎样的感受?你们觉得这首歌曲跟这个视频相配吗?为什么?

【预设目标】让学生带着问题观看视频,引导学生通过观看让人揪心的画面,聆听充满希望的歌曲,触动学生心里最深层次的情感。将学生对歌曲的感悟上升到一个高度,这样学生学唱这首歌曲时就能更容易投入感情。

其三,根据这首歌曲的谱例,教师指导学生依次学了拍号、弱起、反复记号、切分音和附点音符等概念,并让学生在谱例中找出它们,再跟着音乐歌唱。在歌唱过程中,教师依托钢琴对出现的各种问题及时辅导和纠正。

【预设目标】让学生能够了解并在谱例中找到相关的音乐符号,并能够跟着钢琴曲调较为准确地唱出音符时值。

其三,让学生交流自己喜欢的句子,说出自己的内心感受,并有感情地朗读出来,鼓励学生能够跟着钢琴演唱歌曲内容。最后,组织学生一起完整地演唱歌曲,要求演唱水平相对高的学生能够有感情地歌唱。

【预设目标】让学生通过学习歌词,从字里行间感受到"明天"的美好以及对"明天"的憧憬,促使学生在歌唱中激发爱国情感。

其四,教师陈述一段话导入活动内容:用自己的方式表达对自己、老师和朋友"明天会更好"的美好祝福。

【预设目标】通过活动,让学生将自己的内心感悟进一行深化,珍视生命、亲情与友情,学会对身边的人表达关心和爱。

其五,本节课教学以南京大屠杀国家"公祭日"的宣传作为升华和收尾。

【预设目标】结合 12 月 13 日"公祭日"活动,让学生了解历史、铭记历史,引导学生不忘国耻、展望未来、奋发图强。

三、课例实施感悟

(一)学会艺术的语言,深入体会最真切的情感

全中国人民铭记汶川这场猝不及防的地震中的各种场景,很多人为此失去家园、失去亲人,大家都悲痛不已。多年后的今天,当我们再次看到一个个被压在废

墟下却仍坚强地忍着巨大疼痛等待救援的同胞们的画面时揪心悲痛,他们的坚强创造了生命的奇迹,那种坚强的精神使我们折服。笔者试图引导学生充分感悟到:大难中有大爱,全中国的人民会用爱守护每一个深陷困境中的人,地震虽然摧毁了我们的家园,但无法摧毁我们坚强的意志。只要勇敢面对明天,相信明天会更美好! 无疑这首《明天会更好》是最适切也是最鼓舞人心的一首歌,可以引导学生从旋律中、歌词中感受到希望、体验到大爱。

(二)聆听音乐、感悟人生

青春期的学生身心发展尚未成熟,有着自己的想法,却不愿意分享,认为大家都不懂我,缺乏自信,不善于表达。在这次活动中,笔者让学生用自己的方式表达对自己、老师和朋友们"明天会更好"的美好祝福。活动中,学生用文字、绘画等形式表现出来,并且能够交流自己的想法。大家都勇敢大胆地表达了自己的真实情感,这也是帮助学生树立自信的一种有效方式。

(三)打开艺术的时光机,重现曾经被我们遗忘的记忆

1937年12月13日,侵华日军在中国南京开始对中国同胞实施长达四十多天惨绝人寰的大屠杀,三十多万人惨遭杀戮,制造了震惊中外的南京大屠杀惨案。为了帮助学生铭记这一历史,开展"国家公祭日"活动,我们将聚集在一起,以沉重的心情缅怀逝者。但我们知道,这不是在宣泄情绪,不是在倡导民族复仇,而是提醒我们每一个人,我们超越了个体、家庭和小圈子,也超越了血缘、社交圈与乡土的情感,我们是一个整体,我们是共同在悲痛,避免历史悲剧的重演是我们共同的责任与义务。国家公祭日的设立,也让我们更深切地体会到国家存在的目的和价值,体会到国家富强的重要性,培养学生的民族精神,厚植爱国情怀。

四、总结与反思

在艺术课堂中,教师时刻不能忘记立德树人根本任务,艺术课程具有得天独厚的育德功能。在情感体验中,我们让学生获得对真、善、美的感悟和理性认知,引导学生树立正确的世界观、人生观和价值观,并将此内化为稳定的健全人格。在艺术实践活动中,面对学生,我们应以鼓励为主,激发学生学习的积极性与主动性,帮助

学生树立自信。课堂中,教师采用多种教学方式:合唱教学可以让学生体验团队合作;音乐欣赏中借用美文和彩色画笔可以让学生描绘美好的音乐画面;课本剧表演中让学生学会仔细观察生活中的细节,用语言和肢体表达情感……

  充分挖掘初高中艺术课程的学科育人功能,符合新时代国家和社会发展要求,遵循学生身心发展规律和教育教学规律。学校所有课程与活动,都应该指向学生的全面发展与终身发展。人人都是德育工作者,作为教师,应该为每一个学生提供适切的教育。

学生地理实践力培养的研学育人实践课程开发实例研究
——以贵州省松桃苗族自治县实践活动为例

复旦大学附属中学青浦分校　王夏倩

2016年11月,教育部等11部门印发的《关于推进中小学生研学旅行的意见》指出,开展研学旅行,有利于促进学生培育和践行社会主义核心价值观,激发学生对党、对国家、对人民的热爱之情;有利于推动全面实施素质教育,促进书本知识和生活经验的深度融合。学校要根据教育教学计划灵活安排研学旅行时间,并根据学段特点和地域特色,建立研学旅行活动的课程体系。由此可见,研学旅行是学校德育工作的重点内容,但同时也需要学校通过结合各学科以课程体系建立和运行的方式,来更好地推动在活动中对学生德育工作的开展。

地理学科作为研究地球表面上的自然和人文现象的空间格局与变化过程的学科,在区域研究中蕴含的人与自然和谐共生观念、因地制宜科学发展观念、人类命运共同体观念等,都是进行社会主义核心价值观教育的优秀素材。复旦大学附属中学青浦分校依托贵州省铜仁市松桃县的地理资源,组织学生开展研学活动。本文基于地理实践力的研学育人实践课程开发实例研究,充分彰显地理学科的育人功能。

一、课程设计

1. 设计背景分析

松桃苗族自治县地处贵州省东北部铜仁市,是国务院批准成立最早的少数民族自治县之一,具有非常独特的地理特征:在气候上,位于东南季风和西南季风的交汇处;在地形地貌上,位于云贵高原东部边缘部分的黔、湘、渝交界的武陵山区,既拥有山地、丘陵等多样的地形特征,还拥有喀斯特等独特的地貌特征,形成了云贵准静止锋、夜雨等特色地理现象和梵净山、潜龙洞等地理特色景观。松桃独特的自然地理特征也造就了当地沿山谷线性布局的人口城市、少数民族聚居、各类型吊脚楼建筑、以茶叶为主的农业和发达的锰矿业,以及主推交通规划和旅游业发展的独特人文经济地理特征,地理资源非常丰富。同时,松桃县作为国家重点扶贫对象,开展了《武陵山片区区域发展与扶贫攻坚规划(2011—2020年)》,实行各类区域开发项目,为学生进一步参与当地区域开发的德育工作提供了大量案例。该地是学校高二学生的社会实践基地,研学活动为期一周。学生通过参与社会实践活动,培养了创新精神、实践能力和社会责任感。

2. 设计思路

地理学科核心素养是地理学科落实立德树人根本任务的重要途径,而地理实践力正是落实这一途径的重要方式。特别是通过研学旅行,可以带领学生走出课堂,深入祖国不同区域,在野外实践活动中激发学生学习和应用知识的兴致,培养学生发现问题、分析问题、解决问题的能力,并通过参与当地区域开发,培养因地制宜、人地协调以及人类命运共同体等观念,落实立德树人根本任务。

因此,本课程以区域可持续发展为理念,以松桃区域开发为核心,通过设计一系列学生实践活动,引导学生逐步了解松桃的自然地理和社会经济环境特征、自然资源禀赋、自然灾害的时空分布特点及其频度和强度等状况,从而综合分析当地区域开发情况,为区域发展与治理献计献策。

二、课程实施

教学环节	教师活动	学生活动	设计意图
日常"梗"研讨	1."雨伞的梗"——书包已经够重了,但还是要再加上一把伞 我们在松桃每天出发前必做一件事情——带上雨伞 而且,根据本地学生介绍,这件事情不只是要持续一周,要一个月,请问是为什么呢?可否运用天气和气候的知识进行解释? 但这雨伞往往是在出发和回来的路上才用到,白天出行在外的时候使用的概率其实并不大,可否运用地理知识对松桃的天气气候特征做进一步的解释呢? (提示:山谷风原理)	运用季风、天气系统以及山谷风知识分析松桃天气和气候特点;运用等高线知识分析松桃地形地势特征	提升学生户外生活实践中分析气候、地形两大基本地理要素的能力

(续表)

教学环节	教师活动	学生活动	设计意图
	2."李小龙的哏"——每天的三点一线都像一次长征,不仅远,还要翻山越岭,可我不是李小龙啊! 松桃中学面积很大,坡度也很大,"翻山越岭"不仅是校内日常,更是校外日常(跑步翻山上学的"李小龙"),请通过GPS的定点海拔测量复原松桃等高线地形图上出行路线,并以此分析松桃的地形地势特征		
潜龙洞之"国家宝藏"	1. 安排导游进行潜龙洞游览讲解 2. 设计和分发潜龙洞内外寻宝竞赛游戏任务单,引导学生分组完成 3. 颁奖典礼中进行知识总结和纠错分析	跟随导游游览潜龙洞,运用地貌知识逐一完成洞内游戏关卡谜题并找到关卡中对应"宝藏"拍照收藏,完成任务通过颁奖典礼获奖	提高学生户外实践中地貌单元的辨别和分析能力
大小"苗王宴"	1."小苗王宴"——带领学生参观由各类岩石矿物组成的168道苗王寿宴 2."大苗王宴"——根据三大岩石的特征设计任务单,引导学生在大自然收集拍摄任务单要求岩石照片,构建大苗王宴	感受小苗王宴上岩石矿物特征多样性的震撼; 根据三大岩石的特征,完成任务单要求的岩石寻找和拍摄	提高学生户外实践中三大岩石的特征分析能力和辨别能力
梵净山"旅游规划局"	1. 规划组——设计基于垂直地带性等地理知识的旅游景点规划和路线设计任务单 2. 导游组——下发规划景点地理知识解析的导游稿撰写任务	分规划组和导游组完成梵净山垂直地带性等地理知识的分析和景点规划	提高学生户外实践中地域分异规律特征的分析能力
学伴家访	设计和下发家访地点的基本地理要素收集和对当地自然灾害的访谈提纲	根据家访地点判断该地区气候、地形、植被等基本地理特征;在与其父母的畅聊中完成自然灾害种类、发生频率、危害等访谈任务	提高学生户外实践中自然灾害的分析能力
松桃规划展示馆	安排工作人员进行松桃近年人口、城市、产业、交通等发展的讲解	通过各类展示的规划图和工作人员讲解了解松桃近年人口、城市、产业、交通等发展	提高学生户外实践中人口、城市、产业、交通等的分析能力
苗寨一日游	1. 安排导游讲解苗族博物馆、苗王城的苗族文化 2. 设计凤凰古城游览任务单,对比凤凰古城和苗王城的不同	通过导游讲解和自行游览,了解少数民族文化特色,并通过对比,掌握自然环境对于地域文化的形成影响的分析	提高学生户外实践中地域文化的分析能力
训练、创新和升华(德育)	1. 整理前期活动收集的松桃区域特征要素,以区域开发为主题,通过一模考模拟出题竞赛活动对学生进行区域开发自带课程教学 2. 指导学生进行实践周拓展创新课题的撰写 3. 通过回校后的研学总结大会,进行研学目的和意义的讨论	根据近一周的走访和收集的素材,分组进行松桃区域的一模卷综合题模拟出题竞赛;完成实践周拓展创新课题;通过研学总结大会分享感悟	引导学生进行当地区域开发的思考,促进学生思维拓展与创新;通过进一步讨论研学目的和意义,有效发挥课程育人功能

三、成效与反思

1. 成效

学生通过参与研学育人实践课程学习,有效地推进了学生因地制宜、人地协调的可持续发展观和关注地方、国家以及全球的家国情怀和世界眼光,落实了立德树人根本任务。学生通过一周的活动自主完成了对松桃地区气候、地形地貌、水文、自然灾害、人口、城市、产业、交通以及文化等地理要素的了解和分析,并通过最后的一模区域开发模拟出题竞赛活动总结出了区域分析的一般方法,自主完成区域分析方法的学习。

而且正如附录中两个小组区域开发模拟题的展示,题目的设计涵盖了松桃区域地理的各个方面,并在内容和思维逻辑上形成梯度的逐步增进,而且深刻关注到当地区域发展与当地地形地貌、自然灾害、自然资源与环境等各方面的联系,体现了学生在区域开发活动中对因地制宜、人地协调的可持续发展观的落实。

同时,学生更在区域开发活动中不断拓展思维的广度,并借助课题研究进一步拓展思维的深度,从关注地方到树立国家观,厚植家国情怀,形成全球观与世界眼光。如学生对松桃的民族刺绣花纹、酒文化的研究,从基于区域的成因分析,拓展至对中华优秀传统文化的思考,再进一步延伸至传承与发展中华优秀传统文化,为当地相关企业在国内乃至国际上的市场推广献计献策。再如,学生对松桃旅游业的研究,从区内"桃花源记"的打造拓展至国际"大凤凰"效应的整体规划。

2. 反思

学校在开发与实施研学育人实践课程过程中,还需进一步优化设计与实践。其一,要不断丰富课程内容。松桃作为地理要素非常有特色的区域,还有非常多的课程资源有待挖掘,如因为研学日期和天气原因无法带领学生实地考察的梵净山和苗寨梯田。因而,有必要进一步开发当地课程资源,完善课程设计。其二,为了提升课程实施成效,教师的专业能力是关键之一,需要进一步增强**地理教师的课题指导能力**,特别是在拓展创新的课题指导上,除了使用常规研究方法,在水质、土壤成分化验等实验,GIS制图、产业分析的数学建模等研究方法方面还需进一步探索与实践,为提升学生的地理实践力,培养学生的创新精神和实践能力进行更科学的指导。

附录

出题案例部分节选:

小组1:

材料一:松桃县地处武陵山脉主峰梵净山东麓,向东缓缓过渡到湘西丘陵的斜坡地带。境内河流属长江流域的沅江和乌江水系。河道长10 km以上,流域面积20 km² 以上的河流有38条,河道总长744.9 km。苍山育翠、物产丰富。森林覆盖率达40.3%,空气和水质基本无污染。

材料二:松桃县区域分布图

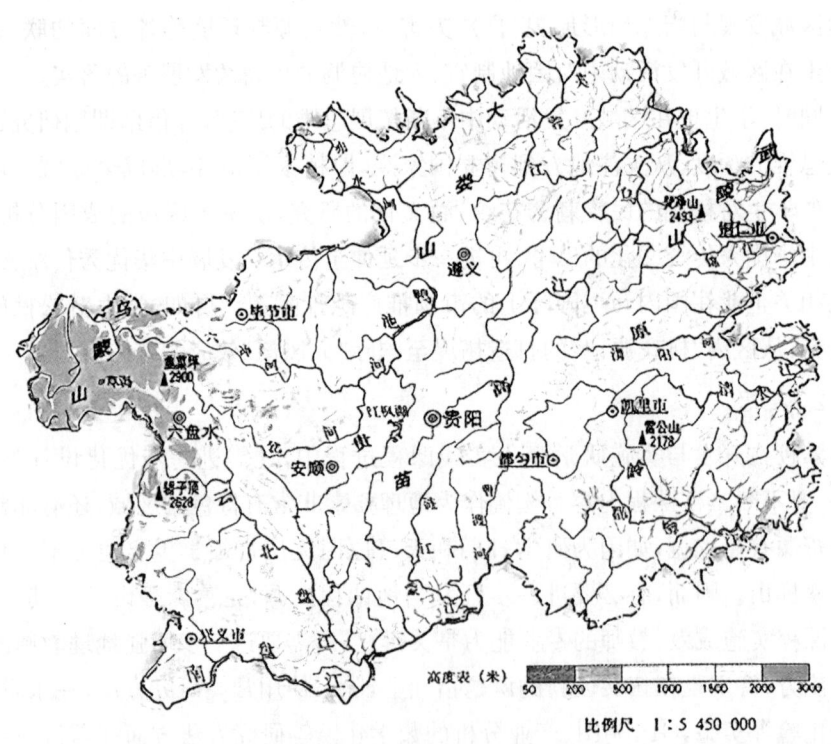

材料三:茶叶在松桃县范围内广泛种植,目前,全县有茶园880 hm²,总产量1 430 t,总产值1 263万元,是国家确定的优质茶叶生产地之一。其中特殊的地形

和气候资源对茶叶的品质提高起到了很大的作用。

材料四：松桃县目前仍有很大一部分茶园受地理条件限制，地处深山、零星分散，茶区内道路、水利、电力等基础设施薄弱，建园标准化程度低，难以实现茶园机械化、规模化生产和集约化经营，管护成本较高，部分茶园经营管理不善，单产低、效益差，处于半荒芜状态。

(1) 请从气候、地形、水文、植被等因素分析松桃县易发展茶叶的原因。(8分)

(2) 请从自然灾害角度分析3至5月茶叶减产的原因。(4分)

(3) 请分析茶园发展的利弊并提出优化措施。(6分)

小组2：

材料一：贵州省区域示意图

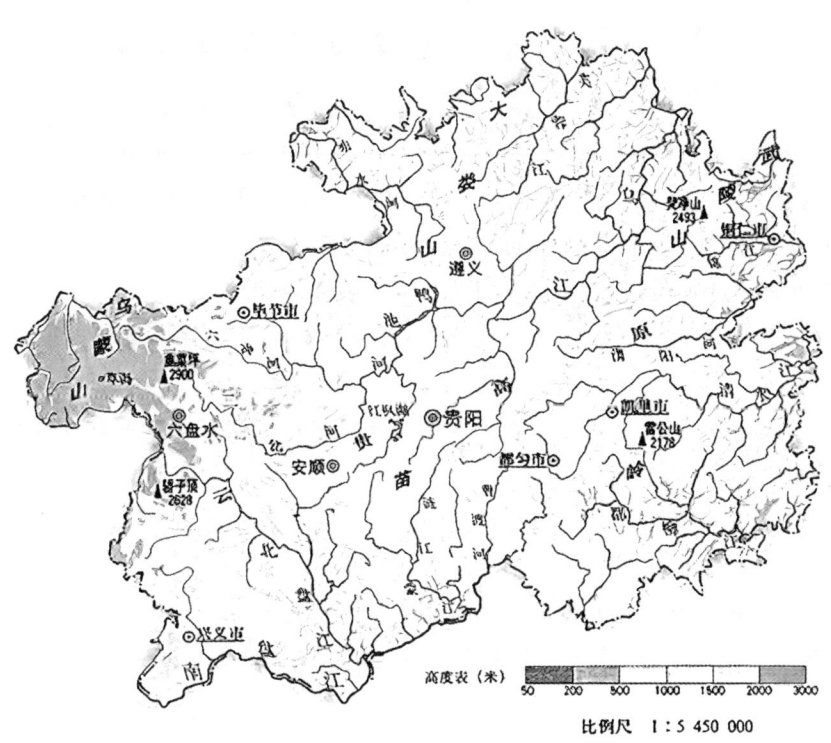

材料二：梵净山自然带分布图

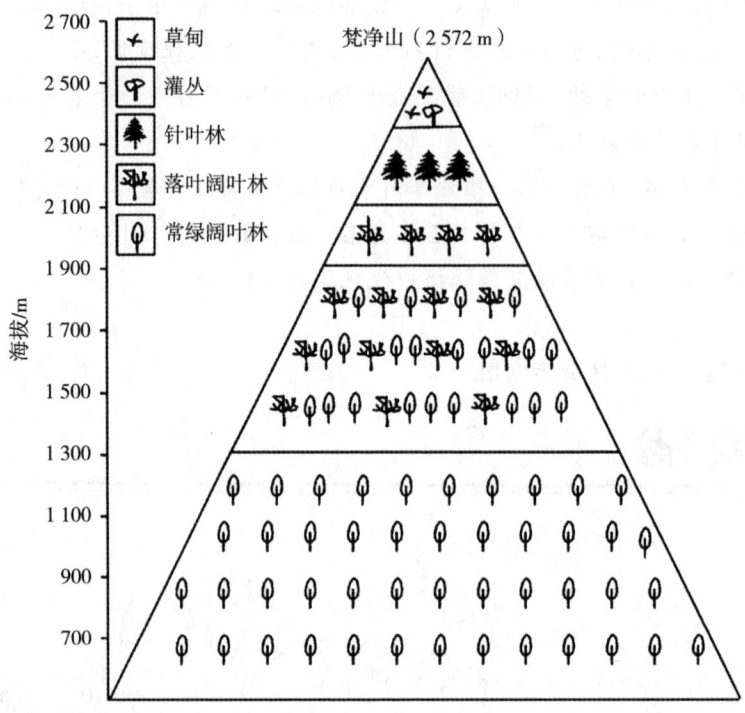

材料三：2017年5月，贵州省与国家信息中心签署了战略合作协议，"云上贵州"数据共享交换体系将整体接入国家共享交换平台。从而形成我国大数据中心网络，北以内蒙古为核心，南以贵州为核心。

(1)写出贵州所处地域的地貌类型，并分析其形成条件以及对当地经济发展的影响。(6分)

(2)请综合分析梵净山南北坡各自然带高度差异极小以及高山草甸和灌丛分布面积不断减小的原因。(4分)

(3)简述云贵高原文化的特征。(6分)

(4)请简要概括贵州西电东输的影响。(6分)

(5)简述云上贵州大数据产业的区位条件(6分)

课题案例：《2020届复旦附中青浦分校贵州松桃社会实践课题论文集》

根植传统崇廉尚洁　实践"六廉"育德知行
——宝山区廉洁教育课程育人的实践案例

上海市宝山区教育学院　蔡素文

一、实施背景

（一）萃取廉洁精髓，涵养德育基底

根据教育部及上海市教委的有关文件的精神，坚持历史唯物主义和辩证唯物主义的立场、观点和方法，积极尝试在廉洁教育中，萃取中华优秀传统文化精髓，开发"崇廉尚洁　育德知行"廉洁教育课程，深入挖掘和阐发中华优秀传统文化讲仁爱、重民本、守诚信、崇正义、尚和合、求大同的时代价值，努力架构新时代廉洁教育课程，把立德树人融入廉洁教育实践课程，促进学生核心素养提升和全面发展，为学生一生成长奠定坚实的思想基础。

（二）凝练廉洁文化，架构育德内容

博大精深的中华文化是一座丰富的廉洁教育资源宝库，文化作为软实力，在廉洁教育中具有独特作用，廉洁教育注入中华优秀传统义化基因，才会赢得恒久的生命力。组织学生研习廉洁文化，认识廉洁的重要价值，是加强学生的理想信念教育、基础道德教育、传统美德教育、法制意识教育，使学生继承和发扬中华民族的传统美德的重要举措，对于培养广大青少年学生正确的价值观念和高尚的道德情操，具有重大而深远的意义。

二、主要特色

积极萃取古代廉洁文化的精华，将其转化为廉洁教育的基石和资源。《周礼》

有"六廉":一曰廉善,二曰廉能,三曰廉敬,四曰廉正,五曰廉法,六曰廉辨。这"六廉"原本是指一个官员必须具备善良、能干、敬业、公正、守法、明辨是非等基本品格。"廉善"指善于行事,获得他人尊重;"廉能"指较好贯彻各项任务的能力;"廉敬"指不懈于位,尽忠职守;"廉正"则指品行方正,廉洁自律;"廉法"指守法不失,执法不移;"廉辨"指临事分明,明辨是非。

新时代背景下,"六廉"需要在传承的基础上不断创新实践。要以《中小学德育工作指南》(以下简称《指南》)为依据,结合着廉洁教育目标,开发"崇廉尚洁　育德知行"廉洁教育课程。从品德文化、廉洁文化、法制文化等角度,结合学生喜闻乐见的形式,引导学生认识廉洁的历史由来、社会价值和相关文化,培养学生爱党爱国爱人民,增强国家意识和社会责任意识,教育学生理解、认同和拥护国家政治制度,增强中国特色社会主义道路自信、理论自信、制度自信、文化自信。

一是发挥课堂教学主阵地作用,将廉洁教育课程"崇廉尚洁　育德知行"作为廉洁教育的重要内容,通过课程将廉洁的理念传递给学生,以形成积极认知。二是落实日常管理实践载体,将廉洁教育作为学校教育的重要内容贯穿始终。并针对学生易出现的诚信缺失等共性的行为开展专题教育,让学生认识到廉洁应该从自己做起,从身边的小事做起,实现知行合一。三是拓展社会实践延展平台,探索和建立廉洁教育和学生社会实践、社会服务、志愿者实践整合活动。让学生在深入社会、了解社会、服务社会中积极遵循和践行"廉洁、诚信、守法"的自觉意识。四是整合社会资源借力共享,廉洁教育离不开社会教育资源的支持,让公安、法治系统的专业人员进驻校园,确保专业性与科学性,丰富廉洁教育的内容,提升廉洁教育品质。

三、主要内容

(一) 确立廉洁教育课程目标

深挖传统文化中廉洁教育资源,结合时代背景,结合学生认知特点,确立"崇廉尚洁　育德知行"课程目标:引导学生继承和发扬中华民族的传统美德,从小根植"崇廉尚洁"理念,培养学生确立正确的价值观念和高尚的道德情操。引导学生认识廉洁对人成长与发展的重要性,树立正确的理想信念、学会做事、学会做人,引导

学生自觉以中华传统美德律己修身,将廉洁意识融入日常行为;引导学生深入理解廉洁文化最深沉的精神追求,坚持走中国特色社会主义道路。

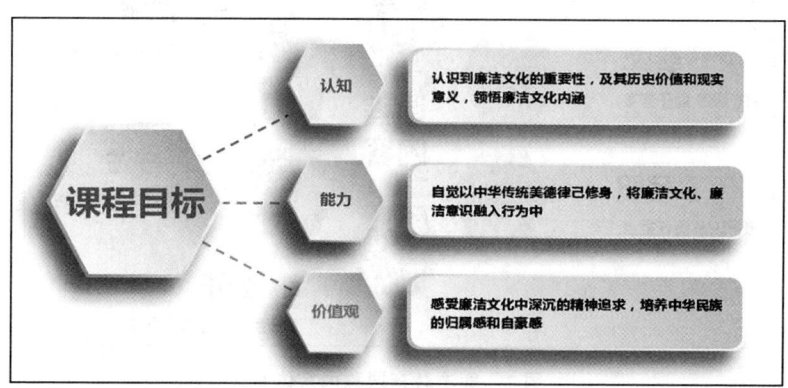

图 1　廉洁文化课程目标体系

(二) 架构"六廉"的课程内容

将传统文化中"六廉",结合《指南》相关内容,以宝山区"生活德育"理念为指导,让学生参与社会生活、政治生活、经济生活、文化生活和学习生活,丰富学生现实经验,培养廉洁意识与廉洁行为,创新发展成彰显新时代精神的廉洁教育六大课程内容。

友善:中国文化价值系统强调真、善、美统一,友善是以善为核心,懂得换位思考,与人为善,助人为乐。

务实:务实就是坚持科学谋事,善于思考,勤于务实,面对实际情况,踏实应对,出实招,务实效。

尽职:忠诚责任,忠于职守,在自己的社会角色中,对自己负责,对所处的环境有担当,不断思考创新,积极解决各种问题。

公正:自省自警,品行方正,用时代的道德规范来把握个人一言一行,提升思想境界,完善人格品行。

守法:积极参与到学法知法的活动,在日常的生活中,注重道德的修养和锤炼,敬畏法律,遵纪守法。

明辨:为人处事坚持原则,懂得慎独与慎初,遇到事情能够临事分明,不冲动、不极端,凡事谨慎处置。

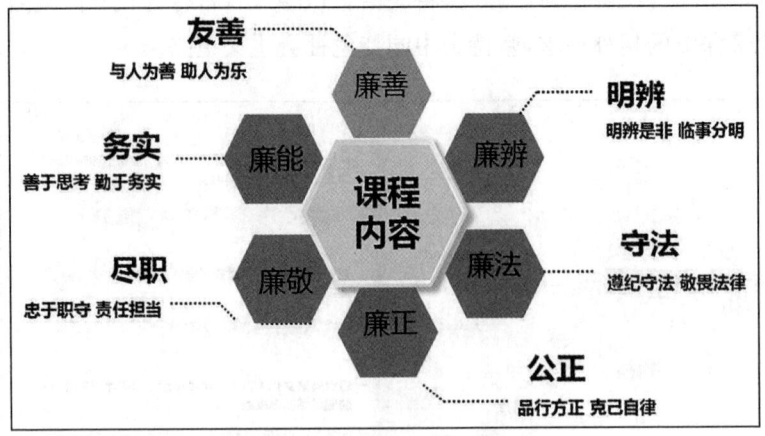

图 2 廉洁教育课程内容体系

表 1 "崇廉尚洁 育德知行"廉洁教育课程内容设计

模块	目标	专题	形式
为善篇	廉善： 与人为善，助人为乐	◆ 每日四问 ◆ 你拥有那几种美德 ◆ 朱光潜的人生价值与立志 ◆ 请为我们的冷漠付费 ◆ 公德 ◆ 人生的试金石	课堂教学 行为管理 拓展活动 小小辩论赛：扶还是不扶
务实篇	廉能： 善于思考，勤于务实	◆ 铁肩柔情担道义 ◆ 香港法官 ◆ 杨善洲的三个习惯 ◆ 肝胆春秋：吴孟超的故事 ◆ 周恩来总理如何对待"五子"廉 ◆ 香港廉能的精神寄托	课堂教学 行为管理 拓展活动：观影活动
尽职篇	廉敬： 忠于职守，责任担当	◆ 腐败的定义 ◆ 腐败的危害及治理 ◆ 总以为有钱就会得到人生幸福 ◆ 从两则笑话看德国 ◆ 诚信 ◆ 担当的美	课堂教学 行为管理 拓展活动 责任与担当的赛诗会 "小眼睛看大世界"：我眼中的责任担当
公正篇	廉正： 品行方正，克己自律	◆ 品红楼说预防 ◆ 信义兄弟 ◆ "诚信"在美国 ◆ 廉者常乐 ◆ 破窗效应：小破坏带来大麻烦 ◆ 偷来的梦想不开花	课堂教学 行为管理 拓展活动 故事汇：廉者常乐

(续表)

模块	目标	专题	形式
守法篇	廉法：遵纪守法，敬畏法律	◆ 古代廉史趣闻 ◆ 丹麦为何腐败现象较少 ◆ 新加坡如何惩治贪污 ◆ 英国人化悲痛为法律 ◆ 法律中的年龄 ◆ 法律知多少	课堂教学 行为管理 拓展活动：蒲公英法律小讲堂 社会资源：听法制校长讲法
明辨篇	廉辨：明辨是非，临事分明	◆ 勿以恶小而为之 ◆ 逞凶都很要不得 ◆ 都是冲动惹的祸 ◆ 别让风雨折断了翅膀 ◆ 一刹那的念头 ◆ 一失手成千古恨	课堂教学 行为管理 拓展活动 班队会活动 演讲比赛 廉洁小报

（三）布局"一体两翼"实施路径

其一，"一体"即以课堂教学为主体：开设"崇廉尚洁育德知行"专题课程，通过"六廉"引导学生树立诚实守信、正直廉洁的价值观，养成勤俭节约、艰苦朴素的良好习惯，批判丑恶的腐败现象，歌颂清廉正直的好人好事，进而形成正确的世界观、人生观、价值观。将廉洁教育的要求和内容有机融入其他学科教学，在学科渗透过程中，注重学生的价值观教育和行为养成，在传授知识过程中渗透强化"崇廉尚洁"思想。

其二，"两翼"即兼顾实践活动与社会支撑：其中"一翼"为实践活动，基于教材，开展内容丰富、形式多样、贴近生活、贴近实际的"崇廉尚洁"主题教育活动，如以廉洁教育为题材的童谣创作活动，廉洁文化漫画创作活动，廉洁文化的读书、讲演、辩论、朗诵、观看影片等活动，通过开展学生喜闻乐见的各类活动，让廉洁教育深入学生内心。

"另一翼"为社会支撑，通过"走出去，请进来"的方式，组织学生走进展馆、进教育基地感受廉洁文化，参观访问少管所等场所去感受以身试法的后果。借力宝山区人民检察院等社会力量，参与编写廉洁教育相关指导材料，邀请检察系统、公安系统的社会专业人员走进校园，担任法制副校长参与廉洁教育，对学生开展专业的、规范的廉洁教育。

（四）推进多元学习评价

"崇廉尚洁 育德知行"廉洁教育课程在实施过程中需遵循以下五个原则：一

是把握好优良传统与时代精神的结合度,二是把握好认知教育与实践体验的结合度,三是把握好激发情感与培养精神的结合度,四是把握好重点项目与有机整合的结合度,五是把握好学校教育与社会支撑的结合度。推进课程的学习评价,进行自评与互评相结合,质与量相结合多元评价。设计的学习评价表涉及课堂认知、实践活动、社会参与、行为管理等四项量化评估,师长、同学的互评是比较感性的质的评价,体现了客观性、过程性、指导性与发展性。

表2 "崇廉尚洁 育德知行"课程学习评价表

(　　　　)模块

学校＿＿＿＿＿　班级＿＿＿＿＿　姓名＿＿＿＿＿

一级指标	二级指标	评价分值					汇总
课堂认知	知识点的兴趣度	1	2	3	4	5	
	知识点的认知度	1	2	3	4	5	
	知识点的反馈度	1	2	3	4	5	
实践活动	实践活动的兴趣度	1	2	3	4	5	
	实践活动的参与度	1	2	3	4	5	
	实践活动的反馈度	1	2	3	4	5	
社会参与	社会参与的热情	1	2	3	4	5	
	社会参与的广度	1	2	3	4	5	
	社会参与的深度	1	2	3	4	5	
行为管理	正确评价约束自己的行为	1	2	3	4	5	
	尊重理解他人并有效协助	1	2	3	4	5	
	对于周围环境的责任担当	1	2	3	4	5	
总分							
同学互评							
师长寄语							
自我感悟							

评价的客观性体现为：在廉洁教育的过程中，对于学生的学习评价要客观公正，科学合理，不能凭主观臆测，掺杂个人情感。评价的过程性体现为：廉洁教育最终目的是提升学生廉洁意识，形成品质，而品质的形成不是一朝一夕的，评价要关注循序渐进与过程性参与。评价的指导性体现为：本着"以评促进"的宗旨，过程中发现学生的共性问题，及时反馈与调整。评价的发展性体现为：学生在不断成长，学生的认知力、领悟力也在不断发展，评价不是一成不变的，要以促进学生成长与发展为目标。

四、成效与反思

宝山区通过开发与实施"崇廉尚洁育德知行"课程，有效促进了思想道德教育进课堂、进头脑。我们将进一步推进宝山区廉洁文化进校园活动，推进"廉洁教育"基地学校建设，同时发挥试点学校辐射引领作用，从而发挥中华优秀传统文化在育德实践中的积极作用。

一是课程的支持系统，把廉洁教育系统融入区本及校本课程和教材体系，充分发挥课堂教学的主渠道作用，鼓励各学校充分挖掘教育资源，开设专题的校本课程。二是坚持课堂教育与实践教育相结合，注重发挥课外活动和社会实践的重要作用。同时形成一批依托中华优秀传统文化开展廉洁教育的优秀教案、教育资源、教育故事，逐步形成一个层次递进、结构合理、螺旋上升的廉洁教育系统。

以廉洁教育为载体，加强德育课程的研究与实践，根据新时期德育工作特点和规律，创新德育工作的途径和方法，定期总结交流研究成果，学习借鉴先进经验和做法，增强德育工作的科学性、系统性和实效性。根植传统崇廉尚洁，潜心实践育德知行，宝山区将进一步实施廉洁教育，充分发挥课程育人功能，引导青少年践行社会主义核心价值观，使之成为"建设传统文化课程，深度推进课程育人"一道亮丽的风景线。

我们将进一步构建廉洁教育课程三大体系：一是构建相对完善的"廉洁教育"课程体系，二是构建"廉洁教育"资源体系，三是构建"廉洁教育"多维评价体系。

静安区推进学科德育的实践与探索

上海市静安区教育学院 李正刚 张燕燕

一、实施背景

上海市静安区是市学科德育综合改革试点区、学科德育试点区,历任区教育局领导、教育学院领导高度重视德育工作,始终将立德树人作为教育的根本任务和使命担当。前期,我们在全区范围内开展了地毯式常态课调研,了解教师对学科德育重要性的认知、行为举措、所遇困难、需要的支持,通过现状分析进一步明晰了区学科德育的基本走向与着力点。2017年,"区域学科德育的实践与探索"获市级教学成果二等奖,这一荣誉的获得既是对区域学科德育工作已有成果的肯定,也对推进学科德育工作提出了更高的要求,带来新的挑战。为此,近年来,区域层面围绕"培养什么人、如何培养人、为谁培养人"的育人目标,以《中小学德育工作指南》为指引,对标其中"课程育人"的要求,回应调研结果所呈现出的教师育德意识、育德能力均有待进一步提升的问题,统整当前区域学科德育工作,为后续相关德育工作的推进夯实基础。

二、主要特色

基于区域一体化德育的整体构建,我区提出学科德育实施的两大战略:一是整体性推进,即无论从区域层面还是学校层面,都坚持整体设计的大德育思想,真正把德育纳入区域教育、学校教育和全面育人的整体系统中加以考量、设计和推进;二是坐标式设计,从学生身心发展规律和道德素养发展现状出发,时间序列上,注重德育内容的纵向衔接,满足各个学段、各个年级学生的成长需求,空间序列上,注重学校、家庭、社区资源的横向整合,形成最大化的育人合力。

两大战略的推进落实,需要着重解决三个"力":一是解决教师动力问题;二是解决教师能力问题;三是解决育人合力的问题。为此,我区确定了区域推进学科德育的主要任务:一是区域和学校推进学科德育的顶层设计;二是构建学科德育的长效机制;三是加强学科德育课堂研究;四是加强学科德育项目引领;五是提升教师育德素养的主要经验;六是加强专题研训。

三、主要内容

(一) 明确价值定位,聚焦全区共识

一体化德育以引导学生培育和践行社会主义核心价值观为主线,从学生现实发展基础出发,纵向上力求贴合各年龄阶段学生的不同需求,注重强化学段衔接、年级衔接,不断丰富学生成长经历;横向上力求优化基于学校文化土壤和价值取向的适切的育人环境,加强资源环境的多元整合,努力促进学生核心素养和综合能力的全面发展。

全员育人是推进一体化德育的关键,学科德育是推进一体化德育的重心。课堂是学生在校学习的主阵地,也应当是学科德育的主阵地。各学校应引导全体教师切实挖掘学科德育要素,提炼学科德育技能,发挥学科的整体育人功能,使教师们主动以道德的方式(出于德育、合乎德育、归于德育)开展学科教学,切实使教学过程同时成为学生知识人格化的过程。

切实推进学科德育工作将有助于教师们打破德育与教学以及其他各育工作的割裂,打破德育工作者和其他教育力量的割裂,打破学生校内学习和校外生活的割裂,打破学生德育纵向发展的学段割裂,切实消除门户之见,整合有效资源、形成工作合力,共同推进区域与学校的一体化德育建设。

(二) 加强政策供给,保障科学实施

建章立制工作是学科德育可持续实施的关键。一是印发《静安区教育局关于深入推进本区中小学学科育人工作的实施意见》,明确学科德育的重要意义、实施途径及管理保障,在全区层面予以政策解读,为学校指明学科德育的实施路径和推进标准;后印发《静安区教育局关于推进中小学中华优秀传统文化教育的指导意见》《静安区教育局关于深化新时代学校思想政治理论课改革创新的实施办法》,从不同视角为区学科德育工作提供政策保障。二是成立"静安区中小幼课程育人联

席会议",集聚德研、科研、教研、师训等力量,共同提升学科德育指导的科学化、专业化水平;会上制定了《静安区中小幼课程育人联席会议章程》,明确联席会议的工作职能、组织领导、会议要求等,保障了课程育人工作定时、定人、定专题、定流程、定标准的常态化管理与运作。

(三)关注课堂研究,夯实德育主阵地

充分发挥课堂教学的主渠道作用,将中小学德育内容细化落实到各学科课程的教学目标之中,融入教育教学全过程,让学科德育在课堂中呈现,在课堂中升华,不断提升学科德育的课堂实施成效。

一是引领课堂教学的"五维度变革"。在区域整体启动学科德育工作的起始几年,我区开展了区域性地毯式家常课调研。聘请专家共计听了1万多节教师的随堂课,发现广大教师十分认可学科德育的重要性,但缺少操作的方法。于是,我区选择近20所学校,建立学科德育案例研究基地,立足课堂,从问题出发,通过区域平台展示、教研专家引领、基层经验推广、教师头脑风暴等方式,助推教师课堂教学的五维度变革:一维是整合教学目标,每章节每节课的德育目标、要求都需要列入教学目标,尤其需要注意的是:教师必须将师生关系优化、自身对学科的理解与热情、自身人格素养等作为隐性教学目标加以系统整合;二维是调整教学内容,关注课堂教学中的道德生成、思想引领等相关内容;三维是优化教学方法,通过情境创设、活动体验、小组讨论等方式,在课堂教学中激发育人因素;四维是关注课堂练习,练习不仅是知识能力的巩固,同样也是思想道德习得的巩固;五维是探索评价方式,依据"绿色指标"和我区"活力少年"评价的思想,对学生进行多种形式的课堂内或课堂外的评价。

二是提炼学科德育的"五步教研法"。根据教师变革课堂的需求,在各试点校创造性探索的基础上,我区提炼了学科德育的"五步教研法":第一步,梳理学科育德点;第二步,依托集体教研解读相关教材;第三步,分头备课并进行初步教学实践;第四步,开展课堂临床观察并研究课堂育德效果;第五步,开展教学反思,设计与改进后续教学。"五步教研法"与传统的教研活动模式基本一致,以预设经验为基础,以问题发现和解决为主要线索,以两轮或多轮研究为依托,初步实现了育德经验的可视化、育德路径的环节分解,极大减轻了全区教师参与实践学科德育的心理阻抗。

（四）扶持示范学科，发挥引领作用

上海市地理学科德育协同研究中心试点于静安区。我区以风华中学为基地校，联手华东师范大学地理教育研究所和上海市地理学科德育实训基地，整合全区地理教师的力量，共同建设协同中心，努力将协同中心建设成为全市地理学科育人资源研发的汇聚地、全市地理教师学科德育培训的大本营、全市地理学科德育智慧迸发的聚宝盆。先后举行"深化德育综改　推进学科育人——静安区学科德育综改试点项目校本研修展示活动""坚持立德树人　深化课堂变革——静安区学科德育暨上海市地理学科德育协同研究中心主题展示"，将优秀的成果传递到每所学校。

我区以习近平新时代中国特色社会主义思想"三进"工作为指引，以爱国主义教育为主线，区校协同强化区学科育人德育品牌建设，创立区级时事课堂工作室，由全国首届时政课堂大奖赛特等奖获得者、静安区实验中学徐亭老师领衔，精心遴选工作室学员，全力推进时事课堂教学模式研究，创立区域时事课堂大奖赛，切实提升学生时事分析能力，提高学生政治素养和道德素养。先后举行"讲好中国故事，树立中国自信——习近平新时代中国特色社会主义思想进课堂实践研讨""创新机制　提升品质—静安区大中小学思政课一体化建设推进会"，总结推广经验，推进习近平新时代中国特色社会主义思想进课堂、进教材、进头脑。

（五）升华实践智慧，落实全员育人

依托我区承担的上海市学科德育试点项目，在研究与实践的循环论证中促进学科德育内涵式提升。受市教委德育处委托，我区曾承接德育决策咨询课题"不同学科的育人价值实践模式的探索"的研究任务，加快学科德育研究与实践的推进工作，包括成立学科试点、推进课堂实践模式与教研模式变革、学科德育资源库的建设等。依托"静安区教育反思专项行动"，我区面向全体学校开展推进学生自主成长的反思行动，并将学科德育作为落实全员、全程育人，促进学生自主成长的主要途径。我们按照"面上铺开、点上深入、特色凸显"的思路逐步推进，如激励全区中小学校反思、总结校级及学科两个层面的学科德育推进经验，形成经验文章，既为学校、区域决策提供咨询，也有助于激发教师育德意识与动力；再如静安区闸北实验小学围绕10个学科成立7个学科德育项目组，分工协同推动学校学科德育反思专项行动，带动组内成员教师以研促教，提升育人品质。

（六）加强专题培训，提升育德素养

教师是学科德育的主要实践力量，为激发教师育德活力，提升育德意识与能力，我区着力完善教师育德的培训和激励机制建设：一是依托高校，开展德育高端培训，并将育德素养培训纳入区域教师"360"职后培训学分体系。我们联手上海师范大学，针对学校德育领导、德育主任、骨干教师，开设一体化德育培训班；联手上海大学美术学院，开展提升美术教师学科育德素养的培训。二是加强部门联动，联合区教育学院干训部、进修部，专门开设面向全体学校德育干部、全学科教师的学科德育专题培训课程，逐渐提高全体教师的育德意识和育德能力。三是对教师育德实践给予激励表彰，命名了区学科德育实践先锋、研究先锋和团队先锋，肯定业绩，激发活力。

四、成效反思

经历多年的探索与实践，我们积累了一些成果，包括构建了社会主义核心价值观教育、中华优秀传统文化教育、学科德育精品课程、地理学科德育资源库，由上海教育出版社出版《学科德育探微》系列丛书（共五册）等。学科德育研究成果具有一定的社会影响力，如一批区学科德育精品课程进入市级共享课程资源。局长受邀作了学科德育方面的专访，访谈录刊发在《现代教学·思想理论教育》。举办若干场主题展会，加强学科德育经验的区域共享等。在区域的整体推动下，教师的育德意识、能力有明显提高，当下的成绩也为区域一体化德育建设提供了坚实支撑。各项成果既是特定阶段育人实践经验的总结，又是下阶段工作的新起点，我区将继续以一体化德育为目标引领，以《中小学德育工作指南》为行动指南，科学整合、寻求突破、以点带面，不断满足新形势下区域发展新需求、师生发展新期待。

以"行走宝山"系列活动为载体,涵养家国情怀
——以"走进上海淞沪抗战纪念馆"活动为例

上海市高境第一中学　康晓萍

一、活动背景

2017年8月,教育部印发的《中小学德育工作指南》提出:"加强中国历史特别是近现代史教育、革命文化教育""引导学生深入了解中国革命史、中国共产党史、改革开放史和社会主义发展史,继承革命传统,传承红色基因""培养学生对党的政治认同、情感认同、价值认同。"2018年1月,教育部发布《普通高中历史课程标准》(2017年版)指出:"历史课程最基本和最重要的教育理念,是全面贯彻党的教育方针,切实落实立德树人的根本任务,坚持育人为本,德育为先。"同时指出:"使学生通过历史课程的学习,逐步形成具有历史学科特征的正确价值观念、必备品格和关键能力。"在课程实施上要求进一步改进教学方式、学习方式,促进学生的自主学习、合作学习和探究学习,提高实践能力,培养创新精神。

宝山区地处上海东北角,拥有丰富的社会资源,遍布全区的纪念馆、博物馆、遗迹遗址,蕴藏着深厚的人文底蕴和丰厚的德育、智育等教育资源。笔者策划"行走宝山"社会实践活动,旨在通过便捷、优质的德育实践和创新活动,凸显实践育人、活动育人的目标,促进课内教学和课外教学的紧密结合,形成校内外共享共生的教学生态,弥补历史课堂教学不足,培养学生学科核心素养。

二、活动过程

(一) 排摸资源,确定主题

活动主题源于对宝山区校外历史课程资源再一次的排摸分析。作为第一站:

"庙去哪儿了——寻根问祖高境庙"的研究性学习活动已顺利结束。在此基础上确定此次"行走宝山"的第二站是上海淞沪抗战纪念馆。理由如下：该馆距离我校较近，且交通便利，便于学生多次进出收集史料；其次，该馆由中国抗日战争的爆发、八一三淞沪会战、上海抗日救亡运动的高潮、日军在上海的暴行、历史的审判等七个部分组成，陈列品以文物、史料、图片为主，有抗战时期往来的电文、手令、战役总结、官兵家书等文书，战前敌我双方及德国顾问团绘制的军事地图、嘉奖令、电影胶片以及军械、军服、缴获的日本军旗等，不仅数量众多，且史料类型丰富，作为课内学习的拓展与延伸，有着得天独厚的资源优势。再次，该馆展品与教材内容高度契合，华东师范大学版《高中历史》第六分册第1课"抗日民族统一战线的建立"共有三个子目，这三个子目的内容在该馆均有不同程度的体现。鉴于此，确定此次"行走宝山"第二站的活动主题为"让历史讲话，用史实发言——走进上海淞沪抗战纪念馆"。

（二）研习教材，问题驱动

为避免走入形式大于内容的误区，充分利用场馆中的史料进行探究性学习，笔者要求学生研习教材，提出探究问题。学生们通过认真阅读、积极思考，提出了一些值得进一步探究的问题，如：七七事变后，蒋介石庐山讲话表达出了非常强硬的抗日态度，为何没有派大军开赴华北，遏制日军南下？淞沪会战中国民党80多万的军队为何不能力敌20万侵华日军？抗日民族统一战线在淞沪会战中有何体现？铭记南京大屠杀在今天有何价值？学生们就此形成三个小组走进上海淞沪抗战纪念馆。

（三）走进场馆，按图索骥

学生在历史课堂上所接触到的史料往往是教师已经筛选整理过的史料，学生很少有机会主动参与史料的搜集、整理、鉴别、归类。走进上海淞沪抗战纪念馆，学生亲历史料搜集整理、观点交流，完成问题的自主学习过程，并据此形成历史表达的完整探究过程，把课外实践活动与历史知识的获得相结合，与史学方法的习得相融合，突破囿于"史实记忆"层面的传统育人模式，最终实现完善学史方法，涵养家国情怀的教学目标。

上海淞沪抗战纪念馆陈列区有两层，粗略估算，馆内不同类型史料合计近千件。面对海量信息，如何取舍，是摆在学生面前的头等问题。为了使学生此次走进

场馆更具针对性和有效性,我以"抗日民族统一战线在淞沪会战中有何体现"这一问题做了示范,先浏览相关展品,做一个以时间为轴的简单记录,然后依据史料的行为主体进行分类,继而根据分类情况,按照每一类型选取2—3则典型史料的标准进行取舍,史料类型尽量丰富多样,图文并茂。学生按此学习路径开始参观研习,教师提示学生要聚焦问题,结合展品材料进一步廓清思路,作出逻辑推理。学生很快发现,淞沪会战期间除国民党军队浴血奋战外,中国共产党、民间社会团体、普通民众甚至海外华侨、外国政府等都以不同的方式投身抗战,贡献各自力量,材料很庞大,其他问题也大致如此,需要分工合作。于是每个小组先分头分组行动,然后进行资料汇总、筛选、整合,最后提出解决问题的见解,形成小组研究报告。

(四) 返回课堂,分享共进

基于有冲击力的典型史料,基于自由交流的冲撞,在课堂展示环节,学生们此次"行走宝山"的成果令人欣喜不已。以下是几个精彩片段:

一名学生以他在淞沪抗战纪念馆了解到的姚子清为切入口,通过介绍姚子清奉命率部坚守宝山城,与日军浴血奋战七昼夜,终因敌众我寡,姚子青和全营官兵壮烈殉国的英勇事迹,凸显中国军队在抗日战场上惊天地,泣鬼神的牺牲精神,当该生以"五百健儿齐殉国,中华何止一田横"结束自己的解说时,同学们先是凝眸沉默,然后报之以激动的掌声,姚子清的名和魂嵌入了学生们的心坎,台上台下都被深深的感动包围。

这位学生并未完全沉浸在姚营官兵的悲壮事迹中,心情平复之后他旁征博引,从国民政府的军事部署、军队装备等视角分析了淞沪会战中,国民党80多万的军队为何不能力敌20万侵华日军? 他结合地图,首先从战略上分析:国民党军队中央兵力固然雄厚,但位于两翼的杭州湾和长江右侧则兵力薄弱,当日军由金山卫登陆后,立即陷我方军队于全局不利之中。他又选取了淞沪抗战纪念馆一张题为"中国空军编队在敌阵地上空伺机轰炸"的图片,并由此说开去:"淞沪会战时,我方军队积压已久的愤懑终于可以舒展,全军将士无不以报国为荣,各个争先恐后,视死如归,只可惜日军掌握制空权,我军炮兵相较也处于劣势,虽然精华尽出,但因日军陆海空立体火力强大,使我军蒙受重大伤亡,然其悲壮惨烈,迥绝千古"。该生绘声绘色的解说,使台下的学生既痛惜于先烈们的英勇牺牲,也深感综合国力的强大是国家和平安定的根本保证。

还有一名学生在述及南京大屠杀时,结尾处引入了2014年12月13日习近平

总书记在南京大屠杀死难者国家公祭仪式上的讲话视频。观看完这段视频,大家豁然开朗。原来历史不应该是记忆的负担,而应该是理智的启迪。了解历史恩怨的目的不是要延续仇恨,而是要唤起人们对和平的向往和坚守,使悲剧不再重演。这名学生场馆内外资源配合使用,清晰地回答了学生们在研习教材时提出的问题:铭记南京大屠杀对今天有何价值?那就是:坚守和平,理性爱国!

三、活动反思

古希腊生物学家普罗塔戈曾经说过:"学生的头脑并不是一个要被填充的容器,而是一个需要被点燃的火把。"此次"行走宝山"第二站:让历史讲话,用史实发言——走进上海淞沪抗战纪念馆,犹如一个火把,点燃了学生的头脑,不仅丰富了学生的学习经历,开阔了视野,增长了见识,还提高了学生的合作、探究、创新能力,同时在社会责任、国家情感等方面有了更全面、更深刻的认识。

(一) 丰富学习经历,完善学史方法

陶行知曾说过:"在学中做,在做中学。"学生只有参与其中,体会一番、才会有所感悟,形成自己的见解,找到解决问题的方法,因此唯有不断创造实践机会,学生方能获得体悟,升华认识。此次课外实践活动改变了以往静态历史教学的常态,使得历史教学成为充满活力的、内容丰富的动态活动;使"学历史"变为"做历史",打破了课堂与社会的界限,使得课程教学与课外活动,书本知识与社会实践有机结合起来,有效地拓展了历史课堂。教学方式由单一的教师灌输式向师生双方探究、合作、互动、体验式转变,学生的学习方式由死记硬背、机械记忆向动脑、动手、主动参与、勤于思考转变。以"活动促发展",学生通过参与实践活动,体验历史、感悟历史,在课堂之外培养了求真精神、自主意识、合作态度、沟通能力,培养了未来发展需要的必备品格和关键能力。

(二) 增进历史认同,涵养家国情怀

"家国情怀"是历史学科诸素养中的基本价值观,体现了学习和研究历史应形成的思维品质以及情感、态度与价值观,体现历史学科的育人目标。学生通过参观一座座场馆,一处处遗迹,观看一幅幅画像,阅读一篇篇文献,这些鲜活而富有感染力的史料,彰显了民族英雄们保家卫国的爱国情怀,慷慨救助的人道精神,捍卫正

以"行走宝山"系列活动为载体,涵养家国情怀

义的公理精神。通过行走和研究,学生感悟到了上海这座城市在民族危难中显现出的力量,从一座城市里众多战场的抗战历史,折射出她独特的精神气质。在个体—家乡—国家,每一件事的丝丝扣扣中,学生也容易形成研究的视角和线索,也便于养成基于证据的研究意识。历史教学应该实现知识传授和价值引领的同频共振,在淞沪抗战纪念馆,学生们了解到我们学校所在的方圆十里正是淞沪会战最惨烈的前沿阵地,大多平房被夷为平地,街巷残垣断壁、满目疮痍。今昔对照,深感正是无数仁人志士的英勇献身和数代人的负重前行,才有了当下的美好生活。

教学是一门有缺憾的艺术。笔者设计此次课外实践活动的初衷是想将历史课堂拓展到场馆,使课堂由封闭转为开放,进而达成培养实践能力、完善学习方式、涵养家国情怀的育人目标。但从参与的人数上看,并不理想,部分学生参与意识淡泊,依然满足于仅做个局外人、旁观者。此外,也未形成具有可操作性的评价体系,缺乏对学生的激励机制。笔者将进一步探究,以期设计类型多样的实践活动,吸引更多的学生参与其中,并制定出能激励学生且切实可行的评价量表,以此培养学生未来发展需要的必备品格和关键能力。

英语小寓言 人生大智慧
——基于核心素养培育的英语"寓言悦读"课程开发与实践

上海市松江区九亭中学 昝 欣

一、实施背景

上海市松江区九亭中学秉承学校"适性发展、幸福成长"的办学理念。"适性发展"强调尊重教育规律和学生身心成长规律,立足办学实际,关注学生需求,加强学生特点和特质的元分析,因人制宜,因材施教,发挥学生潜能,让学生各有所得,各成其才,注重学生的全面发展和个性发展。"幸福成长"强调优化学生学习方式,改进教师教学方式,体察师生的教学和学习状态,注重价值引领和人文关怀,教学相长,和美与共,丰富学习经历,突出幸福体验,促进学生成长、成人、成才,领悟人生幸福之道。

九亭中学以"适性"为抓手,积极塑造"和·悦"的学校和课程文化,努力构建丰富学生经历的课程。"和"的校园文化涵盖和睦相处、和谐发展、和而不同、和美与共,是学校倡导的校园文化。学校强调尊重差异和睦相处、利用差异和谐发展、以人为本和而不同、教学相长和美与共,突出了物质的、精神的、制度的、行为的文化融合,体现了人与人、人与自然、人与社会的和谐共生。"悦"的课程文化涵盖悦读、悦思、悦纳、悦动,是学校构建的课程文化。学校强调课程不仅仅是学习的对象(内容),更是一系列相互交织在一起的动态过程,课程文化突出了以群体间的关系和活动为载体,将课程领导力、执行力和建设力进行统整,关注学生在学习过程中表现出的积极、乐观、自信的态度,愉悦的感受和成功的体验;关注教师在教学活动中表现出的学科育人、活动育人、全面育人的素质教育价值观,体现了学校教育趋于开放性、评价取向发展性、课程凸显服务性的办学愿景。

初中英语学科的核心素养包括语言能力、思维品质、文化意识和学习能力。初中英语课程标准以培养学生综合语言运用能力为最终目标,根据语言学习的规律和义务教育阶段学生的发展需求,设计五个维度的课程目标,即语言技能、语言知识、情感态度、学习策略和文化意识。为落实初中英语学科核心素养和课程标准的要求,基于我校学生的多元性发展需求和学校阶段性发展要求,九亭中学英语"寓言悦读"课程应运而生,整合英语教材内容和拓展阅读内容,使英语课程既重视培养学生的语言基础知识和基本技能,也注重优化学习过程,通过课程育人,培养学生积极向上的情感态度和价值观。

二、主要特色

"寓言悦读"课程的实施对象是义务教育阶段的中学生,主要研究内容是英语寓言故事中的人生智慧和哲理。寓言故事是人类文化的瑰宝,故事简短精练,刻画出来的形象鲜明生动,每则故事都蕴含深厚的哲理,或揭露和批判社会矛盾,或抒发对人生的领悟,或总结日常生活经验。近几年来学校努力挖掘有着人文底蕴的环境,希望用人生智慧的养料滋润学生,让阅读英语寓言故事成为学生们生动的课堂,并将社会主义核心价值观中的诚信、友善、敬业等内容有机融合,通过对寓言的阅读和深度体验,启发学生探索和理解身边的世界。

基于各年级学生的年龄特点和认知特点,每个年级确立一个主题,深入挖掘,旨在通过中学阶段的四年学习让学生培养树立正确的人生观和价值观,提升学生的人文素养和思维品质。

三、主要内容

(一) 课程整体架构

在九亭中学"适性发展、幸福成长"的办学理念指引下,根据社会主义核心价值观的要求,"寓言悦读"课程的整体构架沿循"一个主题,几个故事,一些思考"这样由点到面的主线,根据每个年级的学生身心发展的特点和学生核心素养的要求,遴选出有代表性的寓言故事,涵盖牛津教材的相关内容并拓展补充材料,提炼并确立在英语教学中落实四项关键品格:六年级"勤奋努力"系列:The Rabbit and the Turtle、The Grasshopper and the Ant 等;七年级"和谐友善"系列:Mr Wind and Mr Sun、The Fox and the Crow 等;八年级"惩恶扬善"系列:The Farmer and the

Snake、Little Lamb and the Wolf 等；九年级"知足常乐"系列：The Happy Farmer and the Fairy、The Fisherman and the Golden Fish 等。

（二）课程的目标体系

1. 总目标

"寓言悦读"课程的目标是使学生通阅读教材中的寓言故事和课外拓展的寓言故事，丰富英语语言知识，理解文字蕴含的深刻内涵，感悟英语语言的魅力。在此基础上，深入挖掘寓言故事背后的哲理，提升思维的品质，能够形成正确的人生观和价值观，促进以后的成长、成才。

2. 分年级目标

六年级——以"勤奋努力"为主题培养学生良好习惯态度。对于六年级学生来说，刚升入初中阶段，正值学习态度与习惯养成的关键期，依此选择蕴含勤奋努力哲理的寓言故事，为他们能更好适应中学学习培养意志态度的基础。

七年级——以"和谐友善"主题培养学生和睦友好的情感态度。七年级学生身心得到了一定的发展，自我意识提升，但心智仍不够成熟，因此选择蕴含和谐友善哲理的寓言故事，在与人相处和沟通方面加以引导。

八年级——以"惩恶扬善"主题培养学生正直善良的价值观。八年级学生品质道德逐渐发展，选取蕴含惩恶扬善哲理的寓言故事，培养学生辨别是非善恶、树立正确的人生观和惩恶扬善的行为准则。

九年级——以"知足常乐"主题培养学生体会生活美好的幸福感。九年级学生人生观逐步发展，选取蕴含知足常乐的哲理的寓言故事，鼓励学生悦纳自我，和美与共，幸福成长，突出体验幸福美好的人生智慧。

（三）课程的实施路径

寓言故事中的形象是生动活泼充满趣味的，但其背后蕴含的哲理却是严肃深刻的。在对文本的阅读与解读过程中，充分发挥学生们思考的空间，从故事到寓意的解读，营造悦纳多元理解的氛围，鼓励学生积极思考、勇于表达自身的态度和感悟。

以下案例以七年级"和谐友善"主题的一节寓言故事的教学过程为例阐述具体实施过程：

英语小寓言 人生大智慧

1. 教学设计意图

Mr Wind and Mr Sun 是一篇寓意丰富的寓言故事,通过风与太阳比拼力量的过程展示出与人相处的道理,寓言简明却哲理深厚,是一篇富有育人价值的阅读文本。在教学设计中,以风和太阳比赛过程的心理变化为主线、风先生两次脸红的情感变化为落点,设计相应教学环节,引导学生运用阅读微技能提升思维品质,从理解文本中受到启发感悟与人相处的道理,从而达到英语学科育人的目的。

2. 教学过程与特色做法

(1) 利用情境激发阅读兴趣、主动拓展思维空间

【教学片段一】

While-task Step 4:Role read the dialogue of pre-competition between Mr. Wind and Mr Sun.

Mr Wind:"People always think that we're as strong as each other. I think I'm stronger than you. Shall we have a competition? Can you see that man over there? Let's see who can get his coat off in the shortest time."

Mr Sun:"That's a good idea. You go first."

(课件显示风和太阳比赛前的画面,请学生结对讨论和按角色朗读,思考应该用人物怎样的语气,对话所给内容随着操练信息递减)

本环节设置短对话操练,虽有信息递减等方式但并不是机械的操练语言点,而是着重强调体会文中人物的语调,这就需要学生在理解文本的同时思考人物话语背后蕴含的情感,拓展了阅读文本过程中思维的空间,从而提升语言能力。学生在读和说课文这段人物对话的过程中应主动思考处于该情境中的人物的心理状态,例如课堂上学生们会尽力模仿一种骄傲自大、蛮横无理的语气来朗读风的那段话,也会模仿另一种平和舒缓、不卑不亢的语气来朗读太阳的那段话。不用教师的说教,也不用教师提问来层层引导,学生却能够领会到两种为人处事的情感态度的强烈对比,为理解后文中风的情感态度变化做了铺垫,活跃课堂气氛的同时也达到了润物细无声的育人目的。

(2) 聚焦阅读微技能、引导提升思维品质

【教学片段二】

While-task Step 6:Read Para 3 – 4 again and find out:

- How did Mr Wind feel during the competition? Why?
- How many times did Mr Wind's face become red? Why?

本环节设置两个主导问题,一是风的心理变化,二是风两次脸红的原因。除了设置找寻细节信息以外,更关注学生在阅读过程中对这些细节信息的思考,教学重点聚焦在 find supporting sentences 这一阅读微技能的运用,并利用文本信息进行分析和综合概括。在初中英语阅读教学中,教师指导学生运用阅读策略,拓展文本内涵,提升思维层次。因此在阅读中的指导更注重阅读的过程性,即启发学生在阅读中不仅思考是什么,而且思考为什么。所以学生在阅读的过程中会主动探寻人物态度转变的深层原因,通过风的两次脸红这一表象,揭示它内心骄傲—生气—失望—惭愧这些情感态度的变化,从而感悟和总结为人处事的哲理。育人目标的达成摒弃了传统的说教方式,而是通过层层递进问题链的引导学生发现表象、思考原因、感悟道理。

(3) 转变反馈形式,提升语言输出思维量

【教学片段三】

Post-task Step 1: Suppose you are Mr Wind, what will you say to Mr Sun after the competition when you heard Mr Sun's words?

本环节是阅读后的语言输出环节,虽然这是一篇故事性的文本,情节发展完整,适合学生来表演巩固所学语言知识,但并没有设置如此的活动,因为考虑到这与这节课的育人目标不相符,进行角色扮演的读后活动并不能体现情感和道理的升华。学生缺乏思维参与的学习活动只能达到模仿的层面,达不到理性认知的层面。在本环节中,因学生在之前读中环节的设置中,已有对文本中人物的情感变化的深层思考,对于比赛过程中风的态度转变已形成自己的感悟和相应体会,所以在输出环节,设置了一个转换思维角度的输出活动,即以风的角度说说故事发生后的内心体会,活动实质其实是借风这个人物形象之口阐述自己深刻感悟到的道理。对比以往英语教学中常用的短剧表演形式,这样的输出活动设计更能提升学生在语言输出时运用的思维量,例如课堂上学生们能自发提到友善待人、不骄傲自满、学习他人闪光点等方面,虽形式简化却使育人的主题得到了升华,使学生关注和完善自身的品德和人格。

（4）启发欣赏文学体裁、发展思维鉴赏能力

【教学片段四】

Post-task Step 2：Discuss what we can learn from the story.

Post-task Step 3：Read and get some more information about fables.

本环节中学生通过小组讨论将个人感悟相互分享，归纳和总结形成小组集体的智慧，形成对寓言故事寓意的整体感悟。接着引出寓言故事这一文学体裁，回忆耳熟能详的类似篇目，简要介绍并引起学生关注寓言这种文学类型的文体特征。英语是一门兼有工具性和人文性的学科，语言教学应是富有人性、情感、表现力和想象力的，将人文精神渗透到英语教学中，让学生找到文学的感觉，具有鉴赏美的能力。利用本篇寓言的文本，在教学中鼓励学生尝试从文体的角度理解和品读寓言这类文学作品，激发学生拓展阅读的兴趣，充分利用文体特征发展学生的阅读策略、文学鉴赏能力和文学素养，引导学生积极地从经典文学作品中汲取真善美的心灵感悟，凸显学科育人的价值。

四、成效与展望

通过"寓言悦读"课程的开展，学生们对这一生动的文学体裁有了浓厚的兴趣，学生的情感态度有了明显变化。我们重视学生的自我体验与感受，同时也鼓励学生有自己不同的思考，在观点的碰撞中共同求得一定的价值取向。思维发展的同时人生观和情感态度也有了一定的发展。同学们在课堂上受到启发后，课后会继续探索阅读更多的寓言篇目，获取更多的人生感悟。

未来我们的课程主题涵盖内容还应继续深入和全面，开展更广泛的阅读内容，开发更多样的课程评价形式，课程活动和德育目标还可以结合得更深入。我们会在今后的实践中继续思索和努力完善英语寓言阅读育人的课程体系。

从"心"开始　为学生成长导航
——初中生生涯辅导的实践探索

上海市松江区九亭中学　方小江

一、实施背景

生涯教育是致力于中小学有机衔接、内涵丰富、科学适切的内容体系，是中小学教育中不可或缺的内容。因而，开展生涯教育势在必行。我校基于本校学生的实际情况（很多外地学生不能在沪中考），意识到生涯教育的必要性，早在2015年开始，就已经尝试进行生涯教育。从心理学科开始，逐步拓展延伸至全校性的活动，乃至家校互动，从而形成影响学生发展的系统性活动。希望获取一种适宜本校学生的生涯教育模式，提供可参考的生涯教育途径，帮助学生建立生涯意识和能力，即从"心"出发，真正做到为学生的成长导航。

二、主要特色

我校的生涯教育是在逐步探索的过程中去落实到学生实处的，体现在常规活动中的这样一种努力的方向，例如，在德育常规的"生命教育"中，挖掘生涯教育的契合内容，让学生带着目标去用心体验活动，并举办"我的成就事件"的展示评比活动。逐渐形成以"心理学科"为核心，联合政教处、班主任以及家长的生涯教育合力，通过课程与匹配的生涯活动的开展，辅助德育常规活动中生涯教育的拓展，旨在以课程为基础，统筹学校德育资源，凝练以学校为主体，家庭和社会的三方合力，共同为学生的成长导航，引导学生积极探索内在自我与外部世界，增进自我认识，拓展对社会分工、职业角色的体验与认识、对高中阶段学校的了解，并培养一定合作、学习、适应的生涯技能，从而最终形成生涯规划的意识与能力。

三、主要内容

（一）从心理健康教育课程开始，建立生涯教育的基石

我校曾在七年级和八年级开设过系列的生涯发展课程，包括自我认知部分（兴趣、能力、性格、价值观知识等），生涯相关技能（例如合作能力、学习能力和适应能力）以及对社会职业的一定认识。例如"我的成就事件"活动主要是心理学科设计，学生对活动的呈现形式需要在心理课程中示范解释；"模拟招聘会"活动采用的无领导小组讨论模式，也需要在课程中加以指导。因而，以课程为基础，在老师的指导之下，及时给学生答疑解惑，心理学科老师与政教处、班主任们通力合作，以帮助学生自我探索。

（二）以课题研究引领生涯教育的实施

2015年，我们申请了上海市中小学心理辅导协会课题"初中生生涯发展教育的实施策略研究"，逐步推广实施到各个层面。课题结束之后，我们又申请了市级课题"初中生生涯教育的家校合作实践研究"。

在课题的引领下，我们经过系列的尝试，逐步形成了生涯课题的品牌活动，争取每年有进一步的完善和拓展创新。"大手牵小手　共筑职业梦"家长进课堂职业领航活动：经过先期调查问卷，六年级每班邀请一名有意愿、在某一领域有一定工作基础的家长，参与此次家长进课堂活动。家长们在前期和班主任就课堂内容沟通的基础上，为孩子们带来了多堂精彩的课，如"爱的五种语言""我的服装我设计""三维动画制作"等，课程设计符合六年级学生的心理特点，内容丰富，教学方法多样，深受学生们的喜爱。家长进课堂职业领航活动让学生们体验了各种不同的职业，并在互动中思考自己的未来，从而进一步激发他们的学习动力，在他们的心里埋下了一颗理想的种子。

"我的创意简历""模拟招聘会"活动：前期，学生根据自身的兴趣爱好，发挥自己的创意，不限工作职位，以绘画、手工、诗歌、多媒体（PPT、视频、游戏制作）等多种形式，积极自己进行一次认真的总结和反思，将自己的理想职业以及自身特色创意地展示出来。后期，选择以校园模拟招聘的形式，学生不仅可以一定程度上了解社会对自身的需求，且对逐步形成的价值观有一个梳理的过程。通过模拟招聘，也

能以社会人之眼来看学生本身,让学生更真切地了解自身的长与短,帮助学生确立一种生涯意识,探索自己的兴趣、性格、价值观和理想。联系当下的学习情况,能够激发学生的学习热情,能在探索和追寻理想的过程中,发挥自己的潜力。

(三) 从心理活动开始,感受生涯教育的魅力

我们的生涯教育的实施,最初是以小范围内的心理活动开展的。心理教师首先在授课班级里开设生涯课,进行生涯活动的尝试,逐渐摸索出受学生欢迎、可复制、可推广、有一定生涯辅导效果的活动,并通过心理活动月的形式,在政教处的指导下,逐步形成全校范围内的生涯活动。且在家长这一重要群体的加入下,通过家校互动的形式,开展了更为系统全面的、形式多样的、内容丰富的生涯教育活动,在实践活动中促进学生生涯规划意识和能力的培育和发展,感悟到生涯教育的魅力。具体如下:

"大手牵小手 共筑职业梦"家长进课堂职业领航活动:积极开展家长学校建设工作,通过组织家长进课堂活动,为学生讲解相关职业知识,丰富学生的学习生活,拓宽学生的视野,让学生初步了解一些职业知识,在他们的心里播下职业的种子,为学生的全面发展奠定坚实的基础。每个班前期都会制作活动方案,在专家指导下,经政教处沟通好活动的展现形式,与家长沟通,制作 PPT 等等,力争取得更好的效果。

我的成就事件:我们充分挖掘常规德育活动中的生涯教育意义。例如在八年级的生命教育活动中,鼓励学生参与、学习总结和反思自己在活动当中的表现,体验自己在活动中的职业角色,感知这一角色对个体提出的素养与能力需求,以及职业所体现的精神和价值感。学生在这几天的活动当中,会选择一件自己感觉很不错的事情作为成就事件加以记录,并以自己所喜欢的方式,例如制作视频、PPT、书画、手工、情景剧等方式呈现出来在班会课上进行展示,并进行了班级和校级评选,颁发"最佳角色体验奖""最佳展示效果奖"等奖项。

生涯小讲堂:邀请进入高中或大学的哥哥姐姐们来校讲述自己的心得体会,为学生们的成长心路提供参考。

职业思维导图暨生涯游乐园:首先进行"积极探索、应对未来"职业访谈活动,学生了解家人(朋友)的公司结构或职业特性,去探究该职业所需要秉持的职业道德、职业门槛、个人能力、困难和挑战等内容,并用思维导图的方式绘制出某一职业。此外,为了拓宽学生对生涯的认知,让更多的同学感悟到生涯探索的魅力,从而激发学生思考自己的兴趣、特长、理想职业等,积极地自我探索,增进社会了解,

促进学生自我人生的思考和规划。我们借六一儿童节的契机,举行生涯教育游园会,进行职业探索的成果展示。

我的创意简历:旨在激发学生思考自己的兴趣、特长、理想职业等,并充分发挥自己的想象力,进行创意展示,做一个属于自己的创意简历。其中,有的同学呈现的是纸质版,有的同学还学习制作PPT,尝试配上动画和音乐等;更有零基础的学生尝试制作视频,以大家喜闻乐见的方式呈现出自己的理想、爱好。一个同学制作的微视频创意简历还获得了上海学生心理健康教育发展中心颁发的2017年心理健康活动月优秀微视频奖项。

模拟招聘会:在生涯探索课题中,我们开展"校园模拟招聘会"的活动,让学生可以一定程度上了解社会对自身的需求。要求制作"我的创意简历"并进行评比,班级进行复赛"无领导小组讨论会"选出2名优秀者,最后决赛由12名同学进行模拟招聘。首先,由12名选手上场自我介绍。他们的介绍各具特色,有的说要成为一个吃遍世界的美食家,有的说要成为教书育人的教师。接着,开展无领导小组讨论活动。学生们就题目展开细致且全面的分析,在互动沟通中逐步确立了统一的意见并总结展示,在这个过程中,既要展示自己的观点,又要学习倾听他人观点并试图劝服他人,锻炼了劝服、人际影响、倾听等诸多技能。

校园心理剧:从前期的学生问题收集、中间的剧本编写,到最后的演员角色确定、指导、排演、PPT背景、音乐制作、道具的准备,真正的表演及其后的剪辑等,整个流程是一次系统而详尽的工程。能够让有不同兴趣与特长的学生参与进来,增进沟通合作的能力,也提供了他们探索和展示自己的舞台。我校在2018年的校园心理剧还获得了该年度松江区校园心理剧比赛的二等奖。

此外,在以上特色活动基础之上,我们还举行个体生涯问题的辅导、初三学生的考试压力辅导讲座、走访校外生涯教育实践活动基地——走进城市科技学校参观、G60科创走廊、参加高中校园开放日、上海教育博览会等基础活动,共同普及和特色化我们的生涯教育活动。

四、成效反思

(一) 生涯活动顺应学生发展需求,且顺应市教委对学校的要求

2018年上海市教委出台《关于加强中小学生生涯辅导教育的指导意见》,生涯

辅导已经是致力于中小学有机衔接的、内涵丰富的、科学适切的内容体系，是中小学教育中不可或缺的内容。我校早在2015年便开始进行生涯教育，逐步形成了生涯教育丰富的特色活动，这些活动即有专门开设的生涯活动。这些活动深受学生欢迎，在帮助学生加强自我认识，提升生涯意识，增进社会理解等方面，取得了一定的成效。记得2017学年毕业的一名学生在返校之后与教师聊天提到，他所考取的高中在复试面试时即是生涯课程中所介绍的无领导小组讨论，甚至考试的题目老师在课程中都有所提及讨论。

(二) 凝练教育合力，形成家校合作纽带

我校的生涯教育是在专家指导下由德育校长统筹，政教主任组织，集结班主任、心理老师、家长等共同实施的教育合力。通过生涯教育这一实践内容，逐步形成了引领学生发展的家校合力，同时因为家校合作方面提供了一条纽带，打开其他内容层面家校合作的一条资源之路。

当然，我们的生涯教育，行在路上，亦有需要提升的地方。

1. 进一步提升生涯教育的高度

为了增进生涯教育的影响力，需要进一步加强与其他单位的合作，尤其是社会单位以及社区的参与。校长表示，将会继续连接一些企业和学校的资源，为更多学生提供职业角色体验的机会。

2. 初三学生的针对性辅导

我校九年级学生生涯发展面临的最为显著的问题便是中考。然而有部分学生不能在沪中考，对于能够参加中考的学生，重点在于学业指导，帮助学生明确学习目标，改善学习方法，朝着既定目标努力奋进。其中，要做好对回乡中考学生的情绪安抚工作，尽可能帮助他们做好适应新环境的准备；对于可能不参加中考的那个班级，如何处理学生的厌学情绪，对职业发展的迷茫以及如何选专业和学校，可以借鉴的以往经验等等，都是之后需要细化的工作。

我们的生涯教育从"心"开始，并且在不断发展的更新的路上，"重新"开始，凝聚教育合力，努力真正做到为学生的成长导航。

在中华经典诵读中弘扬中华优秀文化
——"古韵新雨"经典诵读校本课程建设

上海市长宁区北新泾第二小学　蔡卫红

一、实施背景

中国古代文化经典浓缩了"人文科学"和"自然科学"等多方面知识,是中国文化的瑰宝,是古人留给我们的一笔丰厚的遗产。重视古典文化积累,诵读经典,这是素质教育的要求,也是新课程的要求。建设"经典诵读"校本课程对于学生品德形成和智力发展具有重要的和必要的意义。

本课程以学生诵读唐宋诗词和诸子史传经典为基础,以继承和发扬中华民族的经典文化为核心,让学生在诵读中接受博大精深的文化滋养,强化民族文化根基,以达到开启智慧、开发潜能、塑造人格和学习语言的目的。

二、主要特色

我国的古典诗文源远流长,经历了几千年的锤炼和积淀,具有感发人心、陶冶性情、塑造人格、增长知识的功能,是中华传统文化当之无愧的代表。我们发现了民俗文化教育与经典诵读的连接点,两者都是中华源远流长的文化之瑰,是中华民族赖以生存的精神支柱和心灵家园,后辈们有责任保存、承继与发展传统优秀文化。

2003年9月以来,我校开展了民俗教育校本课程研究。在关注学生日常生活中对优秀中华传统文化的体验与传承的基础上,学校构建并实施了以向善向美为价值取向民俗文化教育校本课程,形成以"民俗风""快乐学习"等为主题的校园特色,促进师生健康和谐地发展。

为了进一步丰润校本特色课程,提升课程内涵,自2012年9月起,学校开展了"经典诵读"校本课程的开发与实施。进行了"古韵悠长浸润心田"经典诵读校本教材的编写,一至五年级共十册,选录了诸子、史传经典94篇(则);唐宋五言、七言绝句147首,唐宋五言、七言律诗35首,唐宋词6首,还分别加注了汉语拼音、注释和大意,选配了插图。历经三个学期的试用、修改、完善,最终确立了从课程目标、校本教材、经典活动及评价的经典诵读课程体系,成为学校实施"化育人文"的有力抓手。引领学生走进经典,让学生从儿童时期就养成诵读和欣赏经典古诗文的习惯,在潜移默化中受到优秀的传统文化熏陶,更能继承、发扬这份不可多得的文化遗产。

三、具体实施

(一) 资源整合,在把握基点中生情

1. 整合同主题的作品

在古诗词中,有不少作品虽然作者不同,背景不同,但表达的情感主题却是相通或是相近的。就拿"送别"主题来说,有李白的《赠汪伦》,写汪伦以歌声送友,李白借潭水抒写深厚友情;有李白的《送孟浩然之广陵》,写李白以目光送友,借长江之水喻两人之间绵绵不绝的友情;有王维的《送元二使安西》,王维以酒赠友,借朝雨、青柳、美酒表达对友人离去的伤感。如果教师在教学时能改变传统"逐首教学""逐行教学"的模式,整合资源,凝聚主题,学生就能在把握基点中生情。我们在教学《赠汪伦》时,先播放名曲《送别》,然后引导学生回忆读过的几首送别诗,让学生大致了解异同,"转轴拨弦三两声,未成曲调先有情"。"送别"的主旋律如同一汪清泉流淌在学生的心间,激荡着他们的情感。

2. 把握同题材的作品

以题材为桥梁,可以带动同题材不同主题的诗歌的学习。比如,教师在引领学生学习柳宗元的《江雪》后,出示王士祯的《题秋江独钓图》,提出自学要求:这首诗勾画了一幅怎样的画面,反映了作者怎样的心情?希望运用学上一首诗的办法,自己来学懂这首诗。学生在比较中很容易就发现这两首诗的地点相同、人物相同、事件也相同,但心情不一样,一个是苦闷的,一个是怡然自得的。前一首诗有一种"傲气",后一首诗有一种"霸气"。此时,穿插一些背景材料,《江雪》是在柳宗元流放永

州官场失意时写的,而王士禛仕途得意,时任刑部尚书。学生比较阅读,"调动了原有的知识经验,对新的信息进行编码,建构自己的理解"。在比较阅读中不仅拓展学生的视野,而且让学生学会比较,使学生更加深入地感悟作品的人文内涵,起到一举多得的作用。

3. 延续诵读同一诗人的作品

这样做的目的在于增强学生对诗人语言风格的感受力,加深学生对诗情画意的体验和对该作者写作风格的把握。比如,学习李白的《望庐山瀑布》,带学李白的《早发白帝城》《送孟浩然之广陵》,感受他的豪放风格;学习杜甫的《春望》,带学他的另一篇诗作《闻官军收河南河北》,感受杜甫的爱国衷情。

(二) 体验感受,在个性化诵读中抒情

诗读百遍,其义自明,其情自见。诵读是用语言的声音将自己的体会、情感表达出来,通过诵读,使教师、学生、作者彼此间心灵相融、情感相通,营造协调合拍的良好共鸣体,从而提高学生知识、能力、人格、审美、文化等综合素养。教师在指导学生诵读时要注意诗的节奏、韵律及合适的音调,从而恰当地表现诗的思想感情。

重视诵读,首先要尊重学生个性的独特体验,允许学生读出不同的感悟。教师是引领学生诵读的组织者、合作者和促进者,让学生渐入佳境,读出味,读出情来。例如诵读陆游的《示儿》,按照这样的流程进行诵读指导:① 初读诗文,介绍背景,了解诗人的"悲愁"心事;② 再读诗文,了解遗憾,弄清诗人的"悲怆"心境;③ 三读诗文,理解信念,感受诗人的"悲壮"心愿。在初读的基础上,确定悲凉的诵读基调,再读诗文引领学生用深沉的语气表达出对祖国前途的忧虑;三读诗文引领学生用激情表现出诗人一生为多难的祖国呐喊的爱国精神,从而使学生受到感染、得到鼓舞。

通过导语铺陈也是引领学生诵读诗文的一种好办法。有位老师是这样指导《题临安邸》中"西湖歌舞几时休"这一句的诵读的。随着展示的《清明上河图》,他边看边感慨地说:"多么繁荣的景象! 但从兵匪入城的那天起,都不存在了,那些贪官污吏们葬送了一个繁华如织的汴州,难道他们就不会再葬送一个风景如画的杭州吗? 看到想到这一切,你急吗? 让我们问一问那些权贵!"于是,学生情不自禁地齐声诵读:"西湖歌舞几时休?"声音充满了心急如焚的焦虑。老师又说:"你们担忧吗? 再问——"于是,学生再读,声音里带着深深的忧虑。紧接着,老师又说:"你们愤怒吗? 指着那些权贵的鼻子再问——"这一次,学生们的声音里充满了激愤,分

明自己就是那位爱国诗人,借这简洁凝练的诗句倾诉着无限的愤慨。在这令人心动的"三问"中,学生们每一次诵读,无不生成自己对文本的理解,感受着诗人那颗忧国忧民的心。

在诵读课后,提倡全体语文教师与学生共读经典,同写札记,共同成长,为全体学生做乐读、善思、勤写的典范,带动诵读经典诗文活动更深入扎实、有效地开展。

(三) 拓展延伸,在提升内涵中融情

古诗词产生的历史年代久远,古代的社会制度、生活方式、风俗习惯、语言风格,都跟现代大不一样,加之学生的阅历太浅,要准确把握诗歌作品情感,仅仅拘泥于必学内容是远远不够的,必须对作者的社会经历、文化教养、情趣爱好以及写作背景等相关知识有适当的了解,才能与诗人心同此情,意同此理,因此,教师要形成开放的教学观,让作者情、学生情在拓展延伸中融合,拓展的渠道有:

1. 课前收集背景资料

建构主义理论认为,知识不仅仅是通过教师向学生传递,而是学生根据外在信息,通过自己的背景知识,建构自己知识的过程。每个学习者都以自己原有的经验系统对新的信息进行编码,建构自己的理解,而原有知识又因为新经验的进入而发生调整和改变。采用建构主义的理论方法,我们为学生提供学习导向,精心设计了一些积累主题:有春色迷人,夏日风情,诗人咏秋、踏雪寻梅、名家专辑、爱国绝唱等。学生通过各种信息渠道,收集资料,从而培养起学生初步的收集和处理信息的能力。

2. 课堂交流背景资料

课堂交流是对信息的整合过程,也是认识深化、情感深化的过程,教师要充分发挥引领的作用,在对话交流中导情。例如,老师在组织学习张继的《枫桥夜泊》时,围绕"愁"字提问:你知道哪些诗人为"愁"写过诗?你还知道哪些关于"愁"的名句?这两个问题实际上是老师对学生拓展延伸的导向,是对诗意的深层次认识。第一个问题是从情感认识方面的提高,第二个问题是从语言知识方面的积累,让学生从书本起步,到书海漫游,由一点而带出一串,由个别而带出系列。短短一首28字的小诗,融入的却是古今中外名人名句的万缕愁绪。

3. 课后延伸诵读

10分钟经典诵读课堂是向两头开放的,学生带着问题、信息走进课堂,一堂课上好后,学生带着许多新的问题离开课堂,课堂教学结尾变成了问号式,省略号式,

这不仅仅是知识的延伸，更是情感的延续。

4. 营造"诵读"氛围

利用教室内黑板报，教室走廊墙裙，展示学生所读、所得。每月定时更换，营造出浓郁的书香校园文化氛围。学校定期举办丰富多彩的"经典诗文诵读"比赛或成果展示等活动，以赛促学，激励学生积极投入活动。寓教于乐地开展古诗文诵读活动，让学生体验到成功的愉悦。每学年结合庆"六一"、经典诵读现场活动、语言文字工作等都要组织开展"诵诗主题会""读诗札记展""古诗共唱"、经典诵读为主题的书画比赛等活动，同时评选出"背诗大王""背诗能手"，这样既让全体师生接受民族传统文化的滋养，又让不同层次的学生都能体验到成功的乐趣。

5. 制定评价标准

具体评价标准如下：

（1）测试形式：抽背古诗和古文。

（2）测试内容：《北二小学各年级中华经典诵读诗文集》里的诗文。

（3）测试评价：

　　★★★——能正确流利地背诵。

　　★★　——能较为正确流利地背诵。

　　★　　——基本能背诵。

附：《经典诵读》校本课程古诗文背诵情况记录表

班级＿＿＿＿＿　姓名＿＿＿＿＿　学号＿＿＿＿＿

内容	题目（填写）	评价（涂星）
古诗	1.	☆☆☆
	2.	☆☆☆
	3.	☆☆☆
	4.	☆☆☆
	5.	☆☆☆
古文		☆☆☆

测评者：班级＿＿＿＿＿　姓名＿＿＿＿＿

四、成效反思

古人云：为文之道在于厚积而薄发。在经典诵读的过程中，学生强烈地感受到了中国传统文化的无穷魅力，受到了民族精神的熏陶与感染，学到了做人的道理，从而全方位地提升了语文素养。

学生具备了良好的背诵和读书习惯，掌握了较科学的记忆和阅读方法、较强的自学能力和严谨的学习态度，特别加强了自主创新学习的意识和能力。

学生能流利背诵古典诗词、《诗经》《礼记》等经典诗文。学生的课外阅读也达到了要求，部分学生远远超过规定量。通过多种方式展现学生的诵读成果，锻炼了学生的组织能力、表演能力、合作能力等。

在经典诵读的读诗札记活动中，学生们或咀嚼诗意，进行着诗词品读；或放飞心灵，设计着充满灵性的诗画作品……学生的札记诗、图、文相得益彰，融合诗情画意，不但引导学生们沉浸在经典古诗文的海洋中，更丰厚了他的思想内涵，丰富了语言积累，对社会主义核心价值观的树立起到了有效的推进作用。

中华经典诵读是中华民族文化的瑰宝，延续了中国传统文化的命脉。让我们在经典诵读活动中，把孩子的视野引向经典诗文的美丽田野，让学生精神生命的根须深深扎在民族文化的沃土里。

追寻红色印记　传承五四精神
——社会实践课程与历史学科教学融合开展实践探索

上海市北海中学　周琛慧

一、实施背景

2019年是五四运动100周年,100年以来,中国青年一代又一代接续奋斗、凯歌前行。新时代中国青年在中国共产党的领导下同人民一道,为实现"两个一百年"而奋斗。北海中学遵循《中小学德育工作指南》和《上海市中长期教育改革发展规划纲要》,结合学校实际,打造红色文化研学课程,以上海为中心向周边城市衍生,通过行走探寻红色记忆、传承民族精神。

历史学科第三分册开始进入中国近代史。对于当代中学生来说,对于这段历史比较难以理解。这是一段国难史,也是一部奋斗史;经历了近代中国漫长的蹒跚救国之路,终于在20世纪初迎来了新的曙光,五四运动开启了新民主主义革命。中国共产党的成立具有伟大而深远的历史意义,理论结合实践的活动能使学生更好地理解近代中国现代化之路的曲折和中国共产党领导的现实意义,激发学生的爱国精神和奋斗精神。红色研学文化之旅通过多种形式的社会实践活动,在实地考察和团队协作活动中重温革命先烈自强不息的精神,提升学生"感知社会、观察社会、研究社会和提升自我"等理性思维与学术修身能力,提升学生的社会责任意识。

二、主要特色

北海中学为推进素质教育深入实施,加强中小学生社会实践能力,打造了"红色文化研学"特色精品课程,也是"红绿蓝"三色综合实践课程的重要内容之一。旨在引导学生通过社会实践体验,走出校园、认知社会、接触自然、开阔眼界。通过文化考察、对比研究、小组合作等,加深学生与自然的亲近感,培养学生的社会责任

感、创新精神和实践能力，从而全面提升综合素质。

红色文化研学是一种集传统的社会实践活动和多种学科探究的新式德育实践活动。在实地考察和小组活动中，学生需要充分利用在课堂中学习到的学科知识和各类生活经验，完成了团队任务。历史学科中的第三分册内容中系统地讲述了中国共产党的诞生和新中国的成立，通过课内知识铺垫和结合上海这座城市与近代革命的渊源来建立学生对上海和红色记忆的初步印象；并以红色知识竞赛的方式进行巩固，为之后的研学实践部分打下知识基础。通过本次研学的课程，学生不仅能发掘自身潜力、培养兴趣爱好和集体意识，还能从中体悟我国改革开放40周年的伟大成就，树立"四个自信"。

三、主要内容

(一) 课程框架

本课程具有一个完善的课程体系，分为前期准备与后期实践两个部分。前期课程为学生知识储备阶段，通过学科知识为学生夯实基础；后期为实地考察阶段，通过学生间团体合作，培养合作精神和综合素质。

(二) 课程内容

红色文化研学的主题是"追寻红色印记 传承五四精神"。学生通过前期准备和两期共三天的研学旅行探寻红色记忆。第一期上海研学旅行中，学生走访一大会址、二大会址、团中央旧址和周公馆，完成团队任务。第二期嘉兴南湖研学之旅，学生走访陈云纪念馆、练塘古镇、南湖红船、南湖革命纪念馆、月河老街，探访革命记忆，传承优秀文化，弘扬奋斗精神。

课题汇总（见表1）：

表1 "追寻红色印记"学科主题探究活动

序号	教学主题	学科领域	教学形式
1	新文化运动	历史	课内
2	五四运动	历史	课内

(续表)

序号	教学主题	学科领域	教学形式
3	中国共产党诞生	历史	课内
4	上海——红色之城的前世今生	历史	讲座
5	红色训练营	历史	知识竞赛

实施过程：

"追寻红色印记 传承五四精神"项目组成员：七年级近150名同学在带队老师的带领下组成23支研学小队，进行两期研学之旅。

发动阶段：从学校各级层面包括活动老师、班主任、家长、学生进行德育动员和思想宣传。明确各自的任务与职责。如班主任层面，对学生行为规范和德育思想进行教育。通过主题班会，对研学活动中的组织分配和管理机制进行协调。在学科老师和家长层面做好宣传。

准备阶段：学生方面，通过系列学科主题活动，做好前期学科知识储备。对四个研学点进行实地考察，结合课内知识点进行课程设计：

表2　第一期：追寻红色印记"上海篇"

活动站点	知识了解	设计意图	活动形式
一大会址	中国共产党第一次全国代表大会会址是中国共产党的诞生地。中共"一大"会址纪念馆位于兴业路76号（原望志路106号），为一座石库门式楼房。1997年6月，中共中央宣传部公布中共"一大"会址纪念馆为全国爱国主义教育示范基地。	学生参观一大会址，近距离观察到包括鸦片战争至社会主义革命和建设各个历史时期的文献、实物、报刊、书籍和照片等，感受革命先烈的峥嵘岁月	实地考察 资料检索 团队协作 摄影征文
共青团旧址	共青团中央机关旧址位于上海市淮海中路567弄1—6号，是一幢砖木结构的老式石库门房子。1921年初，中国社会主义青年团成立，这里为团中央机关。后中国共产党的第一个通讯社（华俄通讯社）在这里建立并开始编辑发行工作。旧址纪念馆现为全国爱国主义教育示范基地和全国青少年教育基地	重温中国共产主义青年团从诞生到壮大的光辉历史。引导学生回望历史，体悟祖国繁荣昌盛和人民的幸福来之不易	实地考察 资料检索 团队协作 摄影征文

(续表)

活动站点	知识了解	设计意图	活动形式
二大会址	中共二大会址位于上海市静安区老成都北路7弄30号,这幢始建于1915年的石库门老建筑,有着厚重的黑漆宅门、敞亮的客堂间以及90多年前的老陈设,共同讲述着它们曾经历过的百年风雨历程。1922年7月16日至23日,这里召开了党的历史上一次十分重要的会议——中共二大。这次会议第一次提出了党的民主革命纲领和党的统一战线思想。2009年5月,被中宣部命名为"全国爱国主义教育示范基地"	学生通过党史故事,了解革命先辈的奋斗岁月。激发学生的爱国精神和责任意识,传承红色基因	实地考察 资料检索 团队协作 摄影征文
周公馆	周公馆,位于上海思南路73号,是一幢建于19世纪20年代初的西班牙式花园楼房,共有一底三层。它是中国共产党代表团驻沪办事处旧址,国共谈判期间,周恩来总理在这里工作、生活,并曾在此接待美国总统特使马歇尔	通过实地游览,了解周恩来总理的生平。使学生充分感受周总理的人格魅力和爱国精神,树立"为中华之崛起而读书"的决心	实地考察 资料检索 团队协作 摄影征文

表3 第二期:追寻红色记忆"南湖篇"

活动站点	站点特色	设计意图	活动形式
陈云纪念馆	陈云纪念馆是经中央批准建立的全国唯一系统展示陈云生平业绩的纪念馆。在中共上海市委的直接领导下,在中央有关部门的关心、指导下,于陈云同志诞辰95周年之际,即2000年6月6日建成开馆,江泽民同志题写了馆名	学生认真参观陈云爷爷的物品、图片,完成陈云生平大事年表。感受革命先烈为党、国家和人民,始终任劳任怨、战斗在最前线的无产阶级革命家的宽广胸怀	实地考察 资料检索 团队协作 摄影征文
练塘古镇	练塘建镇已有1 000多年,练塘老街宁静安详,青青市河犹如一条玉带,蜿蜒曲折,贯穿古镇东西,10多座古桥掩映在垂柳之间。古镇老街集中于市河两侧,素墙碧瓦,幽巷曲径,具有鲜明的民族特色	学生带着"锦绣河湾"探究任务来参观古镇,"看看这里的河""看看这里的古桥",体味千年历史浸染下安静古朴的味道,回味舟楫塞港、繁华热闹的旧时光	实地考察 资料检索 团队协作 活动任务
南湖红船	1921年7月底,中国共产党第一次全国代表大会由上海转移到嘉兴南湖一艘画舫上继续举行并闭幕,庄严宣告了中国共产党的诞生。这艘画舫因而获得了一个永载中国革命史册的名字——红船,成为中国革命源头的象征	学生在讲解员的带领下游览南湖,瞻仰红船,并在这艘中国共产党的"母亲船"前合影留念。感受红船代表的是时代高度和铸就在中华儿女心中的永不褪色的精神	实地考察 资料检索 团队协作 摄影征文

(续表)

活动站点	站点特色	设计意图	活动形式
南湖革命纪念馆	南湖革命纪念馆记载着革命历史，传承着"红船精神"。在建党90周年前夕，南湖革命纪念馆新馆正式落成	在纪念馆的广场前，全体学生举行了以"崇尚英雄，传承精神，走好当下"为主题的纪念仪式，重温共产党人烽火岁月里的革命斗争精神和自强不息的精神	实地考察 资料检索 团队协作 成果分享
月河老街	月河是运河的一条支流，因"其水弯曲抱城如月"而得名，明清以来月河一带已形成繁华街市。街区内，传统的民居依水造势，古街深巷迂回曲折、纵横交错；小河、古桥、狭弄、旧民居、廊棚等还原并展现了浓厚的水乡古城风情，众多百年老字号透出旧时嘉兴"江南府城"的繁华	队员们带着研学任务单走访了"粽子博物馆"，嘉兴粽子是千年稻作文化浓缩的结晶，也是本土饮食文化的杰出代表。队员们通过参观馆内收藏的文物，了解了嘉兴粽子起源、传承等历史脉络，也感受到了中国传统饮食文化的博大精深	实地考察 资料检索 团队协作 亲历体验

四、成效反思

在红色文化研学之旅的实践活动中，学生追寻革命先辈的足迹，与小队成员结合校内知识和各类校外生活技能完成了各项任务挑战。在项目化的研究过程中发现问题、提出问题、收集信息、制定方案，提高了实际运用中的各项能力，如策划执行、语言沟通、资讯查询、规则遵守、团队合作和创新应变能力。有效促进了学生学习方式的转变、增强学生的核心素养与综合能力。在研学之旅过程中，有效地整合德育知识、学科知识和实践能力，突破了把德育知识作为"符号"知识进行生硬灌输。学生走出课堂和课本的有限资源和视野，在活动中收获成长。

登上历史小讲坛　爱上华夏五千年

华东政法大学附属松江实验学校　陈雪琴

一、实施背景

近年来，教师努力探索如何更好地利用课堂发挥出历史学科富有的育德内涵，将历史学科的核心素养培育与社会主义核心价值观中的"爱国"有机融合，用历史中的精华来滋养学生的灵魂。通过在历史课前创设小讲坛，使其成为学生爱上华夏历史增强民族情感的"发动机"。在激发学生学科自主探究兴趣、拓展历史的视野、培养学科能力的基础上，牢固民族情感提升爱国热情。

本案例实施对象是初中生，案例主要研究内容是通过历史课开展"小讲坛"来培育学生民族情感。

从学情上看，初中生学科学习兴趣因常识差距大而问题凸显。课外历史常识基础的参差不齐，导致学生在历史学科上的兴趣和课堂参与度落差十分明显。少数学生因掌握较多的课外历史知识，在课堂参与教学的互动强，获得感高，学历史的兴趣与日俱增。而大多数学生因对课外的历史常识知之甚少，课堂上知识迁移少，课堂互动的参与度低，学科学习兴趣和积极性不高。

从课程教学角度看，初中历史学科的课程设置先天不足导致课程育人功能没有完全发挥出来。初中历史学科是一门从七年级开始设置到八年级结业的课程，短短的两个学年中每周仅有2节课，历史学科教师却必须完成中国通史和世界通史共两大方面的教学任务。教学内容庞大，教学任务繁重，在此条件下，学科教师需从重点从精简的原则去开展课堂教学，才能勉强完成教学任务。如此的教学情形下如何让学生有机会通过知晓历史人物懂得做人原则，透过历史事件明了处世道理呢？教师又如何通过历史课让学生爱上华夏千年文明，厚植民族情怀呢？

基于以上背景因素，我们研发了开展课前5分钟的"历史故事小讲坛"课程，以促使学生增加课外探索历史知识的总量，以课堂展演和讲坛评价等方式激起学生间互相的知识竞争和技能比拼,从而解决课程上和学情上存在的问题,有效实现历史学科教学培养学生民族情感的育人目的。

二、主要特色

1. 用时少

讲坛活动小用时少。抓紧课前 5 分钟,充分利用了学生注意力难集中的课前时段,在短时间内积极调动学生兴趣,迅速将注意力集中于课堂学习。

2. 主题巧

华夏千年文明的历史博大精深,小讲坛课程的两大主题设置,充分发挥了历史学科丰富的民族精神内涵,有机结合了学生不同阶段的学习和认知水平。用历史的养料缓缓滋润学生成长学习的不同阶段。

3. 方式活

多选式的讲坛展示方式顺应了学生不同能力水平的实际和各自发展内在需求,既给了学生选择内容的宽广度,也给了学生依据个人特点展示的灵活度,分层为学生提供了个性化的锻炼机会。

4. 锻炼多

不仅仅上台演讲的学生个体受到多种锻炼,如搜集资料、整理甄选、语言表达、临场展示等能力的锻炼;而且台下聆听的学生也不断受到锻炼:随时参与点评,与台上同学互动并给予评价,增加了课程的活力也助推了学生积极思考的自主性;另外,负责主持讲坛的课代表也在组织管理和主持中得到持续有效的锻炼。

三、主要内容

(一) 目标与体系

1. 总目标

小讲坛的总目标是通过让学生登上"历史小讲坛"进行演讲,围绕不同主题,每个学生每学期登台演讲一次,培养学生搜集整合、讲述表达、展示演绎等综合能力;

并在此基础之上,提升学生探索民族历史文化的兴趣,拓宽对华夏民族历史的认知,增强民族自豪和自信,从而升华对华夏悠久历史的热爱之情,实现对学生的历史学科核心素养与社会主义核心价值观的培养有机融合。

2. 分年级目标

基于初中历史只开设在七八两个年级,针对两个年段学生认知特点与能力差异,设置不同年级目标。

七年级目标:讲述中国古代悠久历史文化,初步培养学生搜集整理历史资料能力与登台演讲的胆量;在扩充历史知识的基础上激发学习历史兴趣,增强民族自豪感。

八年级目标:在两年4次的演讲锻炼中,培养学生对中国历史的认知由浅到深,由古到今,在拓宽知识视野的基础上关注中国历史中的文化内涵与民族精神,从而激发学生的民族发展的使命感,强化学生担负起民族未来命运的责任心。

(二) 过程与方法

1. 确立主题

基于学生年龄特征和学科基础等因素,七年级学生初步接触历史,当以丰富生动的历史故事来引发和培养学生对华夏历史的兴趣,从而有利于树立民族历史文化的自豪感和自信心。譬如可以选择华夏文明源远流长的历史神话,如女娲造人、大禹治水、仓颉造字等富有华夏文化精神的历史传说;也可以是富有深厚民族自强精神的苏武牧羊、岳飞抗金、投笔从戎、虎门销烟等的历史人物故事;还可以是火药的发明、造纸术的由来、小孔成像、中国古人的飞天梦等富有民族自信意义的科技历史。由此,确立七年级小讲坛的主题为"我喜爱的华夏历史故事"。

八年级学生开始学习世界历史。初步具备了中国历史的基础知识,且也具有较强的历史认知水平,并开始进入思考人生观和世界观的阶段,有趣的故事已不能满足他们的需求,他们更希望有更深层次的认知。基于这样特点,则可以鼓励学生尝试从自己身边入手,从生长的家庭、小区、松江区、上海市乃至中国这些可看可选的范围入手,去寻找和感知与自己有关联的家国历史。去讲述历史就在自己身边,感受历史在默默地影响着自己,影响着社会,影响着民族的发展和进步、从而树立爱自己爱国家的认知与情感。由此,确立八年级小讲坛的主题为"我身边的历史故事"。

2. 设置环节

小讲坛的设置不仅为了丰富学生历史知识的视野,更要促进学生对历史的认知,帮助学生从历史故事中汲取有营养有价值的历史精神。因此,在演讲展示结束设置互动评价环节,采用主持人邀请点评或主讲人自主选择互动对象点评或者台下听众自主举手点评等多种参与方式,既促进听与讲双方的思考认知,又提升小讲坛的自主教育价值。

基于每节课的课堂教学时长为 40 分钟,为保证教学任务的有效完成,小讲坛的总时长控制在 5 分钟左右比较适宜。为此,明确学生演讲时间为 3—4 分钟,点评时长为 1—2 分钟,总时长 5—6 分钟。

3. 选择形式

通过学生问卷和采访调查,了解到有少部分同学对登上小讲坛跃跃欲试,充满兴趣和信心;大多数学生则表示愿意尝试接受挑战;但也有少部分学生反映当众演讲难度大,可能会出现讲不出、演不好等困难,对自我的表达和展示能力不自信。总之,不同能力程度和自我认知水平的学生对此活动反馈出不同的需求。基于学生这样的学情差异,小讲坛的原则是让每一个学生都要登上小讲坛。为此,制定了多种小讲坛的展示形式,如表演式、演讲式、PPT 讲解式、文稿朗读式等方式,学生可以根据自己的情况任选其中一种或多种结合方式来展示。

4. 组织操作

演讲者课前准备:根据华夏五千年历史这个大主题,由学生自行通过课外阅读和搜索来选择自己要讲的故事。并提前一周讲所选内容报给任课老师审核。同班级内同学间所讲故事的内容不可重复。

课前组织:明确班级中两位历史课代表的责任和分工。一人专门负责提前通知需要演讲的同学,并在讲坛开始后做内容记录和点评记录。另一人则负责在课堂预备铃响时主持演讲,并在演讲结束后邀请班级同学、历史老师进行点评等。

四、成效反思

1. 小故事增情感

5 分钟的课前小讲坛促使学生纷纷行动起来,课后积极搜集多彩的历史故事,课上生动展示,在不知不觉间就让教科书中言简意赅的历史知识变得丰富起来、生动起来。丰富而生动的华夏历史让学生更深入地感受到中华民族的悠久与了不起,从而增强了民族自豪感和自信心。

2. 小平台添机会

讲坛内容提升了学生对历史的兴趣,而讲坛展示则给了学生一个展示自己的机会,顺应了初中学生自我表达和自主展示的内在需求。且由于自主选择适合的展示方式,对表现力或表达力强的同学来说,多方式同时进行,展现了特长,提升了能力。对于表现力弱的同学来说,则培养了勇气增加了自信。无论哪一种,都让学生在展示后能爱上小讲坛。

3. 小点评助思考

点评与互动环节激发了聆听学生的积极思考,努力去挖掘历史故事中丰富的精神内涵和价值,客观评价演讲者的展示方式。不仅促进了学生学会对历史故事进行深入思考和多角度观察,培养了思考和分析的能力。同时也激发了学生对故事选择的重视以及对最佳展现方式的追求。在这份精彩的互动和点评中,学生更加爱听、爱说华夏千年的历史故事。

4. 小学科升地位

小讲坛需要对准备者不断提醒,需要收集准备内容交给老师审核,需要课上进行主持,还需要及时记录当堂讲坛情况等等工作。因此,各班都在原来的基础上增选一名课代表,设置两名历史课代表来分工管理小讲坛活动。如此的设置,不仅锻炼了两名小干部的组织能力和主持能力,提升了小干部在同学们心中的威信,更增强了历史学科在学生心中的价值和地位。

小讲坛虽小,但从学科教学模式上观察,其是一种对教师主导课堂教学的合理补充模式,不仅仅丰富了学科知识扩大学科视野,更促进了学生自主学习能力的培养。从学科育人的有效性上观察,其锻炼学生的多项能力,激发学生在自主自觉的模式中,自觉学好中华民族悠久历史,自主爱上华夏千年文明。

让历史浸润诗歌　让诗歌浸润生活

上海市松江区古松学校　王嘉怡

一、案例背景

本案例的实施对象是义务教育阶段的初中生，主要研究的内容是在历史古迹中学习诗歌，培养学生对于诗歌语言的热爱和对于家乡的认同感。

上海市松江区古松学校坐落于松江西南石湖荡镇。石湖荡镇位于浦江之首，有着唐朝的李塔、宋朝的延寿寺以及元代的罗汉松等历史文化古迹，文化底蕴深厚。近几年来学校努力挖掘这样一个有着人文底蕴的环境，希望用历史的养料滋润学生，让历史古迹成为学生们生动的课堂，并将社会主义核心价值观与之进行有机融合，通过对历史古迹的探踪和相关诗词的学习，提升学生对于诗歌的领悟能力和鉴赏能力，并将对故土的情感内化。基于各年级学生的年龄特点和认知特点，每个年级确立一个历史古迹以及相关主题，旨在通过本阶段的学习让学生了解更多的诗歌知识，体会更多的故乡情感、培养学生人文素养和树立对历史遗产的保护意识。

二、目标与思路

本案例研究的主要目标是使学生通过前三年初中生活的学习，能够提升一定的诗歌素养，提高评析鉴赏诗歌的能力，在这个基础上，深入挖掘历史古迹里的人文历史，对自己所生活的地方有更多的了解，提升学生对于故乡的深厚情感。历史与诗词作品的有机结合，能更好地帮助学生理解情感。设计这一案例，沿循的是"一历史古迹，一个主题"的形式，根据每个年级的特点进行遴选，确立分年级课程体系。

三、过程与方法

(一) 实施过程

一处处充满故事的历史古迹,它是一道道优美风景、一幅幅精彩的画卷、一段段鲜活的历史,更是一本本活用的教材,其中蕴含着无数教育的契机和灵感,为达成学校的"立志、图成、求知、树人"的培养目标提供了广大的社会舞台和教育素材。

1. 主题研讨、确立分年段目标

在学校明确的德育目标下,确立了将石湖荡历史古迹和相关诗歌进行有机结合,以达到教育目的这个大方向后,动员教师成立了课程组,就这一课题进行研讨。老师们抓住"身边的历史古迹"实施这一契机,挑选能有效挖掘历史故事,结合诗歌作品,培养故土情感的历史古迹进行梳理。最后确立分年级课程体系:六年级,元代的罗汉松及相关历史与诗歌;七年级,唐朝的李塔及相关历史与诗歌;八年级,宋朝的延寿寺及相关历史与诗歌。这样确立的依据分别是:六年级学生对于诗歌的理解较浅,多数为景物描写的相关诗词,且罗汉松离学校较近,对于六年级学生来说,比起历史建筑,他们对"景"更有话可说,所以将元代的罗汉松及相关历史与诗歌作为六年级的切入点。七年级通过一年的初中阶段学习,已经对相关历史有了一定的了解,但仍以景物为主,所以将唐朝的李塔及相关历史与诗歌作为七年级的切入点。八年级经过了两年的学习,心理相对已较为成熟,对于历史能够有自己一定的理解,将宋朝的延寿寺及相关历史与诗歌作为八年级的切入点也较为合适。

2. 划分课时、确定课时目标

相关老师确立负责年级和主题之后,进行研讨,就主题划分课时,课时内容必须包含古迹介绍、历史探踪和诗歌鉴赏三部分内容,并将这三部分内容有机地结合起来确定课时,并确定相关课时目标。最后,各年级确定的课时分别为:六年级为走进古松(参观活动)、印象古松(绘画比赛)、古松之韵(欣赏诗歌)三个话题六个课时;七年级为走进李塔(参观活动)、李塔记忆(搜寻资料)、诗意李塔(欣赏诗歌)三个话题六个课时;八年级为走进延寿(参观活动)、延寿瑰宝(搜寻资料)、延寿之思

(欣赏诗歌)三个话题六个课时。在这个基础上,老师再次完善了各个课时的课时目标。

3. 选择内容、确认具体实施

有了课时主题和课时目标,老师们再群策群力设计各个课时相关的任务表,方便学生在课程中,有方向、有目标、有内容。由于每个年级将课时统一为六课时,所以最终确定每周开展一课时的诗歌分享交流活动,通过三周六课时的课程学习完成课程任务。

(二) 特色做法

1. "让历史浸润诗歌,让诗歌浸润生活"以拓展课程的形式开展,每一堂课为40分钟,课程形式丰富多样,有绘画比赛、诗歌分享、资料整合、实地探查等各种形式。

2. 此课程根据各年龄段学生的认知特点,安排了不同的学习地点和内容,但又有共同的目标和主题,同中有异,异中有同。

3. 此课程与学校育人目标的有机结合,将书本上的枯燥知识搬到身边近距离感受。为了加深学生实际的感受,我们积极拓宽各种渠道,引领学生实地走访考察,开拓他们的眼界。

四、成效与展望

通过该课程的开展,学生对本地历史古迹的知晓度逐步提高,学生人文情感态度有了明显的变化。在开展本课程之前,很多学生就住在石湖荡上,却不知身边就有许多值得探寻的历史古迹。如今他们对身边的历史古迹不再陌生,对于诗歌有了更高的鉴赏力。相信遥远的未来,在每个学生的记忆里都会留存了这样一段记忆,他们将用实际行动体现着对文化的继承和发扬。

我校在今后的课程设计过程中,还有许多内容需要考虑,今后在课程设计上,需要追求横向和纵向德育目标更好的配合;其次,整个课程的评价体系还需要完善。

有趣的哲学思考　别样的语文课堂

上海市松江区中山第二小学　孙嘉利

一、实施背景

"儿童哲学"作为新兴的课程,能够引导与启发儿童原有的思考潜力,期望借由团体合作与互助,培养儿童推理、判断与创造的能力,同时经由儿童个人独立思考与经验合作的历程中,让他们学会尊重他人,并能合理评断他人意见的价值观。

"儿童哲学"并非教会儿童哲学理论,而是启发学生进行思辨式的思考。基于二年级学生的学习情况,在原有的语文课堂文本基础上,教师发挥文本特点,找寻突破口进行深入理解,通过多样的游戏环节,帮助学生自如地提出、探索和解决问题。在这一过程中发展学生的批判性思维、创造思维、关怀思维、写作思维与交往沟通能力进而提升自身精神境界,与此同时,在课堂中形成一课一思考的"语文＋哲学"的教学模式。

二、主要特色

在传统的语文课堂中,教师往往依据一定的计划与流程开展教学活动,在这过程中不免会忽视许多课堂生成的亮点,而"语文＋哲学"的课堂,恰恰是"生成的课堂",教师引导学生在既有的语文课本中寻找问题,随后以诘问的形式推动学生探索、解决问题。学生在团体中不断地质疑和被质疑,从而使他们能基于自身的理解与分析,提高判断力,成长为主动的思考者甚至是问题的解决者。为了增强课堂的趣味性和灵活性,教师可以从多个方面入手,给予学生多样的探究体验。

在理解课文内涵的基础上,教师引导学生创造性地思考,达到善思、立行、明辨、省悟四项深度逐次递增的目标。要求如下：

1. 善思

打破学生常规的单一思维，培养学生多角度思考、换位思考，发展学生思维的广度和深度。

2. 立行

能够关照他人，推己及人；认识世界的多样性；初识人生价值观。

3. 明辨

学会明辨是非曲折，学会在批判中接受，在接受中批判。

4. 省悟

学会反思自己的言行，总结自己的得失损益。

三、主要内容

本课程每周对一篇课文进行深度阅读，运用多种形式，如：提取刺激物、探究关键特点、开展戏剧游戏、拓展绘本阅读等形式，在原有文本的基础上，帮助孩子进入到思维创造的世界中，借助自己的体验去理解文本，感知世界。下面是三个课堂实例。

（一）刺激物促思考——《小蝌蚪找妈妈》之什么是"存在"

学生们在充分了解了青蛙、蝌蚪以及其他水生动物的特点的基础上，以"蝌蚪"为刺激物，通过进一步的观察、对比和思考，讨论关于"特征"与"存在"的问题。

【教学片段1】

师：鲤鱼和乌龟的回答有没有帮助小蝌蚪顺利找到妈妈？

生1：没有。

生2：但是它们都提醒了小蝌蚪。

生3：它们只说了什么样动物的不是小蝌蚪的妈妈，没有详细说什么样的动物是小蝌蚪的妈妈。

师：如果小蝌蚪来问你，你会怎么说呢？

生3：你的妈妈是绿色的，四条腿，有两个眼睛……

师：我们是不是要说得越详细越好。

生2：不是的，那样小蝌蚪也记不住。

师：那我们该挑哪些内容来说呢？

生4：和别人不一样的。

至此，学生认识到一个事物的存在是由它的"特征"堆砌出来的，正是由于很多与众不同的特点，我们才能分辨出客体的不同。继而将话题引入生活：

【教学片段2】

师：我们来做个游戏，老师把一个同学的眼睛蒙上，你来感受一下我手上的东西，能告诉我它是什么吗？

生1：是苹果。

师：你怎么知道的？

生1：我摸出了苹果的形状。

师：还有呢？

生2：苹果很光滑。

生3：有苹果的香味。

师：用眼睛看看，还有什么特点？

生1：红色的，很圆。

师：你们说的，就是苹果的特征。因为它有和别人不一样的特征，我们才会确认它是苹果，它才会出现在我们的印象里，这就是我们说的"存在"。你们也是存在的吗？

生：是的。

师：那你们身上有什么特征呢？我应该怎样把你们每个人区分开来呢？

生自由回答。

通过不断地提问，课堂重心逐渐由课文文本，迁移到日常生活，再延伸到学生自我探索的方向上，引导学生发现自身独一无二的特征，确认自我的存在，并明确每一种存在的意义，孩子们在自我发掘的过程中也收获了快乐和自信。

（二）关键字寻特征——《中国美食》之什么是"美"

《中国美食》是一篇识字课文，全篇由美食名称组成，简单地认读生字，了解中华美食对于学生来说并不难。于是,我又从文本中提炼出了一个字——"美",请同学们在课堂上尽情讨论对"美"的看法。

【教学片段】

师:课文中的这些食物为什么被称之为"美食"?

生1:它们都很好吃。

生2:看起来也很好看。

生3:闻起来是香的。

师:一个事物的很多特点给我们带来了享受,我们就会说它是"美"的。你认为还有什么是美的呢?

生4:漂亮的衣服是美的。

生5:大自然是美的。

师:美的东西一定全部都是美的吗?比如大自然的全部都美吗?

生2:也不是,大自然也有很多不美的地方。

师:比如呢?

生6:光秃秃的山不美!

生3:火山爆发也不美,很可怕!

师:可是有画家把光秃秃的山画成了画,也有人给爆发的火山拍过电影和照片,你们看的时候感觉怎么样?

生7:火山爆发看起来很刺激,我很喜欢!

师:对呀,这也是一种享受,给我们带来"美"的感觉。仔细思考,是不是很多看上去不太好的事物,只要用心感受,我们也可以感受到"美"呢?

通过对文本中归纳的一个特点作为延伸,不断对学生的看法进行质疑和诘问,在一问一答的过程中促进学生对日常生活的思考,在不知不觉中也提升了学生的审美能力。真正的"审美"并非审"天下皆知美之为美",而是去用心体会身边的事物,在不断地发现与思考中获得审美感受。

(三)演戏剧悟情感——《我是一只小虫子》之什么是"平等和尊重"

心理学家认为"戏剧游戏"是儿童心理需求的一面镜子,同时也是学习的最佳媒介,在"戏剧游戏"中,学生们可以运用想象,重新把生活或幻想中的人物事件,通过自己的肢体、口语和行动表现出来,在扮演中尝试解决问题的办法,思考人与人、社会、自然等多重关系问题。在《我是一只小虫子》一文中，作者就以丰富的想象力，将学生们带入"昆虫王国"的情境中，借此契机，拓展阅读绘本故事《喂，小蚂蚁》，让学生切实体会到作为一只小虫子的内心感受并组织学生对"平等和尊重"展开讨论。

【教学片段】

师：你认为绘本故事中的小男孩会怎么站？来表演一下。

（生表演）

师：他的表演你们满意吗？来提提意见。

生1：他应该把头抬起来点，因为小男孩不会把小蚂蚁放在眼里。

生2：我反驳他的说法，我觉得小男孩会低头看看，他脚下的是什么，他会害怕踩到有生命的东西。

师：都有道理。你觉得小男孩会是什么样的表情呢？

生3：是很担心的。

生4：很高兴。

生5：也有可能很难过，很害怕。

师：我再请一个同学来扮演小蚂蚁，看看蚂蚁这个时候是什么心情。

（生表演）

师：我们再来猜测一下这个时候蚂蚁是什么心情。

（生自由回答）

师：这个时候男孩又会怎么做呢？谁来演演。

（生表演）

师：在小男孩抬起脚的那一刻，他脑海中会出现一种声音，你们觉得那是好声音还是坏声音？是叫他把脚移开的声音，还是叫他踩下去的声音呢？

戏剧游戏的教学模式是单纯地将孩子置身于各种道具面前，让他们在毫无引导和帮助的情况下去随意探索，而是要从学生的真实体验入手，在亲身经历中获取知识。本节课由小虫子的生活入手，通过戏剧游戏体验渺小的虫子和庞大的人类相处时会产生的矛盾，从而延展到人和人的相处模式，继而引导学生反思日常人际交往中的"平等与尊重"。

四、反思成效

1. 将课堂交给学生

"语文+哲学"的课堂相较于常规的语文课,更加具有机动性和活跃性,在课堂中学生可以发表天马行空的言论,极大程度发挥主观能动性,借助团体的力量改变原有思想或固有认识,最终获得更加理性的想法。在课堂中,学生随时都有自我表演和创造的机会,在教师的帮扶下确立属于自己的思想和信念。

2. 激发文本解读的多元性

传统的语文课堂对于课文的解读存在固定性,但是在常规课堂之外引入对文本的深入思考,能激发学生的创造潜能和想象力,在课堂中不必寻求唯一的正解,而是通过带有批判性的讨论,进行"头脑风暴"般的思维训练,从而展现出文本解读的多元性,帮助学生从不同的角度找到解决生活中实际问题的方法,不断创造和产生新的思想。

3. 多种方式丰富教学活动

在"语文+哲学"的课堂中,刺激材料可以采用多种形式,如游戏、绘本、戏剧、电影、音乐、诗歌等,丰富儿童的想象力和审美能力,引发学生通过自身经验和集体的互动,主动构建自己的"理论体系",同时也能够丰富课堂形式和教学活动,让语文课堂更加妙趣横生,引人入胜。

春草念雨露　清明话家谱
——普陀区树德小学"清明节"绘本全课程开发与实践

上海市普陀区树德小学　杨　啸

一、实施背景

中华民族非常注重传统节日文化,自古有之。可现今,中华传统节日日渐式微,代之而来的是各种各样的"洋节日",而对于传统节日,孩子们却知之甚少。传统节日与"洋节日"的"冷热"之比,引起了教师群体的重视与思考。《中小学生德育工作指南》提出:"开展家国情怀教育、社会关爱教育和人格修养教育,传承发展中华优秀传统文化,大力弘扬核心思想理念、中华传统美德、中华人文精神,引导学生了解中华优秀传统文化的历史渊源、发展脉络、精神内涵,增强文化自觉和文化自信。"

基于此,学校以"仁、学"为全课程核心,融合各课程板块,设计"清明节"二年级绘本全课程,让学生在学习与活动中,了解家庭成员,感受其乐融融的家庭氛围,懂得感恩;提高学生阅读、表达、探究、实践等综合能力;发挥家校协同育人的影响力,使传统的"家文化"、"国文化"能深入人心,塑造学生正确的价值观,为社会形塑合格公民。

二、主要特色

中国传统佳节是我国悠久历史长河中的重要组成部分,蕴藏着中华儿女的家国情怀,连接着中华儿女的精神血脉,也承载着中华民族代代相传的古老文化。其中,"清明节"作为我国重要传统节日,既有祭奠先人的悲情泪,又有踏青游玩的欢笑声,其凝聚着中华民族敬天尊祖、看重血脉、讲究孝道的民族精神,具有深厚的育人价值。

"清明节"绘本全课程中,我们选择贴近二年级学生生活的绘本《清明节》,在课程板块的设置上融入了阅读课、自然课、语文课、书法课、探究课以及社会实践课。案例中将以相关学科课程为线,介绍各课程活动之间的关联、具体实施过程、评价方式及成效。

"清明节"二年级绘本全课程不仅让学生为"清明时节雨纷纷"的传统文化氛围所浸润。在活动过程中,他们还习得不少文化知识,受到中华民族传统文化的熏陶。

三、主要内容

(一) 课程融合整体设计

"清明节"二年级绘本全课程围绕"清明话家谱"主题,在课程设置上融入了阅读课、自然课、语文课、书法课、美术课、探究课以及社会实践课。每个学科以"仁、学"为课程核心,有序开展"种瓜点豆知习俗""清明气候知多少""彩笔描绘全家福""笔写家风代代传""我最亲爱的家人"等有益的课程活动(见下表)。

"清明节"二年级绘本全课程课程表

课程阶段	课程名称	课程目标	课时设计
前期	绘本课	● 了解清明节踏青、扫墓等习俗的来历 ● 知道清明节是中国的感恩节,感受其乐融融的家庭氛围	2课时
	自然课	● 了解清明时节南北的气候特征和万物生长的关系 ● 知道清明节是农历的一个重要耕种时令	2课时
中期	探究课	● 了解家庭模式的演变过程,制作自己的家谱 ● 介绍自己的家谱	2课时
	书法课	● 了解自己家庭的家风 ● 书写自己的家风,并向大家介绍	1课时
	美术课	● 用各种绘画形式表现全家人物特征和一个活动场景 ● 能重点描绘其中一位家人	2课时
	语文课	● 介绍家谱中"我最亲爱的家人" ● 感受这位家人的付出与爱,懂得感恩	2课时
后期	社会实践课	● 以小队形式组织一次祭英烈活动 ● 加深家庭间的亲情和对清明节的感受	1课时
	主题展示	● 开展一次主题展示课,表达自己对家国的认识和热爱	1课时

中华民族具有深刻的"家国同构"观念，为加深学生家庭观念，感受家庭氛围，传递家国情怀，各课程紧紧围绕主题开展"清明话家谱"的学科拓展活动。

（二）植根文化心田花开

"清明节"二年级绘本全课程中，教师从绘本课出发，让学生初步了解清明的起源和习俗。在探究型课堂上，学生学习清明气候特征，亲手书写家风，描绘自己亲爱的家人等。全课程的中后期，课程内容和形式从课堂渐向课外衍生，在小队祭英烈和主题展示过程中，学生感悟清明节独有的传统文化价值。各课程相辅相成，蓦然回首，传统文化与内涵已悄然植根于学生的心田，感恩之花正待开放。

1. "'种瓜点豆'知习俗"——绘本课程

绘本课上，教师鼓励学生自由阅读《清明节》绘本，借助插图理解故事主要内容。学生们在宝儿和妈妈的趣事中，了解清明是春耕"种瓜点豆"的好时节和家人劳作的辛苦，通过对话朗读和小组合作学习等方式，体会宝儿的成长和妈妈的爱。

故事又向学生介绍了清明节的由来，孩子们在课堂上踊跃发言，知道了清明节原来就是中国的感恩节，而清明时节，人们会吃青团，祭奠先人……

2. "清明气候知多少"——自然课程

知道了清明节起源，自然课上，教师带领学生们一起探究清明的气候特征。正如诗人杜牧笔下所写"清明时节雨纷纷"，清明时，南方地区，水分相对充沛，可满足一般农作物生长的需求；北方地区，则气温回升更快，降水稀少，干燥多风，山林田野草木萌发，森林火灾的预防显得更为重要。学生在课堂外，记录下南北方的雨量和平均温度，运用图表等研究方法对比，知道清明时节南北方雨量差异和气候变化特征。

3. "笔写家风代代传"——书法课程

家风，是指家族代代相传的优良生活作风。家风是中华文化的缩影，也是文明的延续。学生在书法课上，争相介绍自己的家风，或"知行合一"，或"助人为乐"，或"慎独"等，在教师指导下，学生认真书写自己的家风。

学生们将自己的家风作品张贴在教室的走廊处，每到下课，三五学生驻足在一幅幅家风作品前，轻声读读其他同学的家风，在"一撇一捺"里感受每个小家庭的精神内核，更在潜移默化中渗透、传承下去。

4. "彩笔描绘全家福"——美术课程

作为我国重要的传统节日,"清明节"体现了中华民族敬天尊祖、重视血脉、讲究孝道的民族精神。学生们把自己的全家福照片带到美术课堂上,教师指导学生认真观察,发挥自己的想象力,通过创意主题画等绘画形式表现人物特征和活动场景。有些用彩色铅笔勾勒出全家人的模样,有些用Q版画绘出张张笑脸……学生们用简单而有趣的语言讲述家庭趣事,用丰富的色彩描绘自己的全家福,春风微雨里,传统的中国文化正慢慢地浸润每个学生的心灵。

5. "我最亲爱的家人"——语文课程

浸润在"清明时节雨纷纷"中的学生,心中的感恩之花正悄然吐芽。我们还为学生设计了"我最亲爱的家人"的写作课。回忆起最亲爱的一位家人,那笔尖上灵动的语言呼之欲出。课堂上,教师不多强调写作要点,更多鼓励学生大胆表达自己的内心感受。学生从家人的外貌起笔,写到他的爱好和一件趣事。笔触虽稚嫩,可感恩和热爱之情却跃然纸上。清明佳节倍思亲,感恩不再是标签化的道理,它就在学生的身边,教师用心去浇灌,自会嗅到它的芬芳。

6. 清明佳节话家谱——探究课程

唐代文人苏洵曾言:"观吾之谱者,孝悌之心可以油然而生矣。"国有史,方有志,家有谱。从古至今,家谱对于每个家庭的传承而言,有着重要的意义。

探究课上,学生学会一定搜集和记录家族人员信息的方法,根据自己喜欢的形式画出家谱。有的制作成了一朵花,重重花瓣上记录家族人员,有的制作成了一艘大邮轮,每一个船舱窗口都有自己的家人……

学生说得生动,画得仔细,写得认真,一本本独一无二的家谱诞生了。通过制作家谱,学生更了解自己的家庭。"清明话家谱"的活动正是教导学生不忘根本,懂得感恩,将中华传统美德发扬光大。

7. "清明小队祭英烈"——社会实践

"家是最小国,国是千万家。"曾经有多少英烈为了国家的诞生与发展牺牲了自己的生命。社会实践课中,学生以小队的形式走进区内的"红色学堂"参与实践体验活动。有些小队走进长风公园探寻雷锋叔叔的足迹,有些小队走近地下少先队群雕,了解那些少年的过往风姿……

英烈们虽已牺牲,但是他们的精神却是永恒的,他们为中华之崛起而勇于献身

的精神,激励着一代又一代的华夏儿女砥砺前行,增强着学生的民族使命感和家庭责任心,更浸透着深深的家国情怀。

(三)展示评价关注成长

"清明节"二年级绘本全课程的活动形式多样、内容丰富,我们设计了一份清明综合评价手册。手册共有4页,封面为学生制作的家谱一份,内页主要由三部分构成:彩绘的全家福,家风作品以及习作《我最亲爱的家人》,封底为小队祭英烈的活动成果。清明综合手册的评价方式关注学生在全课程中的活动体验和成长,对于教师、家长和学生而言,更能全面了解全课程的进展、孩子的表现和成长。

在全课程的最后,学生们以班级为单位开展一次主题展示课,各班制定一份主题展示方案。主题展示课更重视学生阅读、表达、探究、实践等方面综合能力的提升。在展示活动中,学生结合在全课程中的学习成果,分组以不同形式的精彩节目来表达自己对家、国的感恩与热爱。

四、成效反思

"清明节"二年级绘本全课程带来的影响,于师生而言是细水长流的。

(一)"清明节"二年级绘本全课程丰富学生的学习体验

"清明节"二年级绘本全课程在课程设置上融入了阅读、自然、书法、美术、探究等学科。各课程围绕"清明话家谱"开展了多彩的活动,学生在丰富的学习体验中不仅了解清明的由来、气候等学科知识,传统的"家国文化"更深植学生心田,培养了学生正确的价值观,进而存有一颗感恩之心荡于心怀。全课程的学习之后,学生开始乐于在课外主动了解其他传统节日,用心感受中华传统文化的源远流长。

(二)"清明节"二年级绘本全课程更新教师的教育理念

围绕共同的主题,各学科在教学实施过程中相辅相成,在丰富学生的学习体验之余,教师们越发感到全课程的教学与德育工作的落实有着密不可分的关系。主题式教学一定要从儿童视角出发,构建适合儿童学习发展的课程体系。同时,教师在"全课程"主题式的教学中,也当打破自身学科的局限性,更新教育理念,才能滋养学生们的成长。未来,学校还将根据不同传统节日的特点,更进一步完善和拓展其他主题式绘本全课程。

　　多样的活动形式,打开了学生看待中华传统文化的窗口;丰富的活动内容,插上了学生了解中华传统文化的翅膀;有效的展示评价,润泽了学生传播中华传统文化的心田。春草念雨露,清明话家谱。相信在未来,学生在中华传统文化的熏陶下,必将成为新一代仁学之士。

人文科技　比翼齐飞
——科学实践类校本课程促学生道德发展的实践探索

上海市长宁区愚一小学向红分校　顾雯婷

一、实施背景

愚一小学向红分校前身为向红小学，是长宁区唯一的被首批命名为上海市科技特色学校的普通小学。学校始终践行"引领每个学生走向成功"的办学理念，以培养"爱学习、能继承；讲规则、善行动；勤思考、会创造"的向红学子为培养目标，实施全员、全程、全方面"三全育人"。

面对时代的不断发展，教育在不断地更新，学校深深地认识到如今的德育不再仅仅是喋喋不休、不遗余力地讲着道理了，它应回归生活，贴近学生实际，还应充分关注课程本身的育人功能。任何一种内容的课程的根本其实还在于"人"，一旦离开了人，教育就会沦为工具，成为追逐名利的手段，而教育的目的就是要保证人文底蕴不流失。

二、主要特色

本案例尝试在科教版《自然》三年级第一学期第三单元"动物世界"之"昆虫"教学后，将基础科学教育与德育有机地整合，从而丰富了德育的内涵，拓宽了德育的渠道，使德育方法中的理性说教变为实在的情感体验，更增添了感染性。通过参加实践活动，学校三年级的学生在开阔眼界、动手饲养、问题探究、人际交往的过程中潜移默化地感受到平等博爱、实事求是、坚持不懈等科学精神。

三、主要内容

(一) 案例设计背景

昆虫对人类的影响也是意义深远,它贯穿于整个人类的历史进程中,深刻地影响了世界的科学技术、文学艺术、生活方式、习惯信仰等方面。但随着现代社会的飞速发展,自然环境被一点点破坏,美丽昆虫的身影似乎已经越来越少了。在喧嚣的都市中,我们已经很难体味到自然的魅力。有益的昆虫越来越少,对人类生产有害的昆虫却越来越多,甚至很多人都"谈虫色变"。现代的生活如此繁忙,人们更需要与大自然接触,在自然中体会到人生与生命的意义。而昆虫就为现代人提供了这样一个很好的媒介,它所蕴含的昆虫文化,更是我们所要用更多的心血更多的精力去挖掘的。

《昆虫记》是法国杰出昆虫学家法布尔的传世佳作,不仅是一部文学巨著,也是一部科学百科。希望通过本次活动能让学生走近法布尔,对法布尔的事迹有所了解,对法布尔产生由衷的敬佩,通过模仿法布尔的实验体会他所取得的成就是与他对科学的热爱、坚持不懈的精神分不开的,这更让学生体会到科学精神就是追求真理、探求真相、实事求是、坚持不懈、平等博爱。

(二) 案例活动过程

第一阶段:寻找"昆虫"——"古老的昆虫和我共有一个家"

本环节活动旨在通过寻找身边的昆虫,了解昆虫的一些基本信息,并学会做分类、比较等活动,引发学生对身边昆虫或濒危昆虫的注意和兴趣,从而对昆虫的整体有个大概的了解。

1. 可爱昆虫知多少

听讲座,了解昆虫的特征。学习画草图的方法。组内商量确定寻找昆虫的大致区域及大致类别,确定考察地点。每人带好所需材料,到昆虫馆(或校园或小区)考察昆虫所在的位置,并对昆虫形状、大致的分布情况作简单记录。完成学习单,讨论"还能说出哪个和这个昆虫有近亲关系的昆虫"。交流、展示学习单。

2. 美丽昆虫我来赞

说出一两种自己喜欢的昆虫名称,并说出喜欢的理由;还想知道关于这种昆虫的哪些情况或知识;完成学习单;尝试拍下自己与这种昆虫"亲密接触"的照片或收集这种昆虫与人类"亲密接触"的照片;交流、展示学习单。

3. 昆虫历史不简单

借助各种手段为自己选择的昆虫寻找它的祖先;完成、交流、展示学习单。

4. 昆虫知识比一比

了解昆虫的分类标准(按俗称分类);根据每类昆虫的特征情况去查阅了解这一类昆虫的各种基本特征及代表性特征(图书馆、网上、生物老师);完成、交流、展示学习单。

5. 法布尔和昆虫记

交流《昆虫记》观后体会;总结《昆虫记》中的研究方法及写作手法。

寻找"昆虫"(一)

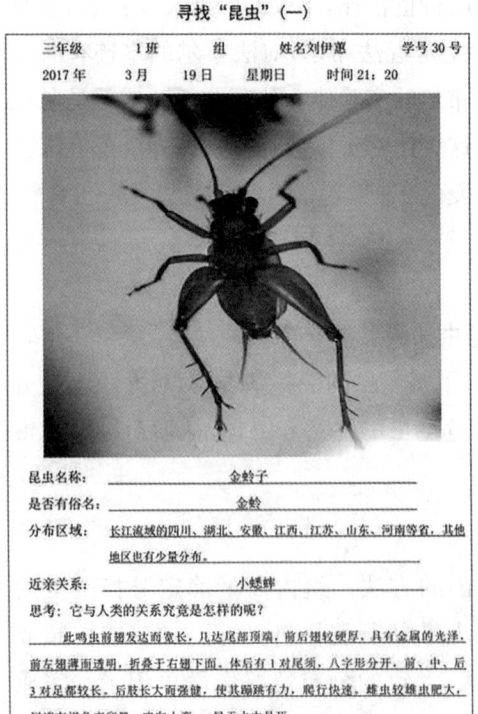

寻找"昆虫"(二)

人文科技　比翼齐飞

寻找"昆虫"（三）

| 三年级 | 1 | 班 | 组 | 姓名 | 许心怡 | 学号 | 16 |

2017年 3 月 26 日　星期 日　时间

现在的名字：　蚕

它的近亲（不知道可以不填）：＿＿＿＿＿＿＿

它的食物：桑蚕属寡食性昆虫，除喜食桑叶外，也能吃生菜叶、柘叶、榆叶、榆叶、鸭葱、蒲公英和莴苣叶等，桑叶是蚕最适合的天然食料。

一般几月份可以见到它：4—6月份

（以下该题可做可不做，根据实际情况选择）

因为＿＿＿＿＿＿＿＿＿＿＿＿＿＿＿＿，所以说它是有害的；

因为　桑蚕结的茧可以缫丝，蚕丝是优良纺织纤维，是绸缎的原料。桑蚕的蛹可食用，蚕蛾和蚕粪均有综合利用，是多种化工和医药工业的原料。蚕砂枕有祛风降湿、健脑明目等功效。　所以说它是有益的。

第二阶段：接触"昆虫"——我们和昆虫交朋友

本环节活动从接触昆虫入手，让学生初步了解关于昆虫的知识，通过活动，加强对相关知识的理解，并使学生意识到保护昆虫要从小开始，从我开始。

接触"昆虫"----我和昆虫交朋友
学习单
钱明睿　班级：三(1)班

虫虫名称	蟑螂和地老虎	虫虫食物	米饭和青菜
饲养日期	自2018年2月7日至2018年2月10日		
观　察　记　录			
日期	生　长　情　形		
2月7日	我和爷爷奶奶去炮台浜二村捉昆虫，奶奶的同学徐爷爷帮我们捉了三只蟑螂。爷爷去地里挖了一只地老虎		
2月8日	我用米饭喂蟑螂，发现已死掉一只，另外两只在爬动。地老虎在睡觉，没看见它们出来吃东西		
2月9日	地老虎把菜叶子吃了很多，但它却仍像昨天一样装死。蟑螂又死了一只，只剩下一只蟑螂，米饭少了一点点		
2月10日	今天，看地老虎，它还是装死，但菜叶子又给吃掉一些。还剩下一只蟑螂不停地爬。饭粒上沾上了几颗黑屎		

接触"昆虫"——我和昆虫交朋友

班级 三(1)班　沈奕杰

虫虫名称：冬蝈蝈　　虫虫食物：毛豆，胡萝卜
饲养日期：自2018年1月30日至2018年2月5日

观　察　记　录

第一天　1月30日

今天，我和妈妈去花鸟市场买了一只冬蝈蝈，老板叫我们注意保暖，每两天喂一粒毛豆，不要喂水，我一到家，立刻打开空调，不知道是不是因为换了一个环境的关系，我的蝈蝈整天不怎么动。

第二天　1月31日

今天早上，我看到瓶子里有很多干干小小的大便，看上去很脏，我觉得自己亲手帮它打扫"房间"，我从底部把瓶塞打开，摇晃着把便便倒出，我拿了一粒毛豆放进去，我的蝈蝈可能饿坏了，还没等我把瓶塞盖上，它已经捧起毛豆大吃起来。

第三天　2月1日

今天我有了重要发现，我发现我的蝈蝈对温度还是有一定反应的，温度低的时候，它就在瓶子里一动不动，温度高的时候，它头上的触角就会垂下来，只有当温度适中的时候，它才真正地生龙活虎。我的蝈蝈到我家已经三天了，但是还没有叫过，我很着急地等待着。

第四天　2月2日

一大早我在刷牙的时候，我的蝈蝈突然叫了起来，我急忙赶过去看，发现它背部有一对薄薄的鳞翼，当它叫的时候，背部的鳞翼会有节奏的震动，我发现昨天大放进去的毛豆基本上已经吃完了，我的蝈蝈真馋啊。并不是两天吃一粒毛豆，而是一天吃二粒，它吃毛豆的速度超级快，但是只要你一靠近它，它马上会变的很警觉，立刻停止一切动作，变得很紧张起来。晚上去爷爷家吃年夜饭，看到爷爷也养了三个冬蝈蝈，我看到爷爷的蝈蝈也吃胡萝卜的，我也要试试看。

第五天　2月3日

今天一早起来给蝈蝈换食物时，我切了一块新鲜的胡萝卜喂它，没想到我的蝈蝈看到胡萝卜立刻"扑"上去，大吃起来，一边吃一边叫，好像在说"好吃，好吃"。因为今天我要外出，为了给它保暖，妈妈把它放在衣服口袋了，用手握着它，怕它被冻到，因为过年，到处都在放鞭炮，我的蝈蝈好像受到了惊吓，在瓶子里乱窜，好像很害怕的样子。

铸理想信念　育时代新人
——上海市中小学"六育人"实践探索案例精编(上)

```
第六天    2月4日
我的蝈蝈可能被鞭炮吓到了，今天一整天不太动，而且也不愿意吃，放进去的毛豆根本没有动，
我切了一块胡萝卜给它也不吃，我真的有一点担心。

第七天    2月5日
今天我们全家要去浙江长兴农家乐，听说山区会很冷，我早早的准备好了几粒毛豆放
在我的口袋了。妈妈还特意给我的蝈蝈做了一个口袋，大小刚好包住瓶子，我们还在口袋
里面放了一些棉花，在口袋外面贴了一个暖宝宝，摸上去就暖暖的，希望我的蝈蝈能感觉
到温暖，和我一起度过愉快的假期。

特　殊　记　载
2月3日，大年三十，外面鞭炮声响，我的蝈蝈很紧张，在瓶子里上下乱窜，不停
地叫，显得很害怕的样子，我给它喂胡萝卜，它拉出的大便会有点发红，蝈蝈对环境和
温度都是很敏感的，只有温度适中的时候，它才能活动自如，放心的大声叫。
```

饲 养 过 程 图 片

给蝈蝈准备它喜欢吃的胡萝卜　　切的小一点

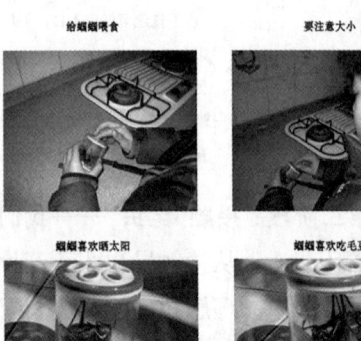

给蝈蝈喂食　　要注意大小
蝈蝈喜欢晒太阳　　蝈蝈喜欢吃毛豆

1. 昆虫领养我能行

讨论选择自己最感兴趣的1—2种昆虫；上网搜集了解所选昆虫的习性及饲养方法，并在班内交流；班内分配好每天的养护任务，制定计划，填写观察记录册。

2. 昆虫实验我不怕

观察所养昆虫，发现感兴趣的问题，制定研究方向；设计实验，实践操作得出观测结论；实验的基础上，班内共同交流讨论，提出新问题，并对新问题进行提炼，找出共性的、有价值的问题开展实验研究，进一步探究昆虫的行为。

3. 昆虫日记真有趣

观察小昆虫，与他们对话，把你的喜怒哀乐向它们诉说；记录它们的生长、变化，体会人文情感；学写喂养日记。

第三阶段：记录"昆虫"——广阔天地与昆虫共飞翔

1. 身边昆虫我宣传

自编小品、小报等各种形式讨论："中国的昆虫类外来物种有哪些？有什么危

害？今后我们将怎样对待它们？"

2. 多彩昆虫我汇编

出小报或板报"我与小昆虫"，图文并茂，评比；在学习单上写下小报的题目、材料来源，并绘出其版面设计方案；完成电子杂志《我们的"昆虫记"》。

四、成效反思

（一）以课程为载体，让关爱生命成为自然

何谓科学精神？何谓博爱？这些其实对现代的孩子来说都是挺陌生的，但通过本次体验实践，学生了解了法布尔是如何在极其艰苦且不被人看好的情况下穷极毕生精力完成了这部不朽的巨著，更能从法布尔清新自然的语句中感受到大自然的美好，激发了同学们关爱自然、关爱生命的思想共鸣，更教会了学生实事求是、坚持不懈的科学精神。这样一来活动就不再是单纯的科学实践活动，而是自然地结合德育，化德育于无形，以达到"润物细无声"之妙。

（二）以问题为纽带，让探究活动逐步深入

本次拓展活动的实施始终以问题为纽带，用问题贯穿整个研究活动，让学生带着问题进行实践探究，提升学生的学习深度，培养学生的问题意识。

本次活动以核心问题"我饲养的昆虫吃什么"为切入点，让学生开展一系列实践探究活动，在探究过程中，学生发现了很多有趣的新问题："蚂蚁为什么打架？""蟋蟀的鸣叫是否与温度有关呢？""如果人为干扰蟋蟀的听力会有怎样的反应呢？""两只不同家族的昆虫放在一起会不会打架呢？"

在整个活动实施的过程中，我们始终以"发现问题—解决问题—发现新的问题"这样的循环策略进行实践探究，在实施过程中学生提出了大量的问题，学生的问题意识也得到了很好的培养。

（三）以网络为平台，让探究展示成为现实

整个活动过程中，学生们始终通过互联网络收集自己所感兴趣的昆虫的相关资料。学生在收集整理资料的过程中，对自己所感兴趣的昆虫有了一个比较全面的了解，这为后续的实践探索活动奠定了基础。同时，在实践研究过程中学生发现

的很多问题也是通过网络查询解决了的。

同样,饲养昆虫的知识也是一门学问,同学们借助网络平台,查阅了许多相关的资料,找了不少网上昆虫饲养达人的饲养攻略,再结合自己的观察探求适合自己的昆虫饲养方法。

(四) 以体验为基准,让探究问题成为兴趣

昆虫是学生最为常见的动物之一,很多同学也有观察蚂蚁、蝈蝈之类昆虫的经历,他们对昆虫世界充满着好奇。本次活动的选题贴近学生的生活,而且在整个研究活动中让学生自己提出问题,然后一起研究解决这些问题,学生的积极性很高,学习欲望也很强。由于都是贴近学生生活经验的问题研究,学生的兴趣和研究效果都大大提高。

(五) 以动手为基础,让知识学习成为实践

法布尔把虫子放进舌头里的故事已是众人皆知,在本次活动中我们就尽量为学生创造实践体验和动手的机会,从而培养学生的动手操作能力。所有的相关实验都是让学生自己设计,并准备实验材料,动手操作实验。实验过程中学生以小组为单位及时记录实验过程和实验发现,并共同分析实验得出结论。整个活动以学生为主,给学生创造更多的动手操作的机会,学生的动手能力得到了很好的培养。

(六) 以评价为激励,让创新实践成为常态

第三阶段的汇报课上同学们的展现形式也是精彩纷呈,让人大开眼界:研究昆虫住所的同学以一幅幅蜂巢的鲜亮图画领着同学们走进了蜜蜂的神秘王国;有些研究小组的同学们录制了很多昆虫的叫声,利用红领巾广播的时间给全校同学带来了一个个有趣的抢答题,掀起了阵阵热潮;还有同学通过网络搜索了"蝴蝶的一生"的视频利用校会课时间向全校同学做了精彩的展示……

陶行知先生曾说:"道德是做人的根本一环,没有道德的人,学问和本领愈大,就能为非作恶愈大。"科学技术是第一生产力,科学技术的发展和掌握需要一大批高素质的科技人才,而科技人才的培养离不开科技教育,每个教育工作者都肩负着这个艰巨而又神圣的使命。青少年是祖国的未来和希望,愿我们每一个教育工作者都来关注和挖掘基础型课程教育中的德育功能,锐意进取,不断创新,让基础型课程成为实施德育的多姿舞台,开创学校德育新局面。

模拟政协活动　提升学生制度自信

上海市复兴高级中学　吴培超

一、实施背景

习近平总书记在庆祝中国共产党成立95周年大会上提出,坚持"四个自信"即"中国特色社会主义道路自信、理论自信、制度自信、文化自信"。"制度自信"就是坚定中国特色社会主义制度自信,首先要坚定中国特色社会主义政治制度自信,增强走中国特色社会主义政治发展道路的信心和决心。

政治认同是思想政治学科核心素养之一,培养"四个自信"是思想政治课的重要教学目标。学校政治教研组在"如何讲好我们制度的故事"、"如何提升学生对中国特色社会主义制度自信"方面做出了许多探索。

"全国青少年模拟政协活动"是一项由中国致公党中央教育委员会指导、全国青少年模拟政协活动组委会主办的全国青少年创新实践活动。模拟政协活动是组织学生参与式地、多层面地感受我国的政治制度优越性,唤起学生社会责任感,提升制度自信的社会实践活动。学校自2017年组建模拟政协活动小组,撰写提案,参加区、市、全国模拟政协活动,获得优异的成绩。

二、主要特色

模拟政协活动采用体验式参与的学习方式,在体验式学习中融合教育要求。学校在体验式参与的学习方式上采取了以下几种做法:

1. 角色扮演融入模拟政协活动的全过程

模拟政协活动最大的特点就是学生进行角色扮演,模拟政协委员开展调研、提出提案、参政议政的过程。开展活动前,学生要选择一个模拟政协委员的界别身份,以这个身份,对人民群众在这一领域普遍关心的问题开展调研,形成提案,反映群众意愿诉求。学生角色扮演政协委员,能更深入地了解政协是由社会各界人士组成,学习从社会问题出发,履行政协委员的职责。

2. 将政治常识的知识学习转变为体验感悟

在模拟政协活动开展之前,在政治课中组织学生学习:"人民政治和协商民主知识""政协提案知识和撰写"等相关政协的知识。活动中,学生以政协委员身份实地调研,了解社情民意,了解政协委员工作的内容、流程。运用政治、经济常识,对调查内容进行分析,撰写政协调研报告,形成提案。在此过程中,学生感受到党领导下的政协工作是有充分的制度保障,是有中国特色的政治制度。这种体验式的学习方式寓教育于学生自己的体会感悟,在此基础上形成共识。体验式学习,可以加深学生对我国政治制度的理解和政治认同。

3. 集中展示环节展示制度自信是体验式学习的升华

集中展示环节包括模拟政协的集中展示设有三大环节,即视频展示、提案陈述、答辩。视频和展示陈述环节,是将前期实地调研收集的资料、撰写的报告进行展示,是前期体验式学习的成果呈现。在答辩环节,"小委员们"需要综合运用"政治协商、民主监督、参政议政"等知识,结合提案的具体内容,回答专家们的问题。这需要学生摆事实讲道理,来说服专家和观众。展示环节的整个过程,学生将教材上的知识,转变成内心的认同和沉甸甸的责任。

三、主要内容

高中思想政治课教材中关于"人民政协"的知识很简要,教学重点是理解人民政协的性质、职能。在传统教学中,教师通常列举人民政协参与国家政治生活或社会民生问题的案例,引出人民政协的性质、主要职能,然后讲解我国的协商民主制度的优越性。学生学习后往往只记住了知识点,但由于缺乏感受,对协商民主制度的认可度不高。

自从学校组建模拟政协活动小组后,学生以"小政协委员"的身份参加模拟政协活动,通过参与式体验学习,将思想政治教材中的学科知识转化成鲜活、生动的体验和事例。在调研和展示活动中,"小政协委员们"还会思考和分析我国的协商民主制度需要改进之处,提出自己的看法。这种体验和反思,都能够增强他们的政治认同。

模拟政协活动的具体内容如下：

1. 角色扮演，换位思考，在转换角色中体验我国民主协商的制度优势

模拟政协是社会参与的高阶活动，参与活动的学生都需要确定一个"界别身份"。界别不仅是政协的典型特色之一，更是学生调查研究的出发点，反映了人民政协的广泛群众性和代表性。由不同界别推荐人士参与政治协商民主监督参政议政，可以听到不同的声音。界别身份是学生参加模拟政协活动的虚拟政协委员身份，可以让学生对议题和提案进行换位思考；也是提出议案、发表论述、分组讨论、阐述观点、提出或回答问题等活动中的角色定位。学生需要选择一个模拟政协委员的界别身份，明确自己所代表社会利益群体对象，进行角色转换。从界别出发，各小政协委员提前广泛推选多个议题，学习政协委员那样来关心国计民生，生成社会责任感，从而感受到人民政协是我国政治生活中发扬民主的重要形式，是具有中国特色的制度安排。

2. 确定选题，实地调研，在政协委员的经常性工作中思考反映社情民意的方法

模拟政协活动的基本流程包括确定议题，开展调研，撰写提案等。模拟政协的议题与一般社会调查的选题都是以日常生活或身边的人、事为对象，发现问题，拟出候选议题。分析各个议题的可行性和价值，然后确定选题。模拟政协的议题要关注民生话题，围绕党和国家的大政方针，经济社会发展中的重要问题以及社会普遍关心的问题建言献策。议题要对政府决策有一定的参考价值。

了解和反映社情民意是人民政协履行职能的重要基础和关键环节，也是政协委员的一项经常性工作。其中，调研能力是政协委员需要具备的一个基本能力。小委员们在几个月的实地调查中真切地体会到"没有调查就没有发言权"，充分认识到调查研究是获取第一手资料和信息，进而作出分析和判断，并提出科学合理的解决问题的策略与建议的基础。

3. 分析提炼，撰写提案，在参政议政中感受政协委员在我国政治生活中的社会责任

政协委员是通过提案发挥参政议政、民主监督的作用的。政协委员的提案不是论文，也不仅仅是调查报告，它是通过调研发现问题，通过提案向政府相关部门提的意见和建议，是政协委员参政议政、民主监督的主要形式。政协提案不同于一

般的研究性学习课题，概括起来主要有以下几点具体要求：其一，要反映大事。提案内容应围绕国家大政方针、重要问题以及人民群众普遍关心的问题建言献策。其二，一案一事。一份好的提案，要言简意赅地阐明要解决一个什么问题。如果一案多事，情况就难以说清楚，无法确定承办单位。政协提案有其格式规范，一般在1500至2000字。与研究性课题动辄上万字不同，提案强调简洁明确。因此，中学生"政协委员"的提案要求一事一议，实事求是，条理清晰。提案是政协委员履行人民政协职能的重要方式，也是模拟政协活动最重要的展示内容。一份好的提案要求言简意赅地阐明要解决的问题，同时要提出解决问题的方法和途径，即提出建议。

4. 集中展示、陈述答辩，在展示成果和团队风采中提升政治认同和制度自信

模拟政协的集中展示设有三大环节，即视频展示（3分钟）、提案陈述（12分钟）、答辩（10分钟）。提案陈述一般根据"发现问题确立议题—分析问题实地调研—提出解决问题方案"这样的流程进行有序陈述。答辩环节即回答专家、老师或同学的提问。

在集中展示环节，模拟政协活动小组的提案能否围绕国家大政方针、建设中的重要问题或者人民群众普遍关心的问题建言献策，社会调研是否有广度、深度，提案建议是否有操作性和可行性，答辩能否得到现场听众及公众的共鸣和支持等，都是展示答辩的评分项目。展示和答辩过程中，也展现出学生的政治学科素养。当"小政协委员们"站在主席台上，把几个月的调研，凝聚成对政府相关部门的提案建议，用坚定自信的声音说服专家和观众的时候，学生不仅对相关原理知识有了深度的理解，更已对政治协商制度有了内心的认同，将"政治协商、民主监督、参政议政"的职能变成沉甸甸的责任。

四、成效反思

模拟政协活动是高中思想政治课的课外活动实践，目的是让学生体验中国特色社会主义协商民主制度，积极培育和践行社会主义核心价值观，内化"四个自信"。学校自2017年组织学生开展模拟政协活动以来，参加2018年"上海市第四届中学生模拟政协活动"，荣获"最佳提案奖"。2019年参加在北京举办的"全国模

模拟政协活动 提升学生制度自信

拟两会"活动,荣获"最佳议案/提案奖""杰出展示奖""最佳个人风采"等奖项。一批又一批的学生在全国、市区模拟政协活动中学习历练,展示风采。

模拟政协活动创始人、致公党教育委员会副主任张梧华说:"我们自己的制度优势,要我们自己去讲;发挥我们的制度优势,首先要我们的后代、孩子们了解我们的制度特点。"模拟政协活动有利于培养中学生的制度自信。学生越早接触协商民主形式,越早理解我国协商民主制度的优势,就能越有利于他们在未来的工作中发挥民主协商、科学决策的精神。参加模拟政协活动的经历,将对其未来的政治生活产生深远的影响。

升格写作立意　播撒阳光种子
——基于"阳光教育成就阳光人生"理念的课程育人实践

上海市曲阳第二中学　沈洁华

一、实施背景

上海市曲阳第二中学是虹口区一所规模较大的公办初中,育人成果得到社区、家长、师生的高度认可。学校重视师生在日常的学校生活中获得完整、全面及可持续的发展,最终达到人格品位的提升,获得个性化的全面发展。近年来,学校的育人目标是"培养学有所长的阳光少年",办学理念是"让阳光教育成就学生的阳光人生"。经过努力学校被环境保护部宣传教育中心授予国际生态学校项目绿旗荣誉,并先后被评为上海市中小学行为规范示范校、上海市健康促进场所、上海市花园学校、上海市人文关怀心理服务示范点等。

学校五年来"在曲阳二中阳光课程建设中探索社会主义核心价值观的校本化实施"的课题实施中,注重通过课堂教学落实阳光教育办学理念,使课堂成为培育学生阳光精神的主阵地。语文教学中一直贯彻以阳光人格培养的德育目标作为渗透的起点,通过课堂教学和综合活动等途径,帮助学生在实践中摸索感知,力求达到课程育人的良好成效。

二、主要特色

学校"阳光队员特质"要求拥有积极向上的思想,拥有温暖人心的性格,拥有充满活力的体魄,拥有明媚开朗的心态,拥有开拓创新的勇气,拥有坚定执着的信念。通过"阳光品行、阳光学习、阳光身心"的践行要求为标准进行评选。教师在教书育人中重视通过课程设计促使学生的思想与心理的健康成长,以真正达到育"有德有才的阳光少年"之效。

初中作文教学的重点是观察生活,立足校园生活的写作教学也必然是生动具体的。教师以示范引领帮助学生在写作立意上得到升格,引导学生感受身边不断优化的育人环境,通过记录自己多彩的初中生活,把真、善、美的阳光一般的种子播进自己纯洁的心田,确立崇高的理想和信念。当写作动机得以优化时,思想就得以深化,人格也将得以升华。多年来,我们不断拓展语文写作课的多样化实施,通过语文教师在教学中正确引导,带领学生多角度观察和体验生活,帮助学生通过写作感悟自然与生命,领悟自己生活的城市精神,提高参与校园、社区、社会活动的积极性,并在潜移默化中促进人格不断完善,思考开拓自己的人生。

三、主要内容

(一) 立足校园环境,培养个人审美情趣

校园环境是学校育人的重要场所,因此学校始终不遗余力地进行校园文化建设。从整洁有序的教室环境到各具风格的专用教室建设,从教室内张贴展现班级文化内涵的板报到教学大楼走廊、楼梯上优秀学生展示,从书香四溢的文化长廊到具有学校特色的楼宇名称……学校每一幢大楼、每一面墙壁都为学生行规培养营造了温馨的育人氛围。更不用说每一天进出校门师生间主动的问候、出操进退场整齐的队列、课间学生间友善的互助……所有的一切都展现了我校学生阳光的精神风貌与融洽的师生关系。校园的每一角都充满着阳光、温馨、和谐氛围。

写作源于实际生活,作文教学承担着学生心灵美容师的重任,我们在起始年级的作文教学中首先帮助学生建立感受美好环境的能力,充分利用美好的校园育人环境,帮助学生培养正确、高雅的审美能力,积极向上的审美倾向,使其在中学阶段的审美教育能影响终身的追求,实现人格的完善。当学生的灵魂得到美的滋养,写作也自然被当作修身养性的一种手段了。

【案例一】 写景散文的写作助力审美情趣的培养

学生在校园中度过的第一个春天,必然是美好的。校园生机勃勃的春色、春天里新鲜而难忘的故事都是独特的写作素材。所以利用写作课,带领学生走出教室,去寻找春的踪迹,用镜头和文字,通过板报形式将美好的春天留驻在校园

里，表达对校园之春的热爱，成为良好的育人契机。在以"春驻校园"为命题的写作教学中，我组织了一次以写作为重点的语文综合活动：通过阅读摘抄名篇名句，积累丰富的语言素材，学习描写景物的多种方法；走近校园每一寸土地，去寻找和思考写作素材，通过观察校园的春天，感知自然的力量与价值；在描绘春天的物候特征中增强赏春、颂春及观赏自然的能力，培养审美眼光；以帮助班级制作板报为任务驱动，在习作与欣赏中初步引发学生对班级和校园的热爱，增聚集体荣誉感。

总之，"春驻校园"写作课堂教学的课程育人价值得到了有效拓展，通过课堂作文指导，我恰到好处地给学生上了一堂对自然和人文的审美课，使其对初中新校园有了深入的观察和了解，在寻春、绘春、赞春中感悟"一枝一叶总关情"，同时激发其热爱生活的情怀，使其爱校之情油然而生。

（二）回顾成长经历，观照自我心灵世界

心灵世界的自我观照，实际上就是唤醒写作主体的生命意识。这种生命意识在写作教学的范畴中就是高尚的人格、敏锐的感觉、丰富的想象和深远的底蕴；就是一种摄取、表现和创造潜在能量的灵智和欲求。

作文是一种"精神"的个性创造，又是一种富于个性化的精神劳动，它是学生心智的反映，是人格内涵的体现，是学生内心情感的冲动，是学生精神家园的一种有生命的、鲜活的、独特的灵奇建构。好的文章能体现作者的思想品位。文章的价值来源于作者的思想水平，有高尚的人格品位才能有高尚的文章格调。

写作中，教师带领学生通过对自己初中阶段那些践行学习与生活历程中收获的身心成长与品行提高，通过在写作选材与立意时中审视自己，与自己的灵魂对话，关注生命的质量，注重感情的升华与人格的提炼，才能铸造健全完美的人格，走向健康美好的人生。选材与立意的决定因素，在于作者的人格，而阳光人格也体现在文章立意上呈现积极向上的态势上。

【案例二】 在"自我成长"类作文中融入人格品位的培育

以"不止一次，我努力尝试"为作文主标题的写作审题指导时，先分析得出命题旨在启发考生回顾往事，体会成功的喜悦与快乐，克服不利的做法与思考，扬长避短，从而能够在为人处世、读书学习等方面尽力而为、主动积极。这类成长类作文，视角上意在更好地引导学生对伴随一生的成长与人格修养有正确深刻的认识。我

们会注重将写作与学校对学生生涯养成的系列教育活动相结合,再利用德育处组织的"成长　青春　梦想"为主题的八年级学生"14岁集体生日"活动,引导学生在活动中回顾自己的成长经历,关注那些成长的照片、父母的来信、才艺展示的风采等种种成长记忆,积累写作素材。

利用这样的写作契机,教师首先启发学生在修养自身的道路上下求索,关注自我,写出特色。以"自我"为中心,向读者呈现出自己成长中那些成功或失利的过程与原因,以及由此产生的启悟。通过"自我"的记叙,领悟无论成功还是失利,通过经历都从中得到教益,使心智有长足发展。其次,帮助学生明确此次写作的立意重在对自身价值的发现,让成长的心灵发出梦想的光芒,追求属于自己的卓越人生。具体选材时,引导学生走进生活这个成长的平台,展示才华的舞台,在拥抱自然、研究课题,参加竞赛,服务社会,善待他人等多姿多彩的活动经历中开阔视野,增长才干,锻炼体魄,磨练意志。使学生明确成就一个追求卓越的"我",这是写好成长类命题作文的关键。

作文立意与健全人格就是这样相互增进,学生在写作训练中磨练自己,提升人格,在写作中审视内心世界,在提升文章的格调的同时,也在提升自身的人格品位。

(三) 参与多彩活动,增强文化传承责任

为培养富有现代内涵的"健康少年","亦德亦才"的阳光少年。学校组织了各种德育与学科的主题活动,如"携手经典行,弘扬爱国情""文化润人心　校园展新韵"等一系列文科节活动,其中征文、演讲、辩论、阳光电视台报道等,几乎都关乎写稿指导。

作为指导教师,不仅需要帮助学生关注自身价值与尊严、思想与情感、理想与追求,而且要引领他们认识到作为社会人的权利与义务,社会责任感与历史使命感。应将我们所生活的城市——上海,耳熟能详的"海纳百川、追求卓越、开明睿智、大气谦和"的城市精神融入其中,使学生懂得在写作中发扬传统文化的使命感。

对文化承前启后的责任是每个学生所应肩负的,也必将体现出中学生昂扬向上的精神风貌,从人的发展角度来考虑城市国家精神的价值意义。因此,为使写作立意趋于深刻高远,我们引导学生将个人荣耀与祖国强盛相联系,把个人价值与时代进步相融合,能做到"家事国事天下事事事关心",体现"匹夫有责"的公民意识和

爱国精神……如此挖掘与阐释，才是成就佳作的关键，也是将文化与文明植根于学生内心，并打上深深的精神烙印的途径。

【案例三】 在丰富的校园活动中挖掘素材，增强对文化传承的责任感

学校的育人目标中有分年级重点，其中七年级的要求是：学生在待人处事上自我意识不断萌发，注重明礼诚信的教育。通过传统节日教育，让学生将中华传统文化中的诚信、重礼等行为规范作为自己的行为准则与要求。八年级的要求是：学生开始关注社会，融入集体，注重爱国守法的教育。通过庆国庆活动、宪法宣传活动、祭先烈活动等，培养学生爱国情操和守法规范。

为此，在指导七年级"中国传统节日"为话题的征文活动和各年级"上海的味道""我心中的上海"为主题的演讲活动指导中，教师首先引导学生对话题进行拓展，分析得出标题包含"风格""特色""味道""痕迹""记忆""烙印"等题眼，它们有着异曲同工之妙，关注的对象都是形形色色的中华文化——中华民族传统文化中最具特色的节日、民俗、地域、民族等文化都是可取之材。其次，引导学生认识中国的传统节日，无论清明、端午，还是春节、中秋，节日文化外在拥有五彩缤纷的形式，内在都透出浓厚的文化内涵与动人的民族情结，从而明确这类作文的材料大多源于博大精深的中华文化。再进一步借助学生经历的多彩的活动，挖掘节日的文化与情感内涵：利用校园活动，带领学生参与体验文化氛围，抒发自我的独特感受，通过还原生活情景去展现文化的风采，从一个传承者的角度，挖掘蕴含的文化精神。明确上海一直是中外文化交流的平台，东、西方的商业文化、科技文化、宗教文化、政治文化都在这里汇聚，使上海形成了独有的海派文文化。通过作文展现其内涵丰富、独具一格、绚丽多姿的海派文化，关注城市与国家，理解中华民族文化的多元化和发展趋势。同时，教学生从丰富多彩的文化现象中发现其优秀价值，从历史遗址文化、建筑文化、民俗文化、园林文化、商业文化、宗教文化到各种文化艺术，感受其魅力；在具有地方特色的音乐诗歌、戏剧曲艺、书法画派、饮食风俗中感受人们的观念与传承。

四、成效与展望

"天命之谓性，率性之谓道，修道之谓教。"写作指导正是对学生进行人格培养的最佳契机，写作更是厚积薄发的过程，人格培养的有效途径。学校教师通过思考

基于本学科特征和学校办学理念相结合的国家课程校本化实施路径,将核心价值观教育自然融入课程教学全过程,充分体现课程的价值和理念。通过基于"阳光教育成就阳光人生"理念的写作课程实现育人目标,既符合学校整体办学理念,也是部编教材背景下大语文的育人精神的内涵体现。渐渐成为语文教学重视学生在课堂中知识的习得,引导学生建立正面的自我观念的一种理念。

学生在教师指导下写作的成绩亦是显性的收获,每年初中生作文大赛和各类征文活动,学校获奖学生比例很高。在潜移默化的德育渗透中,学生整体的精神面貌得以提升,具有阳光品行特质的学生在担任优化校园环境使命的同时,走进社区、街道,积极开展多彩的志愿者服务活动,辐射作用渐渐显现。多支社团队伍在学生的自主发展过程中已小有所成,均得到了广泛的好评与认可。

落实知行合一　促进持续成长
——通过高中思政实践调研落实育人目标的探究

上海市吴淞中学　赵树利

教育部高中思想政治课程标准修订组组长朱明光老师认为："如果说以核心素养为纲是修订高中课程标准的标志性追求，塑造活动型学科课程就是修订思想政治课程标准最显著的亮点。"并提出"活动型学科课程采取包括社会活动在内的活动能够设计的建构模式，即课程内容活动化"。我们要切实更新教育观念，不断提升自身素质，将研究性学习与高中思想政治课有效结合起来，用手中的火把去点燃学生思维之火，使政治教学成为"一池春水"。

高中政治学科在推进核心素养培育上，可以通过社会调查研究、活动型课程等在形式和方法上活化课程内容，把关注社会、关心身边、学会探求、不断研究等素养的育得内化为学生终生的能力。通过开展社会调查研究，促进学生在一定情境中主动发现问题、选择课题、设计方案，通过主体性的探求、研究寻得问题的解决，从而体验和了解科学探索过程，具有自主性、开放性、探究性和实践性等特征。

在"让每一个学生都要有一次科学研究的经历"的理念指引下，笔者立足政治学科，借助近年来上海持续推进的"综合素质评价"平台、"上海市青少年科技创新大赛""青少年模拟政协"和市级创新工作室——"一带一路中亚战略研究"工作室的建设，在课前学生导学、课堂教学渗透、课后深度研究等全方位闭合环节，鼓励每个学生都或独立或合作开展高中政治调查研究性学习。同时，在这一过程中有意识在学生的调查研究中推进人文情感、核心价值观、责任意识、懂得感恩等德育元素的融入渗透，在培养学生核心素养道路上取得了积极的成果。

一、课程育人与活动育人相融合：转变教学方式促进学生主动思考

立足高中政治"核心素养"的课程理念，笔者一直积极转变教学方式和思想，将"教科书是学生的世界"转变为"世界是学生的教科书"，将"带着知识走向学生"转变为"带着学生走向知识"，推进学生在调查研究性学习中主动思考。

在教学实践中，我改变了政治课以往纯讲解的授课方式，课前主要以关注社会、时政调查等进行自主学习，课中主要以小组探究进行合作学习，课后主要以课题研究进行深度学习。

例如，我校的2018届学生俞同学、韩同学、黄同学选择"身边的社会实践资源的利用程度与效果"进行调研，在感悟中她们写道："研究促进了我们积极思考，让我们看到了当今的社会实践活动还有很大的发展空间和可继续完善规划的前景。"2020届学生郑同学在接受《中国教育报》记者采访时说："参加学校模拟两会研究性学习，并在老师建议和指导下，关注生活在城市角落的外来的继续务农人员，和团队伙伴做出'关于农民农权益改善的提案'，这是我人生中获益最多的一堂课。之前，我从来没有注意到大都市中也会存在这样一类群体。甚至可以说，由于生活安稳，我从未关注过生活在社会底层的人民，而恰恰是这些被人们所遗忘的群体需要获得关注和帮助。模拟两会锻炼我，并使我拥有了一双更加敏锐的眼睛，让我可以发现社会和生活中存在的问题；同时，我也拥有了一颗火热的心，渴望通过自己微薄的力量去解决问题。在赛场上时，心中始终沉甸甸的，似乎我掌握着改变他人命运的力量，只要我去努力、去拼搏，农民这一群体就会拥有美好的明天。在提案被政协委员代为提交到上海市两会和全国两会后，我也看到了我们小小的力量汇聚成了江河。感恩老师！"

二、协同育人与文化育人相统一：推动学科融合开拓学生认知视野

在社会调查研究学习过程中，跨学科不仅是我们指导老师和学生在实践研究中必须面对的，此过程中也蕴含着丰富的科学与探索精神、大量的人文与社会元素。通过跨学科协同育人和文化育人实践，作为教师，我知道了新时期的政治教师

要文理相通,还需中西兼顾;能够让学生逐渐明白了解社会事物的普遍联系、运动变化规律,从而形成科技与人文交融的研究思想拓展他们的认知视野将知识在实践研究中融会贯通。

例如,笔者在2016年指导2018届学生做"生态文明推进背景下吴淞上钢五厂转型的调查研究"时,由于是暑假,气温很高。我和学生在做这一主课题的时候,又研究了"太阳能酒精空调伞的设计"的工程类课题,这一课题当年获得上海市创新大赛创意类一等奖。之后我和学生一起学习物理等相关知识,用哲学的思维进行指导,在2017年获得上海市创新大赛科技类一等奖,并被专家评委会推荐参加上海市研究年会展评和全国创新大赛。

在上"实践"这一课时,笔者给学生举例时讲到了"关于停车场45°角的可行性实践研究",2018届陈同学在政治课堂上听后很感兴趣,与同学共同参加了这一主题的调查研究。在深入的研究过程中,他们发现实际操作远不如想象中简单:车辆大小,车辆停放以及停车难易程度都是不容忽略的问题。他们在调查研究过程中相互鼓励奋进,取长补短,调查研究顺利地有了结果,也获得了专家的认可。陈同学在出国留学后,对这一经历写下了这样一段话:"而对于我来说,这不仅仅是课题的研究,这也是我人生中一次不可多得的经历,虽时间不长,但给我的影响却深远。在研究过程中,更能体会团队合作的重要性,也许你一个人的力量微不足道,但大家的智慧与力量却能摩擦出不一样的火花。现在我远在法国留学,真正感受到老师给予我的不仅仅是知识,更是在研究性学习中的那种关注社会、勇于探索、自主选择、理性参与的品质和能力。感谢老师,在我的人生路上增添了不可磨灭的印记!"

这一主课题在笔者指导下,继续深化,指导2020届学生从数学建模的角度看研究设计,根据经济拓展部分讲到的数学模型,进一步深入学习,最终调查研究成果获得2019年上海市创新大赛一等奖和四个专项奖,并被推荐参加"明天小小科学家"大赛。学生这样分享他的收获:"我从曾经害怕和别人交流到能够在街头采访陌生人,从曾经对课题研究的胆怯和畏惧到如今的熟练和自信。在调查研究中,我在不断成长,不断磨炼我的意志。随着调研活动的开展,在指导老师的帮助下,我渐渐关注到了一些宏观层面的问题,而不是仅仅局限于书本上的知识。调查研究使我学会了细致观察生活,并学会分析事物,用发展的角度去审视事物,这对我的人生观和价值观产生了巨大影响。"学生表示,希望通过这一研究,在现有资源的基础上合理设计停车位,以求效益最大化,解决当前老旧小区停车难等民生问题。

三、管理育人与实践育人相结合：注重价值养成培养学生责任担当

在思政课教学过程、研究性学习实践中，要重视管理育人，管理者应充分发挥全过程育人功能，要系统进行思想教育和文化建设，精心设计、制作各项育人实践活动。在管理育人和实践育人过程中，着重培养学生价值养成和责任担当。价值观是引领学生人生航向的"指南针"，青年学生的价值取向决定着未来整个社会的价值取向。高中生处在价值观形成和确立的时期，推进调查研究学习和社会实践，是培养他们公共参与和责任担当的契机。

在政治教学的社会调查研究性学习中，笔者和学生共同关注社会生活中的难点、痛点、盲点、弱点、需完善点等，以促改进，增强政治认同、理性精神、法治意识和公共参与意识。

例如，2018年9月以来，男性气质一度成为社会热议的教育问题，这与学生们在2017年的研究主题"关于当前上海市中小学阶段男女教师比例失调对学生健全发展的影响的研究"不谋而合。他们经过近6个月的努力，调查了上海40余所小初高学校，搜集资料，问卷调查，街头访谈，网络采访，学校征询等，对这一问题现状及其原因进行了深刻分析，并给出富有建设性的建议。2019届学生王同学、张同学作为这一研究的代表："通过这一主题的研究，使得我多了一份对现实生活的思考与探究，更愿意关心和关注社会。对于这段经历，我们有无限的感恩，并将这小小的成功作为未来无限可能的开始。"

学生楼同学和印同学在笔者指导下参与了特殊教育方向的研究课题，从中获得的感悟如下：本研究基于当前特殊教育前景不确定的现状，以上海为研究范围，以特殊教育模式和提升社会关注度，实施社会公平为重点，通过查阅文献，发放问卷，深入访谈的形式，聚焦上海特殊教育发展的现阶段的瓶颈及其成因，并据此提出具有可操作性的建议，认为从根本上提升社会对特殊孩子的关注，并辅之以完善的政策和设备，上海市的特殊教育才能长足发展。

2018届姚同学和沈同学参与了"关于加强公厕建设，提倡公厕文明的实践调查"课题研究。从初拟课题，实地考察，撰写报告，参加比赛，到最后获奖并参加由东方广播电台的《市民与社会》直播，学生们的组织领导能力被加强锻炼的同时，更培养了他们的公民意识，并深切地感受到作为一个高中生对于社会乃至整个国家

的责任。姚同学认为:"通过社会调查,让我从一个一无所知,只关注学习和个人生活,甚至鲜少观看新闻的学生,已经成长为了一个关注社会、关心时事、深入生活、知行合一的社会公民。没有这场经历,就没有现在善于发现,热爱思考的我;没有这场经历,就没有现在遇事冷静,沉着处理问题的我;没有这场经历,就没有现在积极参与活动,热心帮助他人的我。除此之外,我的同理心也加强了。原来这个社会,这个世界有诸多亟需被解决的问题;原来一个人的能力这样弱小,而团队力量却这样强大;原来自己作为一个学生可以通过做课题这样一件小事获得社会的广泛关注,甚至对相关建设做出一定贡献;原来改变世界,就是从一个个小小的课题开始的。"

胡同学感触到:"我对于参与了这次活动十分自豪,它教会了我很多东西,现在大学生活刚刚开始的大一,我也踊跃报名了校级的科创活动,我希望借此能提高我的综合素养,把我塑造成一个更好的自己;现在第二学期,我已经成为负责人,作为LEADER带领参加全国比赛。"

社会调查研究促"教",科学有效探究助"学",建构基于素养教育的高效、易操作的政治调查研究的模式,聚焦不仅仅局限于课堂教学的环节精细化研究、拓展式提炼,为学生的研究性学习创造了条件,为学生的创新意识的发挥提供了用武之地,这是我们政治课教学的延伸。在学生的社会调查和科学研究中于无痕中融入渗透德育元素,对学生的成长成人成才和成功的影响是远远超出我们教师的想象的,这将真正帮助和促进让学生走出书山题海,引导他们既关注身边,也关心社会,重在从学生时代就要帮助学生树立远大理想和信念,引导他们深入社会生活的生动课堂中,学会促进自己持续学习、终身学习的本领,为他们打开通向成人成才成功世界的另一扇门。

教育戏剧(TIE)在高中思想政治课堂教学中的应用与反思

上海市杨浦高级中学 朱忠壹

一、背景意义：创智戏剧概念的提出

在当下的二期课改的课堂实践中，我们发现，对于十六至十八岁的高中生来说，过于低幼和简单的互动游戏并不能唤起他们的兴趣，多媒体视频的制作也不能仅仅考虑童趣和简易。

虽然高中课堂教学理应注重抽象思维的培养，然而这绝不意味着教师仍旧把守着课堂教学关系的核心位置，学生是学习的主体，他们的主体意识只是尚未被有效激发，而并不是不能激发。

针对这一问题，我们在高中课堂实践的传统项目，时政演讲、课堂主题发言及我校特色项目微课题自主研究及研究成果发布会等活动设计环节中，鼓励学生采用多媒体影音作品的制作以及真人互动舞台剧、角色扮演等形式，在生动活泼的课堂氛围中，完成课堂任务，扮演了课堂教学关系的主角角色，而教师则退居幕后，成为导演和制作人。

二、情景设定：教育剧场的情境规设

我们尝试在高中思想政治学科教学中应用剧场（Applied Theatre）和教育戏剧（Theatre in Education）教学方法，即多元使用教育戏剧的思路、策略和技巧，在教师有计划地指导下，以模仿、游戏、角色扮演、原创性戏剧演出、即兴表演等方式进行创智课堂的探索，将焦点集中于引导学生在一定情境下对相关课题进行深度思考和反省。

有小组开始在课堂展示中融入自编自导自演的舞台剧，从"历史穿越大萧条危机中的美国农场主"到"五月花号驶向新大陆",从一唱一和的短相声,到角色扮演借助"历史名人"发言献声,不一而足。相较之于传统意义上的学生小品,课堂气氛活跃程度得到了极大提升,并且也在轻松诙谐的氛围中,借助相应角色的口吻,呈现了承载知识点的历史故事和假设场景。结合多媒体呈现的舞台剧表演,真正做到了用学生的思考来表现学生的学习状况。

教育戏剧对于课堂的环节安排,须按照一般演出"起承转合"的顺序推进(见表1),在"市场经济的三大机制"一课中,笔者通过不同教育戏剧教学策略的配合使用,在戏剧的演绎、诠释与再诠释中,知识点的讲解融汇于观众质疑与演员的回应互动中。

表1 教育戏剧课堂的"起承转合"

板块	流程	戏剧形式		教学策略
起(Exposition)	序幕	从一次课堂作业说起		教师入戏
承(Rising Action)	第一场	一碗红烧肉		定格画面 思路轨迹
转(Climax)	第二场	肉价涨跌的餐桌讨论	角色扮演	专家外衣 思路轨迹
	第三场	电视里的"禽流感"经济学分析		教师入戏
合(Denouement)	第四场	演后谈		焦点人物

三、问题讨论:从戏剧教育到教育戏剧

教育戏剧并不是我们所熟悉的课本剧和微小品,教育戏剧有一整套成体系的教学策略集,港台地区教育界近十多年来的研究成果多集中于教学策略的使用、反思与开发实践,而大陆地区的教育戏剧实践更多停留在理论探讨和理念辩论的层面,高中学段的教育戏剧实践更为苍白。

因此,本次我校推的创智课堂以"教育戏剧"为突破口,在政治、语文、英语等学科中尝试分步实施各种教育戏剧的策略,从传统课堂的问题链中找到问题点、矛盾点和争议点,教师设置场景、规定情节和安排角色,以学生演绎的方式再现还原场景与事件(见表2)。

教育戏剧（TIE）在高中思想政治课堂教学中的应用与反思

表2 教育戏剧课堂的实施要点

名称	内容	说明
角色扮演 role playing	参与者扮演规定情境中的设置角色，参加情境模拟活动，事先须准备剧本大纲和台词	角色扮演中的学生，增强了其参与模拟活动的信念感和专注度
定格画面 freeze frame	通过定格技巧，以静化动，突出或渲染某一场面、神态或细节	由教师安排的定格，突出了重要场景和片段，有助于学生暂时从规定表演中抽离，审视角色和剧情发展
专家外衣 mantle of the expert	根据戏剧情境，参与者扮演拥有某一方面专业知识的专家，在剧情中运用自己的专业知识，完成戏剧任务	学生和教师扮演专家入场对现象的解释有助于在情境中探讨问题和原理解释的展开
教师入戏 teacher-in-role	教师扮演一个戏剧情境提供的合适角色，以引导戏剧动作的方向发展推进故事，为参与者制造入戏机会，达到教学目的	教师入戏可以推动剧情往预期方向发展，并在剧中加强与现有演员的交流，帮助学生入戏
思路轨迹 thought tracking	教师在戏剧进行时安排演员的动作"凝固"，让他们以角色身份说出内心想法，拖慢戏剧节奏，容许学生反思戏中发生的事情。学生在反思中听到"追踪"而来的思路和感觉，这些与角色立场是否吻合则因人、因情而异	与定格画面不同，思路轨迹注重拖慢戏剧节奏，使得演员对剧情进行反思，对角色立场做出剖析。在角色和演员立场不符合时，可以产生"间离"效果，深化学生在叙事活动中对角色人物决策行为的理解和反思
焦点人物 hot seating	将剧中人物安排到"热椅"上，成为焦点访谈人物，参与者以自身或角色的身份对其进行盘问，焦点人物须以角色身份进行回答	对处于角色中的演员进行焦点盘问，有助于角色中的学生和其他学生在"间离"中反思剧中人物的决策及其结果，从而达到反思性诗化分享的效果

表演中，演员有自己的思考与反思，教师在关键点入戏，完成情节的推进和知识点的讲解，观众则报以自己的见解，戏里戏外，保持着与戏剧的距离性，以此完成批判性思考，在"论坛剧场"的环节观众和演员的界限可以被模糊化，每个人都有资格步入"剧场"，诠释自己的理解，并与他人分享。

戏剧的本意并不如我们通常所认为的仅仅在于活跃课堂气氛和多样化表现课堂生态。古希腊以来的戏剧传统便是西方教育发展的重要环节，古希腊观看戏剧必须遵循"三部悲剧和一部喜剧"的传统，悲剧在这里即是正襟危坐的教育内容与形式的统一体。现当代戏剧与现代艺术和文学共同着力于对于传统的反思与突破，体现在教育戏剧方面，则注重对于传统课堂的反思，突破点集中在学生参与的自主性与批判性。

最初源于法国教育思想家卢梭（J. Rousseau，1712—1778）的两个教育理念："在实践中学习"（Learning by doing）和"在戏剧实践中学习"（Learning by dramatic doing)是教育戏剧的理论滥觞。

教育戏剧理念方兴未艾,其与传统意义的课本剧和小品的定位并不一致。教育戏剧的实施伴随着深刻的教育教学理念的变更,自20世纪90年代中期传入我国以来,在幼儿园、小学、初中和高等院校得到了长足地发展,唯独缺失了高中学段。鉴于我国现代戏剧发展长期受到苏联斯坦尼斯拉夫斯基体系的深刻影响,强调表演通过逼真的生活化的表演,在时空集中的舞台上再现生活,因此在中小学的戏剧实践中,往往偏重于"戏剧教育"(education by theatre)而不是"教育戏剧"(theatre in education)。

我们尝试从另一戏剧艺术表演体系——德国的布莱希特出发,重新演绎被异化了的教育戏剧理念。布莱希特提出"间离效果"的概念(德语原词为Verfremdung,译为陌生化效果;英译为distancing effect),他曾在三十年代末所写的《辩证法与陌生化》认为:"陌生化作为一种理解(理解—不理解—理解),否定之否定。"强调要剥去"不言自明的,为人熟知的和一目了然的东西",因此,布莱希特对戏剧理念的创新在于:他更为强调观众的参与感,希望能够激发起观众的主观能动性,引导观众不由自主地带着批判性的思考来看戏,而不是简单引发观众情感上的共鸣。这也符合我们对课堂全员参与和师生共同思考的预设。

如果说课堂是舞台,学生就是当仁不让的主角。

作为一项教学方式的教育戏剧旨在将课堂舞台的主导权重新赋予学生。

参与戏剧编导演的学生在台词的揣摩和理解中领悟角色的思维轨迹,在舞台(课堂)行为动机的合理化过程中,代入角色自省,并且与角色保持"间离"自省,反思性学习活动在戏剧编排中得到了升华,在课堂交互演出中沉淀凝练。

课堂上其他作为观众的学生则在戏剧创设的真实情境中读取表演传递的有效信息,并且建立与真实生活的联系。同时,在演员自省阐述的过程中,通过形成与演员和教师的课堂对话,建构"观众"学生在教育戏剧课堂中的反思性学习路径。

此外,多样性教育戏剧教学策略的组合使用,是教育戏剧教学实践的关键所在。

教育戏剧教学策略打破了一场戏剧的完整性和连续性,这一颠覆的过程即是通过改变戏剧节奏,建立"角色—演员"的现场张力,启发演员在张力中自省,在自省中生成知识。戏剧所创设的假定性情境将演员真实地置于其中,对情境要求所规定的舞台行动进行深度反思,从而达到这节课的课堂教学目的。而这需要教师创造性地组合使用教育戏剧教学策略加以引导。

有趣的汉字
——发挥识字教学育人功能的实践探索

上海师范大学附属外国语小学　任晓燕

一、实施背景

为深入学习贯彻习近平新时代中国特色社会主义思想和党的十九大精神，落实全国教育大会和学校思想政治理论课教师座谈会精神，进一步发挥学科课程教学的育人的要求，我校展开了一系列以落实"育人为本，能力为重，丰富经历，关注创新"的课改理念为主题的校本研修活动。

由此，我对如何认识语文学科的育人价值展开思考。叶澜教授指出，为实现并拓展现有学科的育人价值.要认识学校教育中学科的独特价值在于育人，在于学生的发展，要"为学生提供一种唯有在这个学科的学习中才可能获得的经历和体验，才可能提升的独特学科美的发现、欣赏和表达能力"。那么学生能在语文学科的学习中获得什么独特的经历和体验呢？我认为是体会汉语言文字的美感和趣味，体会古人的智慧，并且激发学习的热情，同时油然而生出一种民族自豪感。针对所教授一年级的学生特点，我又把这种对汉语言文字的美感和趣味的欣赏锁定到识字教学中，并且更注重趣味性，尝试将"有趣"和"育人"相结合。

二、主要特色

汉字可以分为"六书"。所谓"六书"，指的是象形、指事、会意、形声、转注、假借。汉字起源于图画，象形、指事、会意都和图画有密切关系，而形声字又是在象形的基础上发展起来的。苏霍姆林斯基说："小学生往往用形象、色彩、声音来进行思维。"所以，在一年级阶段，根据儿童的思维特点，大部分的生字都可以通过把抽象的符号具体形象化的方式来学习。同时再加上对汉字的解析，让学生知道汉字是怎么造出来的,找到造字的规律,会让学生切实地体会到汉字的趣味性,充分调动起学生识字的兴趣,激发学生自己去探索汉字的奥秘,举一反三,触类旁通,让学生不但乐于识字,而且善于识字,以达到关注学生发展的育人目标。

基于以上思考,我在课堂教学中进行了尝试。

三、主要内容

(一) 教学过程

以一年级上册《天上一群小白羊》中的生字"家"的教学为例。"家"字笔画较多,字形复杂,学生在学习时会有一定困难,特别是书写,容易遗漏笔画。同时"宝盖头"也是需要重点学习的部首。所以我还是从"家"字的解析入手。

"家"是会意字。我告诉学生一个象形字是一幅图画,而一个会意字则是一个故事。我先请学生观察"家"的象形字,学生七嘴八舌,说是围墙里有一头牛……

在猜测中,学生对"家"一下子有了兴趣,我再像讲故事一样,把"家"字的由来娓娓道来。"'家'的外部像房子的形状,中间的部分是则是一头猪而不是牛,猪在古代就是'豕(shǐ)'。上古时代生产力低下,打猎捕食的生活没有保障,因此人们会在屋子里养猪作为储备粮。在古人看来,光有栖身之处还不算真正有家,还要加上猪才行。有猪的家,才算富足安定。房子里有猪也就成了家的标志。"学生听得津津有味,刚听到家里养猪都惊讶不已,再听到养猪表示富足又纷纷笑了起来。

再进一步,我请学生观察"家"的演变,如下图:

学生自己就说出来了:"围墙变成了宝盖头,中间的猪变成了'豕'。""是呀,宝盖头就代表了房屋,再仔细看看'豕'的字形,发现了什么?"一个学生立刻发现了,"横是猪头,下面的撇是脖子,弯钩是身体,还有三撇和捺是猪的四条腿。"真棒,一点即通! 而在接下来的书写中,没有一个学生漏写笔画,因为少写一笔,就是丢了猪的一条腿呀! 学生牢牢记住了"家"字,都觉得这个字很有趣。

不但如此,在后面课文的学习中,我还收获了意外的惊喜。《风姑娘送信》中又出现了有宝盖头的字"宝",稍一提醒,学生马上就想起了宝盖头表示房屋,而房子里藏着玉,那可真是个宝贝啊。如果漏写一点,把"玉"变成了"王",就变成屋子里藏着"王"了,意思就全变了。至于把孩子称为"宝宝",则体现了父母对孩子的爱,把孩子当成了手心里的宝贝。从"宝"字,学生们想到了自己父母对自己的爱,又牢牢记住了"宝"。

到了学习《国庆节的晚上》中的"安"字时,学生已经能自己"说文解字"了:屋子里坐着个女孩子,真安静。看,学生举一反三的能力不容小觑!以后再遇到宝盖头的字,学起来一定易如反掌。

(二) 案例分析

"家"字作为一个比较有代表性的会意字,有其特别的意义,而最初"房子里养猪"的意思又一下子抓住学生的注意力,让他们觉得特别有趣,所以在"家"字的教学中,效果是非常好的。除此之外还有很多很多有趣的会意字,比如:"人"靠在"木"旁歇一歇,就是休息的"休";把"手"放在"目"上就是"看";"竹"竿上插上"毛",就是毛"笔";有女有子就是"好",有日有月就特别明亮……通过对这些字的解析,我希望学生能够体悟会意字的字理奥妙。一个字就是一种情景,一个字就是一个故事,一个字就是一个有趣的世界!

然而在平时的教学中,由于种种原因,我们会忽视对汉字趣味性的挖掘,低年级常常把重点放在了正音、明确结构上,教学变得呆板机械,总是读一读,指导字形,再提出些注意点就完了。这样到了书写时,往往会发现老师提醒了很多次的注意点,学生还是会错。如教"货"字时,只提醒学生不要把下面的"贝"写成"见",不要把上面"化"中的"亻"写成"匕"的话,学生不一定能记住。但如果能从字的解析上着手,告诉学生"贝"是古代的货币,相当于现代的钱,人们"化"掉"贝",才能换来"货",那学生理解起来就容易多了,相信记错写错的人也会大大减少。

不仅是会意字,其他几种象形、指事、形声字也可以找到相应的化抽象为具象,化枯燥机械为生动有趣的方式。只是需要教师在课前做好大量的准备工作,查询资料,了解这些汉字的由来和意思,找到恰当的具象方式,才能讲的头头是道,有理有据。而只有让学生把眼前的文字符号和具体的形象,生动的画面,有趣的故事联系起来,才能达到识字的高效。

四、反思与启示

汉字是非常神奇的,如果识字教学能充分挖掘汉字本身的文化特性,诱导激发学生对祖国文字的兴趣和喜爱,那么识字带给学生的就不仅仅认识几个文字符号,还有对中国文化的了解,还有对事物探索的热情。继而也就做到了前文所说的:"为学生提供一种唯有在这个学科的学习中才可能获得的经历和体验,才可能提升的独特学科美的发现、欣赏和表达能力。"

"面"向多彩童年 "塑"出真挚友谊

上海市松江区泗泾第二小学 王欢欢

一、实施背景

我校地处远郊松江,为外来人口导入重点区域,生源95%以上为外来务工人员子女。由于家庭经济条件、父母受教育程度等原因,学生个体差异悬殊,不少人与同龄人接触和交往的能力较差,从而显得性格孤僻,缺乏合作意识。他们自身缺乏安全感,在学校也缺乏归属感。帮助外来务工人员随迁子女健康快乐成长是我们的责任和义务。面塑活动这种儿童喜闻乐见的方式,在潜移默化中能引导学生在合作、竞争、相互沟通、理解、融合、进而团结起来,自从面塑课开设以来,学生的脸上总是洋溢着快乐的笑容。看着自己亲手制作出来的作品,学生产生了满满的成就感,同时也增强了他们的自信心。学生的归属感也越来越强,在校园的各种活动中,都能够积极踊跃地参加,在面塑的大家庭中,学生拥有了属于自己的那片天。

二、主要特色

面塑课程是美育与德育的有机结合。课程面向一、二年级学生开设,以每个班每周一节课的课程形式开展,每一堂课为35分钟,课程形式丰富多样。作为一门课程,特别是面塑课程,首先是把学生的兴趣爱好和团结友爱相关的故事有机结合并落细落小。面塑课程在教会学生什么是美,如何制作出美的面塑作品中,一点一滴渗透出育人的养分,让学生知道团结友爱的重要性,在分工合作完成面塑作品中使大家养成团结友爱的美好品质。

面塑课程是根据学生的认知特点和团结友爱故事的有机结合。面塑课程中穿插一些有关团结友爱的育人故事,希望用故事中的养料滋润学生,让面塑课堂成为学生们愉悦的成长乐园。

面塑课程是显性与隐性的资源再利用,与学校育人目标的有机结合。面塑制作相关的知识和技法是书本上的,面塑课堂中的相关素材是生活中随处可见的,面塑课程中相关的小故事是历史中的,对于现在的学生来说,再怎么讲解还是枯燥的、空洞的。为了加深学生实际的感受,我们积极开展面塑课程,引领学生动手制作,既提高学生们的动手能力,又锻炼学生们的沟通表达能力。

三、主要内容

在面塑活动中培养儿童团结友爱品质的主要目标是:① 在面塑活动中引导学生们进一步认识和发现团结协作的重要性;② 在面塑活动中帮助提高学生们沟通交往的能力;③ 在面塑活动中体会伙伴互帮互助的力量,形成团结友爱的美好品质。"团结友爱""友善"作为我们中华民族的传统美德,也是我们少年儿童四大作风之一,是我们希望同学们具备的基本道德素养。

用彩泥来制作和装扮作品,让学生产生新奇的感觉。分组合作,在制作过程中,引导学生们在小集体中找到自己的位置,自己通过沟通与交流来解决问题。在潜移默化的环境中,激发同学们交流的热情,锻炼学生们的动手和表达的能力,培养学生们团结友爱的思想品质。

一件件面塑作品,是学生用心捏塑出来的一道道优美风景、一幅幅精彩的画卷,更是一扇扇折射出学生内心世界的窗户,其中蕴含着无数教育的契机和灵感,为达成学校的"每天进步一点点"的培养目标提供了广大的教育舞台和教育素材。

(一) 主题研讨、确立分年段目标

在学校明确的德育目标下,确立了将"团结""友爱"和社会主义核心价值观中的"文明""和谐""友善"有机结合进行教育这个大方向后,我校立刻动员教师成立了课程组。老师们抓住面塑微课程实施这一契机,挑选能有效体现"团结""友爱"这个德育目标课程进行梳理。最后确立分年级课程体系:一年级,巧饰小瓶子;二年级,装扮面具。这样确立的依据分别是小瓶子是我们日常生活中容易找到的素材,像喝完的牛奶瓶、饮料瓶、罐头瓶等,都可以带到学校二次利用,经过装饰和美化,可以用来装饰我们的教室、书桌等地方,装饰完成的罐头瓶可

以做储蓄罐、花瓶、笔筒等用具,这样就变二次利用为三次利用。一年级的学生对面塑课充满了浓厚的兴趣,对如何装饰小瓶子也特别好奇,所以将各种各样的瓶子作为一年级的切入点。二年级的学生动手能力已经比一年级时有了显著提高,他们的兴趣爱好也更加广泛。将面具这个充满神秘色彩的东西作为二年级的切入点,能够激发同学们的创作热情。东西方的面具的作用是不同的,让同学们分成小组自己去搜集有关面具的资料,再进行资料交流和整合,让大家体会到合作的乐趣与意义。

(二)划分课时、确定课时目标

相关老师确立负责年级和主题之后,进行研讨,就主题划分课时,课时内容必须包含小组分工、小组合作和团结友爱情感体现这三部分内容,并将这三部分内容有机的结合起来确定课时,并确定相关课时目标。

最后,各年级确定的课时划分分别为:一年级划分为"巧饰小瓶子——我收集的瓶子""巧饰小瓶子——我的瓶子我做主""巧饰小瓶子——个性瓶子展""巧饰小瓶子——小瓶子大用途"四个课时;二年级划分为"装扮面具——东西方面具的大不同""装扮面具——东方面具我来扮""装扮面具——西方面具我来扮""装扮面具——面具化妆舞会"四个课时。在这个基础上,老师再次完善了各个课时的课时目标。

(三)选择内容、确认具体实施

有了课时主题和课时目标,老师们再群策群力,设计各个课时相关的任务表和评价表,方便学生在课程中有方向、有目标、有内容。由于每个年级将课时统一为四课时,确定每周开展一课时的社会主义核心价值观——团结友爱篇的面塑课程,通过四周四课时的面塑课程学习完成课程任务。

四、成效反思

通过面塑课程的开展,学生们与人交流沟通的技能逐步提高,学生对老师和同伴们的态度有了明显的变化。在开展面塑课程之前,很多学生不知道如何与他人沟通交流。如今,当学生们坐在面塑的课堂上,他们对身边的同学们不再心存芥蒂,他们能与伙伴们友好和善的相处,在伙伴们遇到难题的时候,还会主动的给以帮助和支持,一抹抹自信的笑容挂到了他们的脸上。相信遥远的未来,在每个学生的记忆里都会留存了这样一段关于童年时光的美好回忆。

通过学习面塑让学生感受美、欣赏美、创造美。同学们通过制作各式各样的面塑作品,发挥了创意、体验了生活、交流了感情。有的学生还因为掌握了高超的面塑技能后跨出了国门。大家不仅对这门中国的民间艺术有了更深的了解,还承担起了传承中华传统艺术的神圣使命,成为非遗的传习人。

初中思政课程教学培养中学生责任感的实践探索

上海市松江四中初级中学　朱瑾华

一、实施背景

2014年教育部《关于全面深化课程改革落实立德树人根本任务的意见》提出："教育部将组织研究提出各学段学生发展核心素养体系，明确学生应具备的适应终身发展和社会发展需要的必备品格和关键能力。""责任担当"就是其中重要的素养之一。中学生社会责任感的培养是学生基本核心素养的重要要求，社会参与是学生核心素养培养的重要方面，而社会参与重点在于学会处理好自我与社会的关系，学会承担责任，敢于担当。2019年3月19日，习近平总书记在学校思政课教师座谈会上强调："思想政治理论课是落实立德树人根本任务的关键课程。"思想政治理论课作为落实立德树人根本任务的关键课程，在立德树人方面发挥着引领作用。

从社会发展角度看，近年来我国经济取得了飞速发展，科技、信息、大数据等已成为推动当前经济发展的重要因素，当今社会经济高速发展的同时，对人的品质也提出了更高的要求。在此社会背景下，个人责任感的重要性被推上了一定的高度。中学时期是个人世界观、人生观、价值观的形成时期，在青少年时期注重学生的责任感的培养具有一定的社会意义和时代意义。

二、主要特色

初中道德与法治统编新教材的教学内容涵盖了社会主义核心价值观、中国优秀传统文化、法治精神、国际视野等内容，渗透了生命教育、法治教育、公民意识教育等，从中正确认识自己与他人、集体、社会、国家、世界的关系。为了更好贯彻落实教材中的立德树人理念，培养中学生责任感，我们在实践过程中注重以下方面：其一，结合校情、学情等现实状况,通过小组合作的方式组织日常课堂教学,将小组合作的教学形式常态化,将责任感的培育渗透到常态化的学习方式之中。其二,充分发挥课堂的主阵地作用,不断丰富社会实践活动,挖掘身边的德育资源,通过演讲、制作心意卡等等各式各样活动体会责任感的重要性,从中感悟提升。其三,重视日常引导,将立德树人落实到日常学习生活中。通过日常行为规范的教育引导学生从自身做起、从点滴开始,在日常学习生活中培育责任感,成为有大爱大德大情怀之人。

三、主要内容

(一)"学习小组"模式——中学生责任感培育的重要形式

学习小组模式是初中思政课程中应用较为广泛的形式之一。为了使学生更直接体会到个人与集体之间关系,我将班级学生分成若干小组,每组人数约为 5 至 7 人,小组成员一旦固定不能变化,并选定组长,确定队名,实行计分制,小组的分数计入整个学期的日常考核中。各学习小组作为一个小集体,各小组成员作为集体的一员,在享受集体带来的荣誉时也要学会为集体作出贡献,个人与集体密不可分,必须学会承担个人所负责任。集体意识和合作意识的培养在小组活动中是最明显的体现,因此,我也通过这种形式重在培养学生学会融入集体,团结合作。然而,从小组成员的确立到小组最终考核,这一段时间里出现了许多问题。秉承着"从实践中来,到实践中去"的原则,这些问题不仅仅成为教学中活生生的案例,也使得德育深入日常生活之中。常见的问题如下:

首先,在分组过程中,部分"不受欢迎"学生不被小组成员接纳,且几乎每个班都存在这种情况。确定分组的办法是,根据课堂表现挑选 6 至 7 名组长,接着课后学生到小组长处报名,每小组人数为 5—7 人,人数根据各班具体情况调节。可是,总是有若干学生成为不被欢迎的群体,没有组长愿意接纳,或者因为某同学的存在,没有其他同学愿意到那一组报名,导致人数分配不均匀。针对这一情况,我首先从小组长那边进行思想工作,各小组长都是根据表现挑选出来的优秀分子,在各种行为规范上必须起表率作用,因此要带头热爱集体,学会团结友爱,主动关心班级弱势群体。再根据各班情况,平均各小组的综合实力,针对部分表现优秀的组长及时给予奖励,营造班级团结友爱、互帮互助氛围。

此外,在部分小组中,常常因为分工不均、小组个人表现不佳、小组凝聚力不够等现象而发生矛盾。有些同学认为小组其他人都不参与活动,全部自己一个完成;当出现错误时会互相推卸责任等等;部分小组凝聚力不够,十分散漫,甚至有时忽视这一小组的存在,甚至有个别同学开学一个月后还不知道自己是哪一组的;有同学说想换组,觉得自己的小组不好,有些组长则从不关心组员,参加活动特别不积极等等。这些问题的产生不仅仅影响到组员的个人利益,也影响到整个小组成员的集体利益,通过小组的形式,组内成员之间互相监督合作,教师进行小组考核的方式,对学生个人责任感的培养具有积极的作用。

(二)课堂实践活动——中学生责任感培育的课堂主阵地

学生活动往往涉及到个人和集体的利益,能够直观体现学生的责任感。学生可以在活动中解决集体利益与个人利益的冲突,完成任务与执行任务过程中的各种矛盾,从中逐步培养学生的责任心。初中的思政课程在设计教学活动时应充分结合初中生的成长阶段特点和学科特点,从而学生能够在活动中充分感悟和体会责任感,每个学生活动都需要让学生体会到个人与集体之间的关系,活动的成功完成离不开每个成员的责任意识。下面我以时政演讲、心意卡制作等课堂活动为例,说明课堂教学活动对学生责任感的培养方式。

时政演讲是常态化的课堂教学实践活动。时政演讲的活动以小组为单位,通过PPT形式针对近期国内外热点新闻进行讲述与评论。需要各小组课后进行分工合作,部分同学负责PPT制作,部分同学查找资料,部分同学演讲,一次好的时政演讲必须是通过全组成员的共同努力。演讲的分数评比标准中有20%是针对小组合作情况,小组成员之间必须有明确分工合作,且小组之间团结友爱才能取得相应分值。然而在现实中却出现各种情况,如当演讲出现问题后,部分小组成员便开始相互埋怨,有的说演讲的人语言表达太差,有的说资料查找有误等等,甚至有部分人生气说道:我们小组其他人都不参与,我一个人做那么多当然做不好。如果小组之间存在着合作不佳的问题,则必须扣除相应的分数。经过一段时间后,在班级的竞争氛围下,合作分值得分率越来越高,为了集体荣誉,各小组合作慢慢得到了改进,学生们在活动中慢慢培养了合作意识。

在初中道德与法治的课堂教学中,还可以充分挖掘身边的教学资源开展课堂实践活动。为了使学生在日常生活中培养集体意识,在进行"在集体中成长""友谊的天空"等单元教学时,组织开展制作心意卡环节活动,让同学们制作感谢卡给为班级默默付出的同学。在活动中,有的同学会将感谢卡给小组中为大家付出最多

的人,有的同学感谢在运动会中为班级争取荣誉的同学,还有的同学感谢班级的班长、劳动委员等为班级做的贡献。这些互动活动能够让大家真正意识到集体和个人是紧密联系的,通过活动也使学生体会到,集体意识体现在生活的各方面,今后在学习生活中都要积极为班集体做贡献。在这一活动过程中,学生能够意识到个人与集体的关系,从而了解到个人有责任为集体服务,认识到具有集体意识的人能够获得大家的肯定,从而培养个人的责任感。

(三)日常引导——中学生责任感培育的实践落实

天下大事必作于细,必成于实。立德要在加强品德修养上下功夫,教育引导学生从自身做起、从点滴开始,在日常学习生活中践行社会主义核心价值观,培育责任感,成为有大爱大德大情怀之人。

首先,充分利用新中考改革的契机,结合本校学情、校情、中考日常考核的相关要求,将立德树人渗透到日常学习生活之中,制定学校道德与法治学科日常考核方案。日常考核方案不仅仅包括平时成绩,还包括学生学习表现和学习能力、实践能力的内容。而其中的学习表现和学习能力评价不仅仅体现在课堂之中,还体现到课堂外的思想和行为表现。

其次,将学习表现和学习能力的日常考核规范化,培养学生良好的日常行为规范,将责任感渗透到日常学习生活中的点滴之中。例如,使用"纪律评分表"等形式评价各小组的表现情况。通过这一形式小组成员之间互相监督,培养良好的行为习惯,同时小组成员内部互相鼓励、互相提醒,能使各小组迅速学会培养集体意识和责任意识。通过这一活动让学生了解到,个人与集体的关系密不可分,因此个人有责任为了集体利益而自觉遵守规范,从中培养自己的责任感。

此外,还需持续关注学习内容在日常生活中的实践落实。在课堂上我们进行了生命教育、法治教育、劳动教育等,但知识的落实情况和学习效果只有通过日常生活才能体现出来,因而我们不仅仅关注课堂中的知识学习,更关注是否将所学知识内化于心、外化于行。因而,我们通过长作业、小组合作监督方式将所学知识渗透到日常生活之中。

四、成效反思

思政课堂是培养学生道德品质修养的主阵地,初中思政课程中的"学习小组"

模式、课堂实践活动、日常引导等形式,能够在一定程度上引导学生意识到责任感的重要性,对中学生责任感的培育具有一定的作用,有助于今后在更大的平台上融入集体,学会合作,为正确处理个人与社会的关系,树立正确的人生观、世界观、价值观奠定基础。

如何通过初中思政课程培育中学生责任感需要通过不断实践、逐步完善,当学生能够将所学知识内化于心、外化于行,将责任感转变为自觉行动是我们的最终追求。康德认为,人类唯一的理性是纯粹理性。而现代教育专家又指出实践理性是教育研究的大智慧。教育理论理性是要从实践中来的认识,并要回到教育实践中去。教育工作者同时也是教育研究者,尤其作为实践导向性很强的思政课程教育工作者,要将此理念带入到工作中,在课堂中一定要注重实践的研究。在课堂教学中学生一方面通过对生活实际的感悟学会相应的理论知识,另一方面,也要通过理论知识指导实践,对今后的学习生活行动有一定的导向作用,从而真正实现学科的育人价值。

中学阶段是学生人生观和价值观快速形成的阶段,责任感是个人成长过程中必备的核心素养,中学生责任感的培育在教育中有着举足轻重的地位。思政课程具有极强的育人价值,因此在教学过程中要注重实践理性的运用,学生能够通过各类活动明白其中的价值观念,并能够由此在生活中用相应的价值观念指导行动,因而真正培养起学生的责任感。

在语文学科教学中培养具有理性精神的现代公民

——以基于互联网媒介的思辨性表达任务群教学为例

上海市嘉定区中光高级中学　杨丽琴

语文作为母语教学学科承载了"立德树人"的使命。高中阶段,学生正处于三观形成的重要时期,因此,笔者立足于《普通高中语文课程标准》(2017版),设计基于互联网媒介的思辨性阅读与表达学习任务群,从学习课程、学习资源、任务情境、学习活动四个维度创设促进学生思辨性思维发展,培育学生理性精神的语文课堂,以期探索在语文学科教学中培养具有理性精神的现代公民的有效途径。

一、在语文学科教学中培养具有理性精神的现代公民

(一) 培养现代公民是语文学科落实育人理念的重要旨归

"文以载道,诗以言志"是中华民族源远流长的文学传统。文学的这一特点决定了在中小学课程中语文学科承载了其"立德树人"的重要使命。正因如此,《普通高中语文课程标准》(2017版,以下简称《课标》)指出语文学科首要的基本理念是:"坚持立德树人,增强文化自信,充分发挥语文课程的育人功能。"的确,德育与学科教学不是割裂的状态,也非额外的负担,德育是学科教学应有的育人功能,高中阶段学生正处于人生观、价值观念形成的最重要时期,作为一线教师应充分发挥课堂教学的主渠道作用,主动挖掘教材中隐含的育人内容。尤其是作为母语教学的语文学科,教师更应该致力于将学科知识内容和育人的价值体系有机融合,"注重利用课程中的语言文字潜移默化地对学生进行价值引导和道德熏陶"[①]。

---

① 教育部基础教育司编写.中小学德育工作指南实施手册.北京:教育科学出版社,2017.12.

那么,在高中语文课程教学中教师应如何选择教学内容、设计学生学习任务、实施教学环节、进行教学评价才能更好地使语文学科的育人功能落地生根呢?笔者认为教师首先应当明确学科德育的内容。根据教育部哲学社会科学攻关课题"大中小学德育课程一体化建设研究"一期研究成果指出:"政治认同、国家意识、文化自信、公民人格为重点的德育顶层内容体系。"

在传统的语文课程中,语文课较多地强调通过对学生语言、文学、文化的培养熏陶,实现培养学生"文化自信"的德育目标。但近年来,加强学生"思辨性"思维的培养成为语文课程改革中一股强力的呼声。这一趋势由"思维的提升与发展"与"语言的积累与运用""审美的鉴赏与创造""文化的传承与理解"同被列为语文学科的四大核心素养亦可见一斑。若对照学科德育的内容,会发现对学生思维能力培养的强调,其实质旨在提升学生的公民素养,从而实现公民人格的培育。所谓"立德树人"之"人"首先肯定是个社会人。由此,学校教育的一项基本任务便是要指导学生如何成为一个合格的社会"人",此即把学生培养成未来合格的公民,使其养成公民素养,积极地在公共空间生活,彰显个体作为公民的实践品质。

(二)培养理性精神是互联网时代语文教学的重要使命

随着网络自媒体的发展,我们进入了一个信息爆炸,真假难辨的时代。这个时代使我们的阅读、思维、交流、表达……甚至于我们的生活和生存都面临着巨大的变化,但也带来了前所未有的挑战:在浩如烟海的信息中我们该如何快速准确地筛选?面对真真假假的新闻事件又该如何用火眼金睛去伪存真?在"键盘侠""杠精""喷子"无处不在的自媒体中又该如何学会有教养地评价他人和自我表达呢?这些无不预示着在这个时代中思辨品质、理性精神成为现代公民应当具有的一种基本素养,同样这也成为现代公民人格教育的重要一环。然而许多高中生却又极缺乏这种品质。

教育,尤其是语文教育要着眼于学生生命的发展和培养适应学生适应时代需要的品质和素养,《课标》要求语文教师要"注重时代性,构建开放、多样、有序的语文课堂",在互联网成为生活不可或缺的一部分的当下,语文教师尤其要分析和把握时代新特点,使学生语文素养的发展与提升能适应社会进步新形势的需求。即致力于探索在信息爆炸、价值观多元繁杂的背景下,通过母语课程引导学生为更好地学会在纷繁杂芜的多元价值中学会辨别和取舍,摆脱日常经验式和情绪情感式的思维方式,构建追求事实、情理和逻辑相统一的思辨性思维技能,从而培养学生的独立人格,使其成长为一个具有理性精神的明日公民,进而落实"立德树人"目标的有效途径和方法。

二、培养学生理性精神的语文课堂教学实践

基于对时代背景的分析,在把握语文学科的基本规律的基础上,本文立足《课标》要求,以"思辨性阅读与表达""跨媒介阅读与交流"任务群教学为切入点,结合华东师大版教材内容,设计"有辨别的受众,有教养地表达"学习任务单元,并从学习内容、学习资源、任务情境、学习活动四个维度创设促进学生思辨性思维发展,培育学生理性精神的语文课堂。

(一)设计培育理性精神的系列学习内容

基于互联网媒介思辨性思维的发展和理性精神的培育自然非朝夕之功可达成,需要有系列的课程为依托。基于此,笔者设计了五个部分学习内容(见表1):从引导学生认知互联网时代信息真假难辨,理解成为具有思辨思维和理性精神的互联网媒介使用者具有重要意义入手,到指导学生储备信息受众所需的媒介素养,再通过综合运用归纳、概括、分析、质疑、比较等思维方式学会筛选和分辨信息的真伪,进而学会在公共空间进行理性地评价他人和表达自我,初步具备基于互联网自媒体表达的基本公民素养。五个部分的内容,从能力层面看,由识记到认知,再到理解,进而到综合运用,层层深入,符合学生学习的规律;从内容看,由素养媒介知识的习得,到信息辨别、筛选能力的获得,再到理性评价他人和表达自我的公民素养的养成,进而实现公民人格的培育,内容逻辑呈螺旋上升趋势,符合学生成长的规律。

表1 系列化学习内容及对应的理性精神培育目标表

系列化学习内容	公民素养(理性精神)培育目标
后信息时代的挑战:信息爆炸,真假难辨	理性认识当今时代信息爆炸,真假难辨给人们的感受体验、行为思想、甚至生活和生存方式带来的巨大影响和挑战,意识到成为具有理性精神信息受众的重要性
信息受众的心理机制和媒介素养	储备作为信息受众应有的心理机制和媒介素养知识,为成长为更加有主动性、辨别力和理性精神的媒介使用者奠定基础
有辨别的受众:信息的筛选与辨别	培养自己筛选和分辨信息的意愿和能力,掌握信息筛选和鉴别的方法,能在纷繁复杂的社会中对各种信息进行甄别,获得良好的阅读能力,形成正确的信息价值取向

(续表)

系列化学习内容	公民素养(理性精神)培育目标
有教养的表达：评价他人	学习区分评价中的事实性判断和评价性判断，确定评价性判断的简易判断标准，力求评价语言的精确客观，并能够在公共空间中，有教养地评价他人
有教养的表达：自我发声	明确表达的边界，学会公共空间中理性地表达自我思考和见解，为成为具有理性精神的未来合格公民奠定素养基础，增强适应和服务社会的能力

（二）创设基于互联网媒介的真实学习任务情境

当代社会互联网极大地融入我们的生活和工作，成为我们进行各类活动时不可或缺的媒介依托。可见，基于互联网媒介的学习应与实际生活有密切关联，且有裨益于解决实际生活中的问题，具有明显的实践性、情境性、真实性的特点。《课标》指出："教师要在学生感兴趣的媒介应用领域，创设应用场景，引导学生在实践中了解有关媒介对人们学习、工作、生活等方面的影响，并归纳分析形成学习成果。"由此，笔者致力于创设基于互联网媒介的真实任务情境，以期让学生们在解决一个个任务中获得具身认知和体验，并形成对问题基于真实情境的理性思考。如在"后信息时代的挑战：信息爆炸，真假难辨"一课中设计学习任务：

搜寻近两年社会生活中，受众被误导的虚假信息。用表格整理信息内容及造成的不良后果(不少于十条)，根据表格分析并分条概述这些虚假信息的传播对大众造成影响。

这一任务还原了在真实生活中学生通常会遇到的由于未能很好地判别信息真伪而造成麻烦或者负面结果的情况，任务的解决有助于学生在生活中的迁移运用。

（三）选取促进学生思辨性思维发展的学习资源

选择恰切的学习资源能更好地促进课程和育人目标的实现。为更好地达成促进学生思辨性思维发展，培育理性精神的目标，笔者广泛搜集、精心选取了类型多样、作用显著的学习资源(具体见表2)辅助课程开展和学习情境任务的创设。其中既有为学生进行理性思辨的提供理论和工具支撑的专著，如勒庞《乌合之众》(心理学)和徐贲《明亮的对话：公共说理十八讲》(社会学)；又有逻辑清晰、颇具思辨性和学术性的社科文章，是可资学生借鉴思辨性文本范式；也有开展理性思辨社会

热点事件；更有针对同一热点事件不同维度的深度评析，以便学生发展思辨性思维，实现思维品质的提升，从而成长为更加有主动性、有辨别力和理性精神的媒介使用者。

表2 促进学生思辨性思维发展的学习资源表

资源类别	资源示例
理论书籍	勒庞《乌合之众》、徐贲《明亮的对话：公共说理十八讲》、胡泳《众声喧哗：网络时代的个人表达与公共讨论》
社科文章	陈沛《搜商——人类的第三种能力》、骆玉明《孔子赞赏的中庸》、《新闻受众的素质：意愿与能力》、向长艳《论自媒体意见表达自由之边界及其限制》
网络信息	搜狐网评选出的"2018十大网络假新闻"
社会热点	"罗尔事件""女儿微博投诉父亲行车打电话事件"
热点评析	陈彤《亲爱的孩子 万一仁慈高于法律呢》、曹竞《鸡毛信》、徐虹《请不要急慢爱之根源》、刘万永《令人质疑的普法》、张国《对你，我只有同情》、曹林《有一种爱可能无须别人的理解》

（四）开展有益于理性精神生成的学习活动

语文课程是一门实践性课程，学生能力的习得，尤其是素养的养成，精神品格的培育需要依托大量的学习实践活动，故在学习任务之外又设置相关学习活动作为补充，既丰富了学生的学习形式，又有助于学生在丰富的活动中对课堂所得进行迁移运用，从而活动体验中实现理性精神的逐步生成。如开展"辩论赛：信息爆炸时代，我们离真相越来越远了吗？"这一活动是对课程内容"后信息时代的挑战：信息爆炸，真假难辨"所学的理解迁移；又如"时事品评：激扬文字，理性表达（'女儿微博投诉父亲行车打电话事件'之我见）"，则是对"有教养的表达：评价他人和自我发声"课内所得的深入思考和探讨。

三、在语文学科教学中培养具有理性精神的现代公民的有效性反思

学校教育，尤其是在母语教学中发展学生的思辨性思维，培育学生的理性精神，从而实现学生公民素养的获得，公民人格的养成是语文学科在顺应时代发展，

教育变革的背景下落实"立德树人"使命的重要途径。培养学生成为具有理性精神的现代公民并非朝夕之功,此次设计的基于互联网媒介思辨性表达课程仅是在语文课程中落实育人理念这条漫漫长路上的一次探索。

(一) 有效的经验

通过从学习内容、学习资源、任务情境、学习活动四维着手,进行思辨性表达的课程化的学习,在课程的验收测评和课程有效性的调查问卷中,学生在知识维度、能力维度和价值观维度的学习呈现了一定程度的进步。主要表现为:其一知识维度,学生初步储备了作为信息受众应有的心理机制和媒介素养知识,掌握了一些信息筛选和鉴别的方法;其二能力维度,初步获得基于互联网平台的信息筛选和甄别的能力,阅读能力有所提升,在课程设置基于自媒体的表达活动中基本能够做到比较客观、有教养地评价他人和表达自我思考和见解;其三价值观维度,基本意识到成为具有理性精神信息受众的重要性,初步养成进行筛选和分辨信息的意愿,明确基于互联网媒介具备正确的信息价值取向的重要性及在公共表达中需要有理性表达的边界。

(二) 存在的问题

这次实践取得一定的成效,却也仍然存在着诸多问题与不足,有待在后续的教学中不断丰富和完善。其一,无论是理性精神的培育,抑或是公民素养的养成都是相对较抽象的形而上培育目标,在笔者此次的教学中未能很好地进行学习效果和目标达成度的量化评价,在后续的教学实践中需要针对学情开发评价工具对教学实践效果有效性进行进一步的评估,以反馈和促进后续教学的改进,促使目标更好地落地生成。其二,既然成为现代公民所需的理性精神的养成有赖于在长期的学习中内化生成,这就要求教师要根据学情需要进一步开发出序列化的课程,使得基于课程的培养分阶段、有系统地进行。

以品析人物的心理和语言为抓手
发挥语文学科育人功能

复旦大学第二附属学校　王雅萍

一、实施背景

语文学科是一门思想性很强的学科,包含了丰富的人文底蕴与感染力,小学语文教学更有着知识传授与思想品德教育相统一的特点。陶行知先生说:"学语文就是学做人。"脱离教材的育德是泛泛而谈,没有育德的语文课堂则缺失了学生体验生活真善美的途径。

科技飞速发展的当下,学生获得知识和信息的途径越来越多,我们发现学生们说起道理来头头是道,看似什么都懂,然而当他们真正面对问题时,往往又会选择逃避,无法做出正确的选择。我们的语文课堂恰恰可以依托教材,尝试引领学生通过感悟文本中人物的内心世界,推动学生将获得的知识与生活相联系,让学生真正在学习中学会思考,学会判断,真正成长。

二、案例描述

《人生的开关》是沪教版语文教材第十册中的一篇课文。主要讲述了"我"小时候家里很穷,在张叔的帮助下担任矿上的临时记账员,大毛蛊惑"我"虚报冒领,经过一番思想斗争,在娘的教导下,"我"没有听信大毛的蛊惑,坚持诚实记账,顺利挣够了上大学的钱,从此人生道路很顺畅。本文揭示了在人生道路上要做出正确的选择,把握好发展的方向。

在本课的教学中我主要引导学生品析文本中人物的心理和语言,一步步走近人物当时的内心,从感受"我"抉择的艰难,再真正理解"娘、张叔、哲人"说的话,从

而明白面对选择时按对"人生的开关"的重要性这三个方面来帮助学生真正懂得什么叫"人生的开关",如何做才能按对"人生的开关"。

(一) 感受"我"的思想斗争,体会抉择的艰难

师:面对大毛,面对这样的诱惑,我当时的心理活动可以用哪一个词来概括?

生1:进退两难

生2:犹豫不决

生3:左右为难

教师继续引导学生找到三处心理描写中分别是用哪些词来表现人物当时"为难"的心情的?

生1:……不过……

生2:……但……

生3:……但……

师:那"我"又为什么会动摇?哪里不踏实不对劲呢?说话练习:我的心开始动摇,_____。但我总觉得有些不踏实不对劲,_____。

生1:我的心开始动摇,能快点攒够上学的钱,我就可以去读大学了。

生2:我的心开始动摇,钱是公家的,不会对不起张叔。

生3:我的心开始动摇,天下竟然有这样的好事,不出力不流汗就能来钱。

生4:我的心开始动摇,有了这笔钱,家里的日子应该可以过的好一点。

生5:但我总觉得有些不踏实不对劲,这样做就对不住张叔对我的信任了。

生6:但我总觉得有些不踏实不对劲,这样做我就是一个不诚实的人,娘知道了肯定会很失望。

……

(说明:五年级的学生找到文中描写"我"心理活动的语句并不难,但是因为故事内容与学生所处的生活环境不同,他们是很难体会当时对于没有钱上大学的"我"来说,大毛的话在"我"的心里能泛起多大的涟漪。此处设计既是在引导学生学习作者的表达方式,明白用上表示转折的词可以体现人物犹豫矛盾的心理活动,也可以引导学生通过理解这三个转折的词来感受"我"激烈的思想斗争。再用一个说话训练帮助学生尝试角色互换,内化习得,走进"我"的内心。)

(二) 理解"娘""张叔"和"哲人"说的话

1. 理解娘说的话：吃了不该吃的会拉肚子的

师：当我经过一番内心的斗争找到娘，娘的回答是什么？你怎么理解？

生1：吃了不该吃的会拉肚子的。

生2：吃了不该吃的指的是"虚报冒领"。

生3：吃了不该吃的指的是"拿昧心的钱"。

生4：会拉肚子指的是"会失去原有的工作"。

生5：会拉肚子指的是"会失去张叔对我的信任"。

生6：会拉肚子指的是"失去工作就无法攒钱上大学，连大学梦都会破灭"。

师：那拿了不该拿的会怎么样？

生1：拿了不该拿的心里会一直不安的。

生2：拿了不该拿的最终会什么也得不到。

生3：拿了不该拿的总有一天会被人发现，得不偿失。

（说明：学生能联系上下文读懂娘的话就是指做人要诚实。教师通过追问学生"拿了不该拿的会怎么样"？是在引导学生就课文中这件事的思考迁移学会判断生活中其他的情况，懂得做了不该做的事，早晚会有人知道，俗话说"天网恢恢疏而不漏"。）

2. 理解张叔说的话：你要是想昧心多拿一点，最后会连一点也拿不到

师：当年的"我"在娘的教导下，按下了正确的开关，为何故事还要写第8自然段？

生1：文中说张叔曾经抽验过，也就是说如果当初"我"虚报冒领的话是会被发现的。

生2：我觉得张叔的话是在告诉"我"，如果"我"当初做出了错误的选择，后果是不堪设想的。

师：想一想"抽验"的结果有几种可能？讨论一下，如果"我"当初"虚报冒领"被"抽验"，被发现或不被发现的结果又会是怎样的？

生1：被发现后就会失去信任，失去工作，没有钱，没办法上大学，可能就过着比较苦的生活。

生2：不被发现，可能他会继续"虚报冒领"，但是我觉得总有一天会被发现。

以品析人物的心理和语言为抓手 发挥语文学科育人功能

俗话说"常在河边走,哪有不湿鞋"。那结果也是会什么也没有,大学也上不了。

生3:就算不被发现,然后能顺利去读大学,但是以后"我"尝到这样的甜头,以后就会一直干这样的事,那么早晚还是会被人发现,可能后果会更严重。

生4:就算不被发现,就算上了大学,但是这件事永远会像一块大石头一样压在"我"的心里,让人感到不安。

生5:就算不被发现,但是"我"以后看到张叔肯定会心虚,不敢面对。

师总结:所以不管当初是否会被"抽验"发现,只要"我"当初"虚报冒领",那么今后的人生道路就将是黑暗的。

(说明:五年级的学生对生活中的事情已经逐渐有自己独特的看法,因此课堂教学就不应该仅仅停留在弄清思路、把握主旨等浅层面上,而是应该放手让学生与文本进行多重对话,展开思想的碰撞。本课中学生能读懂张叔的话,但是那还仅仅是"纸上谈兵",抓住"检验"一词,引导学生讨论,各抒己见,在交流中擦出智慧的火花,从而真正明白就算有侥幸不被发现的可能,只要做了昧心的事,那么今后的人生也是不会顺畅的;就算没人知道,但是心里也会不好受的。设计这样有探索价值的问题情境,既能帮助使学生迅速地融入文本,在情感上与作者产生共鸣,也能在引导学生寻求正确答案的同时,进行道德教育。)

3. 理解哲人说的话:人生的道路上有很多开关,轻轻一按,便把人带进黑暗或光明两种境界

师:现在你觉得这里的"光明"和"黑暗"指的是什么?

生1:"光明"指通过自己的努力工作圆了大学的梦。

生2:"光明"指做对得起良心的事,过幸福的生活。

生3:"黑暗"指的是做昧心的事,没有好结果。可能会失去别人的信任,可能连梦寐以求的大学也上不了。

生4:"黑暗"指的是做了不该做的事会受到良心谴责,整天提心吊胆。

生5:"黑暗"指的是做了不该做的事,最终没有好的结果。"一失足成千古恨"。

师:"光明和黑暗"其实指的是我们每个人的内心。

(说明:对于哲人说的话,学生最难理解的就是"光明"与"黑暗",但是通过之前的层层推进,学生能明白就算"我"的"虚报冒领"不被发现,结果也是会影响"我"今后的生活的。这里再引导学生对"黑暗和光明"进行理解,学生的回答就是对课文主旨理解的升华,这已不仅仅停留在这件事,而是让学生明白一个人遇到选择时

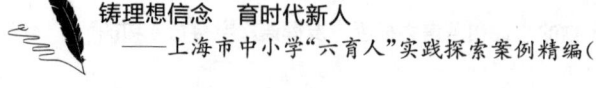

要做出正确的选择,这对今后的生活是十分重要的,"黑暗"和"光明"指的是一个人的内心世界。)

(三) 深度感悟"开关",明白如何正确按下"开关"

师:当年的"我"只是听了娘的话,才走上了顺畅的人生道路,在多年之后听了张叔的话才明白做出正确选择的重要性。现在你知道今后面对选择的时候该如何按下正确的开关了吗?

生1:遇到问题可以问问父母和老师,听听他们的意见。

生2:做任何事要多想想,三思而后行。

生3:做选择的时候,要问问自己的良心,不能做昧着良心的事。

生4:生活中我们要做一个诚实的人,不能做不该做的事。

生5:不能抱着侥幸的心理,做事要脚踏实地。

(说明:引导学生说说在今后的生活中遇到选择时该怎么做,我觉得这才是学生在学习这篇课文后最需要懂得的,因为故事发生在"我"的身上,而学生们不可能会遇到相同的事,但是他们的生活中也总会遇到进退两难的选择,这个时候如何按对"开关",对学生的成长尤为重要,所以在这里引导学生说一说面对问题时该如何做出正确的选择,是希望引导学生明白学习的目的是有助于自我成长,课堂中学到的道理在今后的生活中是有切实帮助的。)

三、案例反思

(一) 走近人物的内心,珍视学生的个性体验

《语文课程标准》指出:要珍视学生独特的感受、体验和理解。提倡学生的个性化阅读,为学生创设个性化阅读的空间有利于学生展开思维的翅膀,自由地在语言文字中徜徉感悟。课文中三次描写了"我"在受到大毛蛊惑后的心理变化,由一开始的惊讶、窃喜到左右为难,继而又是犹豫不决,短短的几句话使人物的矛盾心理跃然纸上。五年级的学生能准确地找到这些描写人物心理活动的句子,但是却很难真正体会"我"当时为何不能一下子做出抉择的原因,所以当学生能说出"我"当时是"进退两难"时,教师通过引导学生去发现作者巧妙运用的三个表示转折的词,正是一个转折,写出了"我"当时的那份犹豫,弄清了犹豫,学生才能慢慢走近人

物的内心。

为了帮助学生真切地感受当时"我"的犹豫不决,课上引导学生联系上下文,就"我的心开始动摇,_____。但我总觉得有些不踏实不对劲,_____。"这样的填空展开想象说话练习。借助这样一个说话训练,学生在情感上与人物开始了对话,课堂上的发言很精彩,那一刻,他们就成了"我"。

(二) 理解人物语言,有机渗透德育

在小学语文教学中,应充分利用语文教材中的资源,向学生展开有效的德育,让学生通过阅读和学习课文体会文章的中心思想,切实感受到文本中的积极情感和正能量,从而实现有效的德育渗透。

本课教材中写到三个人的话:一位哲人、娘和张叔。作者借助哲人的"人生的开关"来告诫人们人生要面对许多选择,只有诚实守信的人才能赢得他人的尊重,获取真正的财富,让人生之路越走越宽。而文中娘说的话"吃了不该吃的会拉肚子的"。张叔的话"你要是想昧心多拿一点,最后会连一点也拿不到"。语言虽然质朴,但是同样闪现着哲理的光芒,值得品味。

在教学中我引导学生抓住句中的关键词,联系文本将人物说的话进行理解后内化再表达。从课堂生成来看,学生对娘的话和张叔的话基本都能理解,明白做人要诚实的道理。对于哲人所说的"光明、黑暗"学生不能全面地理解,所以本堂课中关注引导学生联系文中"那年我挣够了上大学的钱……从此,我的人生道路很顺畅"来明白这就是"光明","黑暗"是指"如果我虚报冒领被发现",上不了大学之后的坎坷。但是这只是就本文而言,哲人所指的不仅仅是这些。

学生只知道如果"我虚报冒领"被发现后果不堪设想,但是若不被发现呢?如果照样上了大学,那么结果究竟是黑暗还是光明呢?为了避免学生在认知上的偏差,我抓住了"抽验"一词,把课堂还给学生,让他们去讨论不同的抽验结果对于"我"的人生是否又一样呢?在这一过程中,学生们各抒己见,尤其是对"就算当初没有被发现"发表了自己的见解:就算上了大学,但是因为尝到了不付出就能得到钱的甜头以后还会做这样昧心的事,那么早晚会被发现。就算不被发现,那么自己的良心永远是不安的……学生们在一番争鸣之中逐渐形成了正确的是非观念、人生观、价值观。他们知道了人生的开关是掌握在自己手里的,做出正确的选择是至关重要的。

(三) 课内向课外延伸,让学习回归生活

古人说:"博学之,审问之,慎思之,明辨之,笃行之。"语文教育源于生活,语文教学要与学生的实际生活紧密联系起来,让学生自己去发现生活、感悟生活,并内化为自己的行动,由此来指导自己良好品德的养成。本堂课的结束,学生能清晰地知道今后面临选择要如何按对"开关",可见学生对于真善美的追求意愿是强烈的,只要我们给予他们足够的空间和信任,他们就能带给我们惊喜。

鲁迅先生说:"十年树木,百年树人。"教育一个无知的孩童成为一个正直善良而有具备各种能力和素质的人才是一个十分复杂的过程,而小学阶段是基础阶段,所以语文教师也应该有一种使命感和责任感,要始终把语文教学和育人联系起来,培养学生良好的品质,让他们身心健康地成长。

童"话"筑梦 童"星"成长
——以童谣为载体探索小学生思想道德建设新途径

上海市宝山区泰和新城小学 史志芳

一、实施背景

《中小学德育工作指南》对加强理想信念教育、社会主义核心价值观教育和中华优秀传统文化教育等提出了一系列明确要求,要求把社会主义核心价值观融入国民教育全过程。要把社会主义核心价值观教育落小落细落实,虽然说是这一个宏大的工程,但是我们可以把它具体化落到细处,让其具有可操作性可实施性。

泰和新城小学是宝山区童谣艺术特色项目学校,自 2002 年以来,学校以"吟诵童谣 启智明理"为核心理念,从小学生的实际出发,积极探索符合儿童特点的德育途径。特别是"以童谣为载体,探索小学生思想道德建设新途径"系列教育,把童谣作为实施社会主义价值核心观的一个重要载体,编童谣、唱童谣、传童谣,在童谣传唱系列活动中,弘扬中华优秀传统文化,把社会主义核心价值观的种子潜移默化植入到孩子的心中,入眼入耳、入脑入心,渗透于行。

二、主要特色

基于生活、归于教育的童谣,蕴含着重要的道德价值与道德教育意义。中央教科所刘惊铎教授认为:"童谣往往具有评判、价值判断的功能,对好的事物进行褒奖,对坏的事物进行讽刺,好童谣的传唱有利于将价值观念融入孩子的内心,同时它的褒贬功能更有利于孩子是非辨别能力的锻炼。"他认为,好的童谣对于学生是非能力的锻炼、行为习惯的培养、价值观念的形成,良好人格的塑造具有潜移默化的影响,具有重要的道德教育意义。

泰和新城小学的童谣校本课程读本《泰和童谣》一书中的童谣主要是从全校学生的童谣作品中征集而来,其内容贴近儿童生活,是学生根据自己的感受创造出的道德学习情境。教材中根据儿童的道德生活,将童谣分为五大板块:爱国、敬业、诚信、友善、快乐。这五大版块童谣体现了尊老爱幼、互助互爱、热爱劳动、诚实守信、艰苦奋斗等中华民族优秀传统美德。

例如《奶奶过生日》童谣:"奶奶过生日,全家都在忙,妈妈炒鱼片,爸爸炖鸡汤,我把手洗洗,也来下厨房,爷爷切黄瓜,我放醋和糖,奶奶尝一口,她说:唔——这个拌黄瓜,味道特别香!"这首五字句的童谣通过描绘全家每个人的表现,写出了奶奶过生日的热闹开心的场面,在传授文学知识点的同时,对学生进行尊老爱老的道德教育。例如童谣《最小的》:"最小的花儿也芬芳;最小的虫儿也歌唱;最小的鸟儿也高飞;最小的星星也闪亮"。折射出生命的宝贵和积极向上的奋斗精神。童谣《门口》:"四只小猴,挤在门口,你挤我挤,谁也难走。四只小猴,排在门口,有先有后,出了门口。"则是教育学生要遵守秩序的公德教育。

借助优秀童谣作品进行道德教育的培养,有利于拓展儿童教育的渠道、丰富儿童的道德教育资源、夯实儿童道德教育的根基。这样的学习省却了老师的反复说教,过分的强调,通过这些童谣的传唱,达到了导向、陶冶、规范、约束的功能,使核心价值观在无痕中得以渗透、显效。

实践表明,童谣这种学生喜欢的形式,改变了我们以往的成人教育方式,成为学生自我教育的一种手段。不少学生用童谣的内容规范自己和他人的行为,实现了道德认识向道德行为的转化,一首首饱含学生智慧、源于学生生活、富有童真童趣的歌谣在校园内广泛传播。

三、主要内容

(一) 编童谣,在童心中播下价值观的种子

在学校开展的"社会主义核心价值观"童谣的创编活动中,学生们都以高度的热情参与其中。有的家长和孩子共同合力;有小伙伴们发挥团队精神集体创作;还有个人发挥主观能动性,展示创作才能。学生们用一双双敏锐的眼睛留心观察身边的事物,去发现生活中的真、善、美,经过自己的艺术加工,创作出了一首首脍炙人口的阳光童谣。

黄同学的《梦想,近了》:"铅笔,短了,书本,旧了,成绩,好了,梦想,近了。"书写了自己对理想的祈望,是"中国梦"的童心表达。

张同学的《蜗牛》:"慢慢爬,慢慢爬,不着急,不停止,终有一天,能爬到!"把积极的信念种在心田。

"诚信是个宝,绝对不能少。人人讲信用,什么都可靠。作业不抄袭,知识掌握牢。考试不作弊,质量真正高。有错就改正,做个好宝宝。"费同学创作的《诚信》是对社会主义核心价值观中"诚信"的感悟。

就这样,一首首童谣接连从学生们手中诞生,这些作品虽浅白但真诚,充满了童真童趣,读起来,耳边仿佛就响起朗朗童声,表达了学生们对社会主义核心价值观的理解,展现了他们讲道德、尊道德、守道德的良好精神风貌。

选择其中特别优秀的作品在教室里做成版面布置出来,不仅鼓舞了全体学生,就连家长朋友们看了也连声叫好:"这样的教育太有必要了!"

(二) 唱童谣,在童趣中绽放价值观的花朵

学校充分发挥童谣的教育作用,配合校"主题教育月",组织学生们开展形式多样、丰富多彩的童谣诵读活动:"创编一首童谣、编排一份童谣小报、制作一张童谣书签、开展一次童谣配画评比活动……",让学生们在"新童谣,唱响核心价值观"系列主题教育活动中感悟社会主义核心价值观。

"红领巾,胸前飘,每天伴我到学校。中国梦,心中藏,天天进步成栋梁……"教室里传来阵阵童谣声,主题班会活动正悄然拉开帷幕。学生们运用朗诵、舞蹈、小品、拍手歌等不同方式展示社会主义核心价值观新童谣,充分展示了学生们在核心价值观学习中良好品质的发展。

每天利用课前两分钟预备铃,在老师指导下集体朗诵新童谣,通过日常化的唱诵,使学生们对社会主义核心价值观熟记于心;课间十分钟,童谣皮筋舞、跳绳操,让健康向上的童谣围绕在学生的左右,伴随他们健康成长。升旗仪式、运动会开闭幕、入队入团等重大集体活动,都把齐声唱童谣作为重要环节。在升国旗前,全体学生面向五星红旗,满怀激情地朗诵"五星红旗迎风飘,小同学们都站好。我们都来比一比,看谁站得最整齐。"学生犯错时,教师变批评责罚为启发学生忆童谣、背童谣,让学生通过童谣来强化社会主义核心价值观,激励学生自我反省、积极上进。

教师们欣喜地感受到了孩子身上的变化。课间休息时,追跑打闹的学生少了,安全意识提高了;活动课上,孩子们在游戏童谣中锻炼了头脑,培养了谦让、合作的

精神。一首首健康的童谣就像一盏盏灯,点亮了学生的心灵,照亮了学生前行的路程。

(三)传童谣,在童声中放大价值观的影响

学校不仅注重在校园内传唱童谣,而且努力将童谣传唱活动向校外推广。利用红领巾广播传童谣,安排各班的优秀童谣作品介绍,进行吟诵推广。将优秀的童谣在学校的画廊里予以展示,在《泰和韵》校报上发表,极大地提高了童谣的吸引力、影响力。学校的校园网站也因童谣而显得精彩纷呈,校园网站成了同学们网上冲浪最爱去的地方,同学们欣然地在网站贴上自己创作的童谣。小伙伴们相约在BBS上讨论交流自己在新童谣文化大餐中的收获和体验。

几年来,学生在教师指导和鼓励下,创作了许多充满儿童情趣、反映校园生活、富有时代气息、弘扬高尚情操的现代童谣。学生们在童谣课程学习和活动中,主体地位得到了发挥,创造才能得到了提高,涌现出一批批积极参与童谣创编的小作者。他们不仅活跃在课堂上、校园里,还活跃在社会上,参与区学生艺术节、区读书节展示、顾村诗乡年会,参加社区活动,社区居民最爱看我们的童谣表演,我们的新童谣也因为他们的传唱而飞得更远。这既为学生全面发展提供平台,又用学生的作品教育学生、影响学生。生生互动的做法,产生了特有的教育效果。我们深深感受到,这种适合儿童的自我教育方式,给学生自身发展带来了深远影响。

随着构建和谐社会、建设社会主义新农村的不断推进,学生们创作的有关童谣,在报刊发表,被到处传唱,如包同学的《种蔬菜》:"太阳当空照,农民忙锄草,种出蔬菜来,让人吃得好。"张同学的《骑马到江南》:"嘟嘟嘟,嘟嘟嘟,骑马到江南,江南水乡小河多,跨下红马划木船。"学生用浓浓的乡音,朴素的情怀,讴歌了快乐的生活,美丽的故乡。

学生们在一次次的参与、交流、互动中体验到成功的喜悦,生活在不同生存环境、不同经济条件、不同文化背景下的小学生相互感知、相互激励,共同践行社会主义核心价值观。

四、成效反思

飞出校园,飞入家庭,核心标杆植心中。"社会环境是人身心发展的外部的客观条件,对人的发展起着一定的制约作用……人的社会实践对人的发展起着决定

性的作用。"孩子们的童谣,最先影响的就是家长。盛同学的妈妈说,她和孩子已经合作创编了两首童谣。"这其实是我和孩子一起学习的过程。"她说,"能有这样一个机会,静下心来和孩子一起挖掘探讨一种美德,对自己也是受益匪浅。"

在一次家长座谈会上,一位家长说,一次,她和孩子去逛街,遇到红灯,她毫不在意地继续往前走,而孩子立刻阻止了她,并顺口就给她念了一首童谣:"红灯停,绿灯行,交通规则心头记,要做合格小公民,上海才会更美丽。"这位家长觉得是孩子给她上了生动的一课,给了她深刻的教育。这就是童谣的魅力,她一旦植根孩子的心里,就会时时绽放出熠熠的光彩。

"天上星星,像妈妈的眼睛。当我得了第一名,它总是眨眨眼睛,说一声你真行;当我做错了事,它总会说下次当心。我爱星星,我更懂妈妈的心。"三八妇女节到了,学生们自己创作童谣送给妈妈。平时,有些学生还主动帮爸爸妈妈做家务,边做家务边还念童谣呢。

一棵挺拔的树,是一幅优美的画;一片秀美的林,绘就一道永恒的风景。吟诵童谣,启智明理!泰和新城小学童谣文化以其独有的魅力惠泽童心,使学生们潜移默化地在编写、实践童谣的过程中,内化了道德认知,体验了道德情感,养成了道德行为,获得了随'谣'潜入心、润物细无声的教育效果。

我是全明星　劳动记我心
——创建"全明星"校园文化落实《中小学德育工作指南》

上海市普陀区桃浦中心小学　陈杨明

一、实施背景

上海市普陀区桃浦中心小学创建于1913年,是一所历史悠久的百年老校。学校先后荣获"上海市文明校园""上海市行为规范教育示范校""上海市家庭教育示范校""上海市依法治校示范校""上海市校园文化建设'一校一品'特色学校"等思想道德建设荣誉称号,并拥有一支理念先进、敬业爱岗的德育工作者队伍。学校始终把"立德树人"作为立校之本,兴校之魂,把握新时代德育新要求,以国家《中小学德育工作指南》为指导,形成"全员育人、全程育人、全方位育人"的育人格局,沿着"整体规划、全面推进,问题导向、自主创新,协作共进、树立品牌"的工作路径,不断提升学校德育工作水平,精心设计、组织开展主题明确、内容丰富、形式多样、吸引力强的教育活动,以鲜明正确的价值导向引导学生,以积极向上的力量激励学生,促进学生形成良好的思想品德和行为习惯。

学校根据《中共中央国务院关于全面加强新时代大中小学劳动教育的意见》相关精神,对学校加强新时代劳动教育进行了整体设计,积极创设劳动教育氛围,构建"分段实施、全面推进、家校沟通、资源联通、评价畅通"的一体化劳动教育育人体系,依托课堂主渠道探索学科渗透,开展主题教育活动提升劳动素养,同时,学校、家庭、社区联动,不断拓宽劳动教育渠道。

二、主要特色

学校统筹各类教育资源,扎实推进劳动教育,学校通过创建"全明星"校园文化,奏响了"劳动教育"三部曲——

(一)"榜样引领、阶梯递进、文化浸润"的劳动教育"进行曲"

学校发挥桃浦地区"劳模之乡"的优势,让劳模成为学生心目中的明星,并分年级制定劳动内容和标准,为学生搭建劳动实践平台,在校园中人人都有小岗位,在各项主题活动中设立劳动志愿者岗,让学生们通过履行劳动岗位职责,实现"人人参与劳动,人人获得锻炼"的目标。

(二)"学校、家庭、社会协同推进"的劳动教育"协奏曲"

学校充分发挥"校内、家庭和社会"的育人功能,携手打造育人共同体,形成积极、健康的劳动教育氛围。邀请家长进课堂传授劳动技能,设立"家庭劳动小岗位",并充分挖掘社会资源,结合少先队活动、社会实践活动和志愿服务等渠道,增强了学生校外劳动实践体验。

(三)"在全明星活动中追星、争星、评星"的劳动教育"圆舞曲"

学校整体设计了"我是全明星"主题教育系列活动,通过"五福追星集五福""职业体验争做劳动明星""评选 TOP 劳动全明星"系列活动,让学生树立职业不分贵贱、劳动最光荣的观念。

三、主要内容

(一)缘起:一次"模拟招聘会"引发的思考

在一次道德与法治课上,四(1)班的同学们召开了一次"模拟招聘会",老师想借此机会了解学生心目中的价值取向,并予以正确的引导,弘扬职业不分贵贱、劳动最光荣的价值观。模拟招聘会以组建"足球班班赛"工作组为主题,为同学们创设了经理、记者、裁判、主持人、演员、安保、保洁等职位。一眨眼的功夫,学生们就纷纷站在了自己心仪的"岗位招聘窗口"前,"演员"窗口前的排队人数最多,其次是经理、记者、主持人、裁判等,而"安保"窗口前只有 2 人,"保洁"窗口更是为 0。执教老师课后反思:学生亟需加强劳动价值观的教育。

针对这一突出问题,我们邀请全国劳动模范杨兆顺来到学校为学生们讲述了一个个精彩的劳动模范先进事迹。学生们聚精会神地听杨爷爷讲故事,纷纷向"杨爷爷"竖起了大拇指。我们意识到,"明星效应"可以在校园里掀起热潮,让学生树立起积极向上的人生观、世界观、价值观,形成劳动最光荣、为人民服务最光荣的意识观念。

"我是全明星"校园文化立足校情,整体设计了"我是全明星"主题教育系列活动,引导学生在丰富多彩的实践体验活动中增强爱国情感、树立坚定的理想信念、树立正确的三观,崇尚刻苦奋斗、突破自我的拼搏精神,并且通过活动的历练,能够提升自身的综合素质,具备对社会、对家庭、对自身的责任感和使命感。

每次活动学生都会在台前幕后为体验自身的职责去进行活动安排,从票务征集设计到投票选出了10名全明星队员,全程参与。职业体验也与时俱进,如结合"垃圾分类考考你"带着积分卡兑换门票,并在比赛当天参加幸运大抽奖活动。每一次活动后宣传部的学生都立刻制作出活动海报,非常注重时效,并且作品也是越来越精美,内容越来越丰富。

记得宣传部第一次制作海报的时候无从下手,期待着老师的帮助。现在,学生们对宣传海报的制作技术已经驾轻就熟了。从文字编辑、照片制作到排版布局,完全是自己构思、自己判断、自己设计。宣传部经理居然建立了比较成熟的管理机制,大家通过团队合作、职能分工完成整个制作过程。毫无疑问,这一次的校园职业体验活动提升了学生的综合素养,不仅仅是宣传部,安保部、后勤部、场务部、票务组、裁判组的学生都得到了锻炼。他们在劳动中成长了很多,也在劳动中感受到了父母辛勤工作养育自己是非常不容易的。

(二) 思路:加强校园明星文化的正向引导

1. 榜样引领,寻找真明星

充分发挥桃浦地区"劳模之乡"的优势,依托杨兆顺道德实践基地,组织学生走出校门参观、体验、学习,同学们在劳模的带领下一起体验居委会主任的工作,与社工们一起接待居民来访、上门访问居民、视察小区,体验社区工作人员工作的平凡、琐碎而又十分重要。

2. 阶梯递进,争做小明星

为了培养学生养成良好的行为习惯。学校将学生的家庭生活与校园生活结合起来,根据学生不同的年龄特征,通过家校共同开展"TOP 劳动全明星"实践体验活动,让他们从一年级开始学会自己穿衣系鞋带、学做一些家务、学会整理自己的内务、懂得劳动创造财富、懂得父母长辈当家的不易。逐步养成自立、健康的生活习惯，具备必要的生活能力。

3. 文化浸润，校园全明星

让"我是全明星"校园文化渗透进每一个学生的心中，通过全明星系列活动的开展，让学生树立职业不分贵贱、劳动最光荣的观念。

（三）创建：激发进取精神的"我是全明星"校园文化

学校充分利用操场、天井、走廊、大厅等场地，充分利用学校微信公众号、电子大屏幕等宣传平台推进"我是全明星"校园文化的创建。在操场和天井中开展各类丰富多彩的全明星评选活动，在走廊和大厅里展出各类全明星活动主题宣传海报，借助校门口的大屏幕滚动播放全明星主题的宣传视频，利用学校微信公众号进一步扩大全明星活动的影响范围，使整个校园注入满满的正能量，校园里充满了浓郁的"明星"文化氛围。一个温馨幸福的学习环境不仅仅是优美的，更应该有积极进取的校园精神。"我是全明星"文化是校园里一道亮丽的风景线，为学校的教育创造了良好的育人环境。

通过一次又一次的锻炼，同学们的合作能力、岗位责任意识都有了明显地提升，更令人欣慰的是，不少学生已经以自己是赛事中的一名工作人员、一名劳动者而感到自豪。

全明星赛结束了，四年级校园职业体验活动落下了帷幕。大家忙碌地进行着数据统计，评选出优秀职员，等待最终的表彰大会。全明星主题系列活动将继续开展，一年级有"时装小明星"，二年级有"清洁小明星"，三年级有"整理小明星"，四年级有"职场小明星"，五年级有"当家小明星"。学校根据学生年龄的不同，布置了不同难度的劳动任务，让学生在家长和老师的共同指导下掌握劳动技能，最终必将对其综合素养的提升有着重要的帮助。

（四）内容：模块化的综合设计

1. 跟随劳模"全明星"——开启学习之旅

（1）以课堂教学实践和与劳模互动为主阵地；

（2）通过查询资料，寻找对社会有重大贡献的劳模、事件；

（3）在主题班会课上开展学习劳模精神为主题的教学和讨论；

（4）在假期中开展"我学劳模"系列主题实践体验活动；

（5）组织少先队员走进杨兆顺道德实践基地学习，邀请劳模进校园讲座，传递正能量。

2. 我是"全明星"——主题实践活动

（1）五福追"星"集五福

以"五福追星"评审为引领，完善评价标准，教育和引导青少年形成做人做事的准则，通过"良好行规我能行"的深入开展，让学生在日常行为、各种活动中学会怎么相处、怎么助人、怎么取得别人的支持。

通过设置有礼福、智慧福、健康福、劳动福、感恩福、爱心福、诚信福，制定相应的评价标准，让学生能更直观地了解自己要做什么、怎样做。学校制定自评、互评和师评的评价制度，集齐五福的学生被评选为"校园全明星"。

（2）TOP劳动全明星系列评选活动

在一年级学生中开展"我是时装小明星"评选活动。活动旨在让学生在老师和家长的指导下学会自己穿衣、系鞋带。学校通过随机抽取学生参加穿衣、系鞋带比赛，将穿衣、系鞋带用时最短、质量最高的学生评选为"时装小明星"。

在二年级学生中开展"我是清洁小明星"评选活动。学生通过在家中帮助家长做力所能及的家务、在学校里做好班级值日工作、主动参与垃圾分类活动，并记录在五福追"星"手册上，以自评、互评、师评的方式评选出"清洁小明星"。

在三年级开展"我是整理小明星"评选活动时，要求学生在家中学会自己整理内务，在三年级成长季主题活动中，学生在佘山青少年营地进行内务整理比赛，展示自己的内务整理能力，从中评选出"整理小明星"。

在四年级学生中开展"我是职场小明星"评选活动。学生在家长和老师的指导下完成人生第一份简历、参加第一次模拟招聘会，通过职场培训、岗位实践，由导师评选出"明星经理人"，由学生"经理"评选出"明星职员"，争做"职场小明星"。

根据五年级学生的年龄特点，学校开展了"我是当家小明星"评选活动。学生利用假期时间，在家长的指导下做一天"小当家"，学习买菜、洗菜、做饭等生活技能。

开学后，学校创设模拟菜场的情境，让学生搭配一桌供一家人享用的营养均衡的餐食，通过师生评价评选出"当家小明星"。

3. 述职"全明星"——感悟总结活动

（1）以实践体验的感受、父母给予的帮助、老师给予的指导为切入点，开展以年级为单位的"全明星"实践体验活动征文评选。

（2）召开"全明星"系列实践体验活动总结会议，邀请少先队员代表、家长代表、教师代表分享经验与感受。

（五）机制：建立"三全"育人的支持系统

1. 育德整合

将学校的多类德育活动有机地整合在一起。如：行为规范、团队团礼、个人卫生、劳动教育、实践体验、学习习惯、环保节能、运动习惯等多项育人的重要元素相融合。

2. 资源聚焦

引导家长积极配合并参与"全明星"系列主题活动，形成家、校协同育人的良好局面。在实践活动中，各年级学生都能根据不同的主题式体验寻求家长的帮助、老师的指导，通过自己的努力，克服困难、学会合作，最终掌握本领。

3. 平台搭建

（1）宣传平台。通过桃浦中心小学微信公众号及时发布主题教育活动的信息，同时积极投稿普陀教育党建网、普陀教育报等区级线上平台扩大活动影响力。

（2）评价平台。通过开展五福追"星"、TOP劳动全明星系列评选等活动对学生的活动表现进行评价。

（3）展示平台。组织好各类评选、汇报展示、成果总结交流等活动。

四、成效与反思

（一）活动设计五育融合，推进学生德、智、体、美、劳全面发展

全明星系列实践活动为学生开展丰富多彩的寓教于乐的教育活动提供阵地，使学生学有其所、乐有其所，在求知、求美、求乐中潜移默化地受到启迪和教育。

（二）学校德育水平得到提高，家校协同育人的水平得到提升

家庭是孩子人生的第一所学校，学校帮学生扣好人生第一粒扣子。全明星系

列实践活动得到了家长们的高度认同,也让家校共同治理学校的能力得到了很大的提升。家校共同关注到学生的劳动教育,对其将来的健康成长,获得必备的生活能力有很大的帮助。

(三) 积极进取的校园文化让学生得到熏陶,促进身心健康

全明星校园文化所营造的校园氛围,有助于学生陶怡情操,塑造美好心灵,激发进取精神,约束不良风气,促进身心健康,同时为校园注入了满满的正能量。

(四) 推进全明星主题实践活动,增设垃圾分类全明星评选活动

垃圾分类来打卡,节能环保新时尚,创建美丽和谐的城市是我们共同的愿望和努力的目标。朝着这一目标,学校、家庭、社区结合了起来,利用智能"打卡"工具推进垃圾分类的工作开展。并且在学校、家庭、社区中评选垃圾分类小明星,让更多的人在生活中主动垃圾分类,为创建美好的城市奉献自己的一份力量。

学校掀起了"我是全明星"校园文化热潮之后,学生们逐渐自信起来,更令人欣慰的是,学生们懂得了感恩人生、感恩父母、感恩家庭、感恩社会。相信"全明星"三个字会永远激励他们克服困难、不畏艰辛、突破自我,让劳动最光荣的价值观永远树立在他们的心中,让成为社会主义的建设者与接班人这一目标成功实现。

传承"扁担精神" 落实文化育人
——长江路小学基于"文化传承"落实《中小学德育工作指南》
上海市宝山区长江路小学 王红英

一、实施背景

历年来,上海市宝山区长江路小学以《中小学德育工作指南》为指引,以"文化育人"为主要育人途径,对学校德育课程资源、德育活动和德育实践载体进行统整,在德育内容、德育实施等方面积极创新,形成了上海市宝山区长江路小学落实《中小学德育工作指南》的实施方案。特别是通过"扁担精神代代传"德育品牌项目,引导广大师生积极践行社会主义核心价值观。把全国著名劳动模范、新中国成立以来感动中国的"双百"人物——杨怀远作为学校德育资源,倾力打造"学习雷锋,传承扁担精神"的德育文化。学校通过丰富多彩的学雷锋实践活动,培养师生"脚踏实地、乐于奉献、永不言弃、趋求卓越"的精神,体现长小师生向善、向上、健康的精神面貌。

二、主要特色

(一)成立"杨怀远志愿者服务社",身体力行,践行"扁担精神"

文化育人倡导的是全面育人的教育理念,其实现途径不是一种有形知识的灌输,而是潜移默化中培养学生尚德、进取、责任、包容、感恩、良知、谦虚、勇敢等美德。为此,学校在2006年成立了一支由党团员教师及学生组成的"杨怀远志愿者服务社",主要活动如表1所示。

表 1　上海市宝山区长江路小学"杨怀远志愿者服务社"活动表

志愿者队伍	服务对象	服务时间	服务内容与活动呈现	参与对象
南京路上的志愿者队伍	南京路步行街上的路人	寒暑假的20日,逢双休日的20日	世博会期间,向路人发放宣传单,宣传"八荣八耻"和"七不规范",做一个文明的上海人;学生在老师的指导下,为路人量身高称体重服务,为过路的老人捶捶背、与他们聊聊天等	党员、积极分子、学生
社区里的志愿者队伍	社区居民	节假日、寒暑假	在社区开展"小白鸽"的活动,宣传"七不规范",还常常走进居民楼发放创卫宣传单。节假日、寒暑假,假日小队的队员们带上慰问品走进独居老人、孤老、老干部、老军人家开展慰问活动,陪老人聊聊天,表演节目给老人看,帮老人擦擦桌椅、扫扫地,讲讲发生在学校有趣的事、新鲜事等	
校内的志愿者队伍	困难学生	党团员每月5号	为外来务工人员随迁子女开展洗头、理发和剪指甲活动	
	需要帮助的小伙伴	平时	开展手拉手结对活动,高年级为低年级的弟弟妹妹宣讲杨爷爷和他的"小扁担"的故事。学校开展大型活动参加志愿者服务活动	

（二）深挖"扁担精神"内涵,赋予"扁担精神"时代价值

学校利用校班会、少先队活动日,开展"学校精神大讨论"活动,提炼出学校精神的具体内容与落实途径。经过多次研讨、筛选与提炼,最终将"脚踏实地、乐于奉献、永不言弃、趋求卓越"这十六字作为长江路小学的学校精神。为了更好地传承与弘扬扁担精神,让更多的师生走近杨怀远,学校在2008年,征集各种有关杨怀远事迹的实物、图片、报道、影像等资料,建设了"扁担精神代代传——学校德育资源室",并向师生、家长及社区开放。2015年学校再次修建"扁担精神代代传"教育展示室。

在2011年上半年,从教师、学生两个层面上组织挖掘"扁担精神"的内涵,进行多角度、深层次的大讨论,经过几轮的筛选,形成了"扁担精神代代传"长江路小学学生学习行为要求和"扁担精神代代传"长江路小学教师教学行为要求。课题组的教师完成1—5年级的校本课程的编写,为学生学习、领会与实践"扁担精神"提供了媒介。2015年,"扁担精神代代传"第三代校本德育教材汇编成功。

（三）深挖"扁担精神"的内涵,让传承"扁担精神"从理论走向实践

传承"扁担精神"就是要让少先队员从杨怀远爷爷身上学到"扁担精神"的内

涵,并把"扁担精神"一届届传承下去。那么如何把"扁担精神"与教师的教学和少先队员的学习生活结合起来呢?长江路小学"扁担精神"具体内涵如表2所示。

表2 上海市宝山区长江路小学"扁担精神"具体内涵表

扁担精神	具体体现
脚踏实地的刻苦精神	杨怀远同志为旅客挑行李几十年,挑断了扁担几十根,无怨无悔
为人民服务的奉献精神	杨怀远同志用自己的小扁担,不计时间、不需报酬、不怕辛苦地为旅客挑行李,挥洒的是汗水,收获的是快乐和幸福
永不言弃的奋斗精神	杨怀远同志为人民服务的行为一开始并没有得到所有人的理解,而且在工作中还面临着重重困难,可是他不放弃、敢于拼搏,才使得"小扁担"精神人人传唱
趋求卓越的进取精神	杨怀远同志看似平凡的工作,也会面临新的挑战——遇到外国友人怎么办?杨怀远同志面对新的挑战开始了英语的学习,把工作用语记下来,翻译好,每天练习。不久,他可以与外国朋友进行简单的交流,能顺利地为外国旅客服务了

1. 明确"扁担精神"在少先队员的学习、生活中要求

(1) 学习生活脚踏实地。学习上:课前做好预习工作,课后做好复习工作,每天带齐学习用品;上课认真听讲,积极举手发言,认真及时地完成各科的作业。多看课外书籍,拓宽自己的知识面。生活上:每天做好个人卫生,养成讲卫生的好习惯。学会自己整理书包,不忘带学习用品。做事要一步一个脚印,不要心急。自觉遵守学校的各项规章制度。

(2) 关心他人无私奉献。尽自己的能力去帮助别人,不求回报。积极为班级服务,关心身边的同学。热心参加公益活动,积极参加捐款、捐物及各种慰问活动。

(3) 面对困难永不言弃。做任何事都不能半途而废,遇到困难或挫折,不退缩,想办法解决。不抱怨生活,以积极地态度迎接每一天,经常对自己说:"我很棒,我能行。"每天进步一点,战胜自我。

(4) 不断进取追求卓越。学习别人的长处,扬长避短。给自己找一个学习的榜样,努力超越。遇事学会思考,不断创新,使自己各方面都有进步。积极参加"创新发明"活动,多钻研,多思考,勇于突破。

2. 在校本实践活动中传承"扁担精神"

"榜样"是以他人的高尚思想、模范行为和卓越成就来影响少先队员品德的方法。为了更好地契合少先队员的认知规律,长江路小学的德育活动是以"践行扁担

精神"拓展型活动、"传承扁担精神"探究型活动以及午会校本课程授课等方式,在实践活动中、利用榜样的力量使少先队员感到"扁担精神"的可贵,从而激发少先队员内在的主人翁意识,在学习生活中实践"扁担精神"。

三、主要内容

(一) 以少先队德育校本课程为载体,在知识传递中体验"扁担精神"

为了让"扁担精神"走进少先队员的学习生活,为了让少先队员了解"扁担精神"的可贵,长江路小学编写了1—5年级"扁担精神代代传"的校本读物:一年级启蒙篇、二年级聆听篇、三年级学习篇、四年级感悟篇、五年级实践篇。通过中队辅导员的授课,让少先队员明确我们要学习"杨怀远爷爷的扁担精神",树立正确的思想。"杨怀远爷爷的扁担精神"具有巨大的感召力,大家在了解榜样的生平及事迹后,在思想上受到深刻教育,在精神上受到极大鼓舞,在感情上引起强烈共鸣。学校通过"榜样说服"的方法,通过传承"扁担精神",使少先队员受到激励和震动,从而净化心灵、塑造人格、教育自我。

(二) 以精彩纷呈的活动为阵地,在学习生活中落实"扁担精神"

德育课程内容的主要特点:首先是生活化,即要遵循不同阶段少先队员生活的逻辑,以少先队员的现实生活为主要源泉,以密切联系少先队员生活的主题活动为载体。我们的德育教育活动也是意图通过各种活动把"扁担精神"落实到少先队员的学习生活中。

1. 小手牵小手活动

互帮互助活动,是我们落实"扁担精神"的第一个阶段。班级内少先队员之间结成了"友情互助小对子",在学习上互相帮助,在生活中互相勉励;各中队之间结成了"心连心友谊中队",在队课中,高年级的同学为低年级同学讲队章,讲杨怀远爷爷的故事、带他们参观杨爷爷的荣誉室。在学习中,友谊中队之间互相传递好的学习方法,共同进步;在社会帮困服务中,我校建立了"爱心基金会",每学期开学典礼的募捐仪式都会举行,把爱心通过红十字会向社会上的家境困难的少先队员伸出友谊之手。

2. 节日"扁担行动"

3月5日学雷锋,让少先队员自己策划活动方案,在学校、社区两个阵地进行服务:为弟弟妹妹剪指甲、教弟弟妹妹整理书包、辅导弟弟妹妹功课;清扫楼道、洁净社区、为住得楼层高的爷爷奶奶送报纸。9月9日重阳节,为爷爷奶奶送上祝福,为社区的孤老送去温暖与快乐;各小队排演节目为爷爷奶奶表演,亲手制作礼物送上温暖……

3. 精彩的队会活动

通过精彩的队活动,把"扁担精神"落实到少先队的日常活动中。十分钟队会活动:全校召开"扁担精神在心中"的十分钟队会,少先队员通过学习讨论的形式谈谈自己心中的"扁担精神",提炼"扁担精神"的内涵,让扁担精神在少先队员的心目中生根发芽。主题队会展行动:学校结合3月学雷锋,开展了"雷锋精神人人学,扁担精神代代传"系列实践活动,各班积极召开主题队会,队员们争讲"活雷锋杨怀远爷爷的故事",排演各类传递扁担精神的节目,在队会中与杨爷爷零距离对话……

(三) 以志愿者服务为途径,在社会实践中传承"扁担精神"

社会实践活动是少先队员养成德性的重要途径之一。亚里士多德把道德分为心智与理性两个方面,认为心智方面的道德以知识为基础,是可以教授的,而理性方面的习惯都是不能教授的,只能在生活中形成。为此我们把扁担精神落实到了社会实践活动中,所有的实践活动都围绕着"扁担精神"展开,从而使一代又一代的少先队员传承"脚踏实地,乐于奉献,永不言弃,趋求卓越"的"扁担精神"。

1. 尊老爱老,将爱不断延续

在居委会的帮助下,党员教师的引领下,针对社区的孤老,以假日小队的形式进行慰问,传递爱心,温暖了孤苦老人的心。那些爷爷奶奶们看到少先队员们去了,特别高兴,经常赞扬少先队员不是亲人胜似亲人,少先队员也体会到了服务他人的成功感与快乐感。

2. 小小督导员,文明新风处处显

在淞南社区创建全国卫生城镇期间,作为淞南的主人,学校有责任、有义务将我们的家园装扮得更加美丽和整洁。少先队员们组成社区形象监督志愿者队,不管外在困难怎样层出不穷，队员们依然坚定不移地宣传"七不"规范和文明礼仪。虽然有时会遭到一些行人冷眼相待、冷嘲热讽，但是这些丝毫也没有动摇志愿者服务队将任务坚持到底的决心，反而正因为有这些忽视文明礼仪和行为规范的人的存在，志愿者们更加觉得这样做的意义了。

3. 红领巾志愿者，南京路上展风采

志愿者每逢节假日、寒暑假的20日都会在南京路步行街参加志愿者服务。志愿者们在新世纪广场上为行人称体重、量身高、敲敲背，大家神情专注、动作娴熟，被服务者对他们热情服务都竖起了大拇指。志愿者们的服务展现的是上海少年的一幅精神文明建设的亮丽画卷。同时，志愿服务丰富了假期生活，更是让志愿者们从社区走向社会，在服务中体验快乐，用实际行动践行了社会主义核心价值观。

4. 争做小小采访员，感悟传递"扁担精神"

学校选派优秀少先队员作为"采访员"定期走访杨爷爷，一方面参观杨爷爷的小小荣誉室，另一方面与杨爷爷零距离接触、了解杨爷爷思想。队员们在采访稿中向全校师生讲述了自己受到的启发与教育，队员们在体验征文中表达了对杨爷爷的崇敬之情并树立下了自己的理想——成为像杨爷爷一样为人民服务的人。

四、成效反思

（一）"扁担精神"实践活动促进了少先队员的服务自觉性

通过各阶段的活动，"扁担精神"在少先队员心中扎根。在问卷中有252名同学知道"扁担精神代代传"这项活动，并积极地参与。对于"扁担精神"的理解，93%的同学知道正确的答案——为人民服务的精神，大家都知道自己应该参与"扁担精神"实践活动。在调查参与活动的态度时，有383名同学表示非常愿意，101名同学表示很想参加。

（二）"扁担精神"实践活动更新辅导员的育德理念

理论源于实践，而实践又将进一步完善理论。学校自实施"扁担精神代代传"德育品牌项目以来，一直本着服务少先队员，带动少先队员、影响少先队员的宗旨在实践着，推行一段时间以来，取得了理想的效果。

通过"扁担那精神代代传"校本德育课程的实施,少先队员的道德认知有了变化,细心的中队辅导员通过个案的方式记录着少先队员的可喜的变化。教师以杨爷爷的故事来激励少先队员养成好习惯,把队员身上一个小小的闪光点放大,让队员看到自己的价值,也让他们能正视自己身上的不足,愿意去改正它们,让永不言弃的精神得以发扬。

(三)"扁担精神"实践活动让学校文化内涵有了新的活力

学校提倡建设和谐的校园。"扁担精神代代传"系列活动给长江路小学的少先队文化注入了新的活力。在各种活动中,队员们快乐成长。在争当"扁担精神代代传"德育展览室讲解员活动中,队员们通过自学杨爷爷的先进事迹,为低年级友谊中队小朋友义务讲解,在服务中找到了自信、找到为他人服务的快乐。在献爱心、志愿者服务、慰问孤老活动中,当被服务者道一声"谢谢"时少先队员们体会到了奉献的快乐与满足。

文化育人是教育的新文化,它突破知识育人的瓶颈,构建起了育人的自觉意志。长江路小学在传承"扁担精神"过程中,通过"扁担精神代代传"项目,传承"扁担精神"文化来育人,学校发展步入了规范、有序、快速发展的轨道,办学声誉逐年提升,先后获得"全国百强特色学校""全国百强十佳创新学校""全国特色学校"等殊荣。长江路小学全校师生实践着"扁担精神",已经内化成了一种自觉行为。学校种下了礼仪、文明、爱心的种子,相信在全体师生的共同努力下,种子一定能长成参天大树,并能撑起一片文明、和谐、欢乐的天空。

会"说话"的长廊
——基于校园环境建设落实《中小学德育工作指南》

上海市宝林路第三小学 吴愈华

一、实施背景

上海市宝林路第三小学是宝山区首批上海市新优质学校,学校始终将"立德树人,育人为先"作为办学的使命和担当。本着为每一名学生健康成长的观念,强调"一起学习,一起成长",通过教师的发展带动学生的发展,带动学生家庭及家长的发展,达到学校和家庭合作共赢。

防震加固后的校园焕然一新,如何在校园环境设计中,有意识地融入健康的情绪情感和积极的价值观,使校园中的各种物质载体能够对学生产生心理感染与暗示作用,是校园环境设计教育寓意性的基本内涵。学校以《中小学德育工作指南》为指引,结合"文化育人"途径,以"和谐度高、童趣味浓、特色性强、幸福感足"的建设为宗旨,努力为师生创建具有生活和教育意义的美丽生态校园。

二、设计缘由

学校坐落在居民区内,建于 1991 年,占地面积不大,环境布置也受局限。如何在物理空间有限的情况下,创造出无限的可能,让每一个长廊成为育人的宝贵之地是学校重点考虑的问题。

学校定期更换主题墙,让学生通过"看世界"主题展,了解各国各地的文化;让学生通过"看世界"主题展,增进对世界、国家、学校、家庭的热爱;为了更好地培养学生的阅读好习惯,满足学生阅读的渴望,学校把"迷你书柜"移动至教室门口,让学生能够在课余时间"垂手可得"自己喜爱的书籍,走进名家名著;为了养成课后文明休息好习惯,让学生能真正轻松十分钟,学校把智力游戏铺在走廊地面,让学生

下课也充满乐趣；为了提高学生学习效果的评价，学校定期把各学科的作业秀在墙面，让每一个学生有目标、有动力、有自信。

校园长廊文化环境的设计，就是要让学生在美的校园中熏陶与成长，教师能看到学生微笑的脸、能听到学生自由地表达想法、能和学生一起能参加喜欢的活动。

三、主要特色

"看世界"主题式长廊是最受师生、家长欢迎的一隅，也是最具个性的一道文化风景线，它位于教学楼最醒目的位置，是教师、学生每天的必经之地。

学校通过定期问需于师生，满足于师生的表达愿望，进而确定每一期"看世界"的展示主题，设计了"纳米比亚风情展""和芬兰塔图巴图在一起""小眼睛看世界""互联网＋阅读"等。通过定期更换内容，长期更新长廊，让师生一起营造共同"看世界"的美好，将每一处所见的"风景"，用"★"标志于主题式长廊的世界地图上，让师生有获得感、成就感和幸福感，让校园的主题式长廊可以随时随地与每一名校园的主人"对话"。

四、实施过程

（一）激发共觅长廊主题的热情

为了保持长廊文化的新鲜度，学校尊重师生和家长，给予他们话语权。学校定期开展师生座谈会，参加座谈会的代表，有的是学校每个工会组选派的教师代表，有的是每个班级选派的学生代表，还有的是学校家委会选派的家长代表等。通过座谈会的形式，每个人畅所欲言，从而了解大家内心的需求、当下的想法，学校尊重各位代表的想法，欢迎大家建言献策。每一次的座谈，迸发出一个个鲜活的灵感，激发着每一个三小主人共觅长廊主题的热情，同时蕴藏着为校园文化建设不断献计献策的强大"智囊团"。

（二）开启师生与长廊对话的激情

1. "纳米比亚风情"——主题式长廊变"画展"

这一主题源自一个美术老师，他是一个摄影爱好者，背着长焦镜，走进非洲的纳米比亚。那里拥有漫长的大西洋海岸线,有绵延的沙漠地带,有广袤的非洲原野,有千姿百态动物的身影……他的镜头记录下一个个精彩的画面:斑马的一家、矿泉水和孩子、古老的原始部落、漂亮的辛巴族人……回到学校后,他想把拍摄作品进行一次摄影展,特别是让那些没机会走出去的学生开阔眼界。于是,画廊就设在校园里,为师生们带来了惊喜,画框就像打开的窗,无限风光尽收眼底。大自然真是神奇,动物、植物、人类和风景组成和谐而美丽画面。师生跟着摄影师的镜头,走向地球的南端,开始幸福的纳米比亚之旅!

在主题长廊下,师生学习看世界地图,寻找美丽的纳米比亚;选择喜欢的动物、植物,探究它们的生活习性;邀请家长一起参观,开展浓浓的亲情讨论;跟着摄影师学习,尝试用镜头传情达意;发表自己的感言,提出感兴趣的问题;……

2."与名家在一起"——主题式长廊变"绘本"

这一主题源于学校举行的一次作家见面活动,作家来自芬兰。师生、家长通过"和塔图和巴图一起探究我们的世界"见面会的互动中,深深地被这本图画书《塔图和巴图》吸引。"塔图和巴图"是两兄弟,有着超凡的想象力和对身边一切事物都充满好奇的钻研精神,他们兴致勃勃地研究着我们的世界,时刻准备着参与新的冒险。这不正是现代学校所要培育的具备探索、创新的未来学子吗?于是,在大家共同的呼声中,学校将《塔图和巴图》图画书展现于长廊内,让师生一起去探究多姿多彩生活中许许多多的为什么,一起去感受世界真美好。

在主题长廊下,师生一起看世界地图,寻找美丽的芬兰;和家长一起通过网络,去塔图和巴图的故乡旅游,看北欧风情:风光、服饰、美食、天气……开展师生讨论;通过图画书的阅读,跟着作家一起探究,尝试通过自己创编"和塔图巴图在一起"的绘本传情达意。

3."小眼睛看世界"——主题式长廊变"课堂"

这一主题源于学校的"小眼睛看世界"校本课程的研发,为了使校本课程体现学校的办学理念"我们一起学习,我们一起成长","小眼睛看世界"课程在家校的合作下问世。课程内容丰富有趣,结合基础课程的有"课程有翅膀,边学边飞翔";结合探究课程的有"玩纸探学问——大自然的力量";结合拓展课程的有"小习惯大养成"。每个子课程的内容,因不同的年级而分层设计和实践,以让全校的师生能够充分地了解课程的魅力。

在主题长廊下,教师带着学生开启快乐的"叮叮选课",进行庄严的签名,投入生动的主题活动;那里有家长和老师,通过"执教"和"助教",带领学生开展丰富多彩的活动,让学生在长廊中一起学习与探究,让长廊变成"移动的小课堂",激起学生探知的欲望。

4."互联网+阅读时代",让主题式长廊变"世界"

这一主题源于学校开展的"校园阅读节",生活在信息时代,互联网空间成为人类活动的第五空间:陆地、海洋、天空、外空、互联网,人们的生活越来越离不开互联网。在阅读节中,学校通过宣传,让学生通过主题墙,了解阅读的多途径,借助互联网了解更多的知识。从互联网阅读中,学生会从身边看到周围,看到远方。他们在感受到浓浓书香的同时,还用小眼睛从书中看到大千世界,看到美好的未来。

在主题式长廊下,师生不仅了解了线上的阅读渠道和方式,还在名家名作的推荐中,深入了解作者,品读作品,并在世界地图上找到作者的故乡,了解世界各国的风土人情,在作品的感染下,用图文并茂的方式,表达自己的思想,感受世界的美好。

(三)定格校园文化足迹的真情

校园中的这条主题长廊,已经成为师生最喜欢、最自豪、最幸福的学习、交流、活动的场所。在每一期长廊的布置中,从主题确立、内容选择、整体设计、图文打印、装框上墙、格局美化等,倾注着为长廊出力的全体教师、学生和家长的心血。学校为了留住珍贵的成果,便将每一期长廊里的内容,长廊下活动的风采,进行拍摄记录,通过汇编成作品集珍藏,将每一期主题记录下来作为永恒的纪念。同时,在每一年的毕业季,学校将作品集赠送给毕业班的学生,让他们保存这份曾经参与的点滴心路,让他们时刻回忆起母校的"长廊故事",这也许是对"文化育人"最好的诠释。

五、成效展望

一条普通的长廊,在校园全体大小主人的呵护关爱下,变得如此有生命力,它已经成为师生了解世界的"世界之窗",也已经成为师生与墙对话的"情感之地",更是文化育人最有力的渗透。

文化育人中的环境育人不再是传统印象里只停留在"墙面布置"的范畴之内，布置一些常见的名言警语、书画作品或是名人画像等，学校从师生的内心需求出发来思考和创设环境，使得长廊环境充满鲜活力。"环境是重要的教育资源，应该通过环境的创设和利用，有效地促进学生发展"，环境的教育价值是整个教育过程中的一个重要内容。环境创设将不再是一个背景、一种支持，而是一门活动课程，它将帮助学生通过用自己的方式在与环境主动积极的相互作用中获得知识，提高能力。学校建筑中的长廊是学生活动常用的空间，它不是专用的教室，却是学生学习环境的延伸，是学习环境的一部分。

学校将继续发挥长廊环境的育人价值，为师生提供一个施展专业技能和育人才华的舞台。

慧创空间　立美育德
——"童画视界"多功能美术创意空间育人价值探索
上海市黄浦区教育学院附属中山学校　段乐春　李燕南

一、案例背景

进入视觉文化时代以来,无处不在的图像改变了人们的生活、学习和感知世界的方式。伴随 5G 技术的应用,人们与视觉材料互动的频率越来越高,"万物互通"将成为常态,图像作为知识生产和传播媒介,与我们密不可分。观看不再是简单的行为,而是一种能力,看不等于看见,看见不等于看懂。

美术馆作为视觉艺术的重要场域,其展览和公共教育活动能够给儿童带来美和真实的体验,基于实物,情境开放,形式多样,这种对视觉艺术的直观性,对于学校教育来说,具有不可替代的作用。但社会美术馆与学校美术教育的课程内容很难对接,美术馆的活动很难及时转化为学校美术教育课程资源,大大制约了美术馆青少年观看的教育作用。

学校为让学生陶冶高雅艺术,承担安全风险,分批次组织学生观摩美术展,但观展效果基本与预期目标有落差。因为"美术馆"与学校的空间距离较远,"美术展"与学生的心理距离较大。

学校思考:在美术教育中,有什么更可靠的方式,既可解决组织学生抵达社会美术馆在交通上的不可控及学生人身安全等问题,又可解决校内美术课程与校外美术馆的课程内容对接,更切实有效培养学生的美术核心素养?能否将学校的美术室升级迭代为"美术馆"?学生的美术作业能否升级为"展品"?高挂墙上的"展品"能否与学生面对面"交流",消解展品"端着"的陌生感?

二、主要特色

学校将自己的美术教室升级迭代为美术创意空间——童画视界。师生在童画视界内进行美术教育活动,如在美术馆中进行授课、作业作品展览、校内老师及学生优秀作品展示、邀请市内外名家作品进行展览、开设讲座、比赛等。

在童画视界里,教师不仅可以开掘美术课程的内容,还可以丰富美术教学的形式;不仅可以教学生创作作品,更可以教学生如何展示自己的作品。学生不仅可以体验创作、布展、观展、研讨等多种形式的艺术学习经历,更可以在展示和观摩作品中体验成就感、分享成功感、触摸未来感。

童画视界主要是通过"空间"变幻来凸显课程魔性。童画视界室内顶部有多轨道设计,利用"空间"内部展板的移动与组合,"空间"形成了三种不同模式的美育空间:其一,美术馆模式。可以根据每次画展内容或形式的改变不同,调整室内展板格局,形成变化多样的展厅模式。其二,艺术讲座模式。可以将所有的展板规整到教室中部和后部,从而形成一个可以容纳60—70人,可举办一个小型研讨活动的场地。通过这个空间,让大艺术家走进了我们的校园。其三,移动的展板还可以用来分隔空间,展厅可变身为两间美术教室。三种模式的自由切换,为九年一贯制学校对美术教育多层次、多方位的课程需求提供了场地保障;为培养学生美术实践能力、艺术创造能力、艺术欣赏能力和艺术交流能力提供了变换空间。

三、主要内容

(一) 我画我 SHOW,布展启智

每学期结束,学校童画视界多功能美术创意空间华丽转身,从美术室变身为学生美术作业展示的场馆。美术馆的学生艺术品样式从水粉画到水彩画,从朴素的白描到多彩的油画,从平面作品到立体的装置艺术。展品成为学生作业"SHOW"的一个新方式,成为学生美术作业展示交流的平台。学生在校内感受美术馆氛围,体验自己作品被认可的自豪与自信,美育的种子也在他们心田悄悄种下。

布展工作全由学生自己完成,经过作品名登记、作品装框分类、展厅隔板布置、作品排版、作品上墙这几个步骤而最终呈现在大家面前。

有一次，展厅中有一组京剧脸谱的装置作品，十分引人注目，它是由两个女生再创作而成。她们通过组合，将脸谱串联起来，改变作品原有的艺术呈现形式，让它们产生新的艺术品情感价值。展厅后侧的一组《武术人物》是整个展厅中内容最丰富的，学生将画排列成了字母PK的样子，既有形式感，又贴近主题。

（二）童悦童画　触摸将来

参观校内美术展的过程中，既是知识巩固的过程，又是对于未来美好盼望的过程。

低年级学生在看到高年级大哥哥大姐姐的作品时，问的最多的一句话就是"这个我们什么时候画呀"。不同年级作品共同陈列在一个空间内，对一所九年一贯制学校来说，是将同一知识点做到了更好的贯通与延伸。如：二年级第一学期第二单元有一课为"渐变的色彩"，在课堂中学生学会了用渐变来表现颜色的深浅。当他们欣赏七年级的《武打人物》时，除了喜欢武术这个题材外，还在画面中发现人物外轮廓用彩色铅笔做了渐变色。看到自己学过的知识点在高年级的作品中也同样有使用，学生内心充满了激动与期望。

只用眼睛看往往是不够的。在寻找词语去描述和分析艺术作品的过程中，就是在真实情境中对艺术作品产生更加深入的思考、理解与反应。分享和比较自己的感想，为各自的观点对话与争辩，形成自己的判断，可以更好地理解所看到的东西。譬如同学们在校园美术馆墙上留下了一首首观展打油诗：

"今日有幸来观展，梵高仿作扣心弦，颜色相间技精湛，令我赞叹与忘怀。"

"墨色清墙冷画屏，彩墨点彩动真情，神眼劲眉如流水，童心永不负韶华。"

（三）空间延展，以美润德

学生们在将童画视界作为主阵地的同时，不断将"空间"延展，既欣赏、感悟多元文化交融的艺术样式，又学会借鉴，用自己的创意与双手创设美的环境，成长自己，愉悦他人。

1. 靓丽走廊　风景我绘

"空间"外走廊有一条靓丽的风景线，这是学生的手绘墙。每周五社团时间，学生或蹲或趴或爬或站在手绘墙前，用画笔在墙上绘制出自己心爱的图画：卡通人物、心爱的老师、荒诞幻想……每幅画上，还留下了自己的签名。毕业或转学的他们,每次回校,都会来这里和自己的记忆合影。

2. 图说禁毒　共绘明天

学校学生曾应邀参与当地街道组织的禁毒宣传画绘制。通过画前资料的收集,学校了解到我国禁毒工作形势依然严峻复杂,甚至出现青少年滥用毒品问题。学生就试图用适应当代青少年特点的方式,用绘画串联起未成年学生应当知晓的禁毒常识,揭示毒品的真实面目。通过绘制活动,学生对毒品有了更深刻的了解,还身体力行地宣传禁毒知识。

3. 青花涵芳　架起桥梁

学校曾承办"海外华裔青少年夏令营闭营仪式"。在活动中,有一名同学为海外华侨绘制了精美的、具有中国特色的、花瓷纹样的舞台脸谱妆容。海外华侨也借用这个脸谱进行表演,并获得一致好评。两国的学生通过绘画结交成了好朋友。

(四) AI＋线上美术馆

引入数字技术数位屏和 VR 设备,让学生更有视觉体验和绘画成就感。学生拿起绘画手柄,通过手柄的空间移动,形成块面、线条,最后形成立体图像。还可以调取色盘上各种颜色和笔刷效果,绘制任意大小的画面,然后存取为房间尺度的VR 作品或动画 GIF。VR 绘画,丰富了作画方式的选择和艺术形式的表达,帮助学生提升造型能力、立体空间掌握等美术素养。

童画视界的作品展览毕竟受时空限制,展览作品的存放也需耗费一定的人力物力。把精心组织策展、布展的艺术作品,搬到线上,可以打破时空局限,灵活运用跨媒介展示方式,全面展示每一件展品。线上展品汇聚了每一名学生的热情、老师的关心和观众的关注,大家的心血共同编织出一份学生的成长经历,成为有温度的展览。线上展览记录存档每一个被展出的学生作品,形成多维度的数据库,为学校积累宝贵的数字资产,也成为学生学习经历中的一份重要资料与珍贵记忆。

四、成效与展望

童画视界多功能美术创意空间,满足学生从感悟到创作,从作业到作品,从布展到观展,从展示到交流的多样化艺术体验。

在童画视界多功能美术创意空间,同学们可以在老师的陪同引导下,学习和认识美术作品,弥补了以往传统课堂授课中,缺少对学生视野培养以及在美术馆这种特定艺术空间下艺术氛围对其自身艺术修养和艺术细胞潜移默化的影响力,对提升学生的艺术思维能力和创新能力、拓展对美术绘画的理解力,有不可替代的作用。

童画视界多功能美术创意空间,除了发挥对学生在精神上、审美上、创造上、自身人格修养提升的等益处外,它在学校本身上的优势也在逐渐凸显:一是成为校园文化的一大特色,为学校带来浓厚的艺术气息,是校园文化底蕴与育人成果的展示之窗;二是成为学生在课间休息常去的愉悦身心的好地方;三是向全校师生展示艺术盛宴,周边社区及家庭也可前往欣赏、观看作品,丰富了社区居民的文化生活;四是成为校际艺术交流的桥梁,大家在此切磋经验,更好地应用到美术学习中去。

当然,随着美术学科核心素养落地要求,随着学校立美育德特色的培育,"空间"将有进一步的跨越:一是"空间"的课程品类将更加丰富,进一步增设国画系列、版画系列课程;二是"空间"的展览形式将更加多元,将进一步增设主题展、年级/班级作品展、学生个人成长展、教师作品展;三是"空间"资源优势与特色将更加叠加与凸显,"空间"将叠加学校的陶艺特色,将陶艺创新实验室与"空间"有机融合,做大做强学校特色,丰富学校立美育德内涵。

最美好的教育莫过于此:自在的发芽,生长,做梦,让心性自由放飞,以梦为马,走向人生最美的韶华!

书香溢校园　幸福满童心

上海市闵行区航华第二小学　林　敏　吴海英

一、案例背景

上海市闵行区航华第二小学是一所位于城乡结合部的普通公办学校,学生来自五湖四海,有本地孩子、外来务工人员随迁子女,还有儿童福利院的孩子。面对学校的实际,学校一直在思考:每天我们走进学校,每天面对的都是童年。那么校园里的童真又是什么?它应该是童年课堂上的童趣,是童年书包里的童话,是童年脸上最简单的天真,是童年心里最灿烂的渴望和梦想……教育的原点,就是要呵护、引导儿童这份可贵的童真,使他们健康、快乐地成长。

十年前,学校曾统计过,学生几乎没有在家庭中进行课外阅读,如何为学生营造一个良好的读书成长的生态环境,是我们不可懈怠的责任和使命。学校是读书的地方,要保持和呵护学生的童真,就从读书开始。学校教职员工都带着呵护滋养学生美好的童真善良天性的初心,把教育的广角镜投向了儿童文学阅读,把寻找、阅读优秀儿童文学作为提升师生综合素养、打造"童真、童心、童趣"人文书香校园的直通道。

2010年1月12日我们参加了上海儿童文学论坛活动,抓住此契机加入了上海市推进儿童阅读实验组,成为其中的一个基地学校。2010年1月22日我们有幸邀请到了著名的儿童文学作家、儿童文学阅读倾力推进者梅子涵教授来校讲座。他以聊天的方式把儿童文学带给我们,把经典故事深情、生动地讲给我们听。原本两个小时的讲座讲了三个小时、四个小时……我们都被梅教授动情的讲述而感染,被儿童文学里的真善美感染。不知什么时候,好多老师竟然热泪盈眶。但是,我们知道,就在这一刻,老师们的心中已经燃起了激情——让我们一起成为点灯人!由此我们踏上了儿童文学阅读的诗意之路。我们开始了基于阅读素养培育的小学儿童文学阅读校本课程开发的实践与研究。几年来,我们学习着,摸索着,实践着……

走在这条儿童文学阅读的路上,老师们实实在在的努力,留下一个一个诗意的足迹,告诉我们真真切切地成长,让我们看到阅读贫穷村落在不断改变。

二、主要特色

十年磨一剑,通过阅读改变师生的生存状态;通过阅读提升师生的素养;通过阅读营造一个充满童趣的童话校园;通过阅读,还给学生一份灿烂的童真。在这片童话故事灌溉的乐园里,教室里的"花格子小书吧"、走廊上的"花格子书廊"以及"彼得潘"剧场都是师生读、讲、演童话的好去处。"花婆婆""花格子"和"长袜子"等一个个从书中"穿越"而来的童话人物成了师生们的最佳益友,在校园吟诵起一首首真善美的赞歌。学校的管理者成了引导师生进行经典阅读的"点灯人";教师以"花婆婆"自喻,为了给学生的童年播下幸福的种子、日后结出各色果实而甘于付出;学生以真善美的化身"花格子大象"为偶像,"花格子"成了学生的代名词,勾画童年时的缤纷绚丽。"小红帽"家长志愿者越来越多,为学生的成长保驾护航……

三、过程与方法

(一) 营造童话乐园

读书活动是一项传统活动,重要的是唤醒学生的阅读自觉和生命自觉,真正做到为学生的一生奠基。要做到这一点,首先应该是要营造一个童趣的校园。

1. 处处有童话形象

走进学校大门首先映入眼帘的是童话乐园。在流动的水幕帘后,是阅读点灯人梅子涵教授的亲笔题字——"相信童话"主题画。与主题画对应的是中外著名童话大师的雕像。沿着教学楼梯拾级而上,"经典坊"和"名人坊"让学生每天畅游在世界童话中。教学楼的每层大厅变成了"花格子"书廊,成为学校图书馆的拓展。每个教室里有"花格子"小书吧,学生家里都有了"花格子"小书橱。多功能教室变成了"彼得潘"剧场,师生员工表演童话剧的舞台。学校社团活动里有了"长袜子"文学社,"好故事讲述""好故事热议""好故事接龙""好故事创作""好故事演绎"等等好不热闹。文学社还与专业的剧团签约,学生的演出水平不断有新的进步。

2. 时时有童话声音

每周一的升旗仪式上,总会有一个好听的故事分享给学生;每周二中午的"小淘气"广播准时开播,一群"小淘气"们用稚嫩的声音讲述着童话世界里的故事,讲述着小眼睛里的大世界。学校还充分利用"小淘气"广播,在"晨间放歌""午间音乐""每周一歌""放学童歌"等时段,播放深受学生欢迎的童话歌曲伴奏,让学生自由唱歌曲、颂歌谣,调节紧张的学习生活。每学期设立"童话故事月",午休时由教师在广播里给学生讲述自己精心挑选的童话故事,培养学生倾听习惯,激发学生阅读兴趣。

3. 人人有童话角色

《点灯的人》中的李利每天太阳落下后,就扛着梯子走来,把街灯点亮,他不做银行家,不做航海家,只为给人们带去一片光亮的心情。学校行政领导也成了这样的点灯人,为老师、为孩子、为自己点亮一盏"心"灯。老师变成了"**花婆婆**"。"花婆婆"答应爷爷要做三件事,第三件事是做一件让世界变得更美丽的事。每个人都有第三件事,老师的第三件事就是为学生的童年播下幸福的种子。学生变成了"**花格子**"。"花格子"是欧洲"寓言大师"大卫·麦基的经典作品《大象艾玛》中的一头大象,它是真善美的化身。家长变成了"**小红帽**"。小红帽是家喻户晓的格林童话,那个小姑娘忘记了妈妈的叮嘱,结果使得狼先到达奶奶的家,有了危险。"小红帽"家长志愿者服务队就是要为学生保驾护航。

(二) 培训童心教师

没有老师的阅读就不会有学生持久的阅读,只要有一支喜爱阅读的教师队伍才能让学生的阅读具有持久性。

1. "童话时刻"老师聊童话

每逢单周四的下午,是老师阅读童书的时间,我们给它一个童趣的名字——"童话时刻"。我们聘请梅子涵教授做顾问,上海推进儿童阅读实验组组长叶凤春老师、《少年文艺》杂志主编谢倩霓、上海市作家协会理事任哥舒老师等为学校带来丰富的作家资源。在专家引领下,老师们一起聊儿童文学,一起深度解读儿童文学。

2. "经典讲述"老师听童话

每个星期五的上午,行政和骨干教师阅读讨论 1—2 篇经典儿童文学作品,丰

实自己的儿童文学底蕴。下午,教职工学习的时间,由行政领导作"经典讲述",给老师讲故事,丰富老师的文学知识。讲童话故事成为教工政治学习的一道风景线。

3. "彼得潘剧场"老师演童话

每年一次的童话剧表演,每个老师都上台表演童话剧。语文老师、数学老师、体育老师、后勤组的老师纷纷上台表演。《活了一百万次的猫》《和甘伯伯去游河》等已成为学校的经典童话剧。

4. "经典阅读"老师教童话

在明确所要讲述教授的童书后,我们开展阅读指导实践活动,把自己的获得、感悟带进了课堂,传递给了学生。语文课中有童话,数学课中有童话,美术课中也有童话,连讲究科学的自然常识中也有童话了。

(三)开发校本课程

童话是浪漫的,有诗意的。童话故事里有大智慧、大哲理。经过几年的积淀,学校慢慢形成了阅读校本课程。

1. 基础型课程中的渗透阅读,开发校本读物《去童话的空中漫步》

基础型课程语文、数学、英语、美术等课程中渗透儿童文学阅读,由任课老师实施,分必读和推荐阅读,必读书目在课堂中渗透,推荐阅读由学生课外完成。语文学科每个年级必读书目16—20篇,推荐书目20—30篇;数学学科每个年级必读书目和推荐书目各6篇左右;其他学科必读和推荐书目各8篇左右。《去童话的空中漫步》1—5年级各有一册。

2. 拓展型课程中的拓展阅读,开发校本读物《在世界的童话中呼吸》

此课程安排在拓展型课程中的限定拓展阅览课(每周一节)中,由阅览课任课教师执教。每个学期18—20篇,1—5年级各一册。通过课堂中让学生在听听讲讲、唱唱玩玩、读读演演、做做评评中明道理、辨是非、净心灵、学做人。

3. 实践活动型课程中的主题阅读,开发校本读物《和缤纷童话手拉手》

每年学校有六大节日,阅读节、科技节、艺术节、感恩节、体育节、英语节中相关的专题阅读。此外,"五星和童年一起飘扬"国旗下的讲话演变为了国旗下的故事,该读本分为三个篇章:觉己篇(认识自己)、觉人篇(认识他人)和觉物篇(认识自然)。"'花格子'礼仪学堂"行规教育安排在每周一的午会课,教会学生礼仪准则。

4. 家校合作型课程中的亲子阅读,开发校本读物《童话相伴的欢欣岁月》

每学期向 1—5 年级家长推荐阅读目录各 10 篇左右。以"阅读传递包"的方式进行亲子阅读,班中 5—6 名学生为一个小队轮流阅读,学生可以把书包背回家和父母一起读,《亲子阅读手册》(现更新为《"花格子"号阅读之旅》)记录亲子阅读的情况,学生自己的评价、家长的评价等。每学期两个阅读传递包,每个传递包 5 册图书,每学期 10 册,每年 20 册。

(四) 分享精彩故事

莫言说:"我是一个讲故事的人,因为讲故事我获得了诺贝尔奖。"阅读就是让人成为有故事的人,并把精彩的故事与人一起分享。

1. 校内分享

每年的"六一"节,学校会举行隆重的赠书仪式,校领导把不同的书籍送给每名学生,增加其阅读量。每学期开展"作家进校园"活动,学生面对面和作家对话,如肖定丽老师的成长很励志,也鼓舞学生从小与好书相伴;辫子姐姐郁雨君给学生进行了"爱上阅读,爱上写作"专题讲座等。《"花格子"号阅读之旅》阅读手册的开发与实施成了学生阅读、亲子阅读的方法指导,让阅读成为老师、学生、家长共同的成长乐园。

2. 区域互动

每年学校承办"航二杯"闵行区小学生"花格子"童话大赛,有故事创作比赛、亲子阅读讲述比赛、阅读创编表演比赛等。在我校和浙江金近小学、马良小学的牵头下,成立了"江浙沪儿童文学教育联盟",每年开展两次研讨活动,现在已经有江浙沪、湖南、山东、江西等近百所学校参与。我校老师多次在联盟会上上课、介绍经验。2016 年 4 月,与常熟红枫小学开展了常熟市教育科研联合展示活动,我校徐欢老师进行了经验交流,邹红蕾老师带去了课堂教学"大脚丫跳芭蕾"。2017 年 9 月,参加了第二届全国小学童话教学观摩研讨会,并进行了"以细化设计深入推进师生共读"的交流。

3. 全国共研

2017 年初,学校成为以上海师范大学儿童文学研究所领衔的、北京世纪出版社联合、由全国各地阅读名校组成的"摆渡船"阅读港湾学校的首批单位。在这个

由儿童文学专业、出版媒体支撑的大集体中,有全国性的阅读交流、微课展示、活动评选等。学校姚宇芬老师的微课"小狼拉马尔"阅读指导在全国直播,多名教师参加了阅读课堂的教学。

4. 国际交流

2013年9月我校与瑞典驻华大使馆举办了"永远的童话"格林童话作品专题阅读,来自全国各地50多所学校参加,瑞典驻华大使馆文化参赞也全程参与我们的活动。2016年11月参加了第十八届上海国际艺术节艺术教育"肯定式对话"——青少年戏剧表演工作坊的活动。我们的绘本剧表演《不会写字的狮子》得到了丹麦国际儿童戏剧节艺术总监汉瑞克·科勒和国际联络彼得·曼彻的点评,我们的主角"公狮子"受到了好评。2016年的一场活动是比利时儿童作家法蒂玛·沙拉菲丁的新作《山米的新发型》推介会,学校低年级小朋友酷酷帅帅的帽子秀,有创意的发型设计绘画得到作家的赞赏。另一场是国内著名儿童作家汤素兰散文新书品读会,高年级学生声情并茂的朗读、梅子涵教授的推荐点评让与会学生受益匪浅。

四、收获与成效

十年来我们的阅读实践活动,学校成为"上海市儿童阅读实践基地学校"、"上海十大点灯学校"、2014年度上海教育系统校园文化建设项目提名奖(全市教育系统优秀奖10名,提名奖10名)、2016年度"阅读改变中国""年度书香校园"、2017年加入全国阅读"摆渡船"首批港湾学校、2017—2018年度区文明校园。学校已经形成了"文明校园·童话乐园"的创建口号、"办童年学校,还童真本色"的办学理念和"做最好的自己"的校训。市级课题"基于阅读素养培育的小学儿童文学校本课程开发与实践研究"获闵行区第二十二届教育科研成果评选结果一等奖。

阅读启智,拓宽知识视野;阅读拓思,改善思维方式;阅读养心,培养人文情趣;阅读育德,提升人格品质……二年级的小胖从一开始不愿意来学校上学,不愿意和同学讲话,现在常常会给同学们绘声绘色地讲述《小魔怪要上学》的故事,成了老师和同学的开心果。五年级的石洋不但在学校里演童话,还组织学生把童话表演带到了社区敬老院,她自发组织的表演队吸引了中学生的参加。有个智力发展迟缓的女孩,没有被其他学校录取,来到我们学校以后,天天坐在"花格子"书廊里看书,边看边笑,四年级时参加上海市第五届小学生创新作文大赛获得三等奖……我们欣喜地发现老师们播种下的种子幸福地发芽了。

在童话的启发下,孩子跃跃欲试地渴望创造,追求创新。学生的童话创作作品纷纷获奖,刊登在《芝麻开门》《儿童时代》《少年文艺》《儿童文学选刊》《少年报》等各报纸杂志上。连续几年参加上海市"小学生创新阅读大赛"第五届获得一等奖,第六届获得银奖,第七届再次获金奖。我们还受秦文君老师的邀请,参加了中日儿童文学美术交流协会"小香咕"文学之家的活动和上海少儿读物促进会演出活动。这让我们感到欣喜、满足,更加坚定脚下的儿童文学阅读之路。

童话,儿童文学,并不只属于小孩子,教师先成为一个童话的阅读者,喜爱童话,相信童话;成为童话阅读的播种人,感受童话,推介童话,把优秀的经典的儿童文学作品带给孩子们甚至是成人。我们就像"犟龟"一样,充满热情地投入儿童文学阅读、推广、指导中。我们相信——认准了目标,上路了,坚定地一步一步走下去,为孩子们的童年播下了幸福的种子,一定能"遇见隆重的庆典"。

阅读——为人的一生起草最精彩的序言。

我们在儿童文学的路上,这里书香漫溢。

我们在精彩的故事里,这里幸福满童心。

依托民族文化资源实体展馆
构建"民族团结教育+"育人模式

上海市回民中学 马毅鑫

一、实施背景

上海市回民中学是上海市实验性示范性高中,也是上海市唯一的一所民族完全中学。学校多年来积极探索润物细无声式的民族团结进步教育工作,始终坚持落实立德树人的根本任务,努力培养学生成为"身心健、学养厚、品行和"的现代公民。学校以《中小学德育工作指南》为指引,以"课程育人、文化育人、活动育人、实践育人、管理育人、协同育人"六大育人途径为参照系,依托学校民族团结教育理念和特色,对民族团结教育内容、实施路径予以课程整合,形成了学校"民族团结教育+"育人模式。

上海市回民中学以"创造适合各民族师生和谐发展的现代教育"为办学理念,秉承"润物细无声"式的民族团结教育思路,通过自建"民族文化苑"实体展馆,不断深入挖掘中华民族优秀文化与社会主义核心价值观的契合点,铸牢学生中华民族共同体意识。

二、主要特色

(一)自组资源建展馆,扩大对外开放

学校依托长期积累的民族团结教育资源,建设实体展馆"民族文化苑",面积 700 平方米,内有六大展厅:综合展示厅、民族风情厅、民族文体厅、民族名人厅、世界文化厅、放飞梦想厅。该展馆面向学生全天候开放,向全市青少年进行预约开放,目前也是上海市市民学习体验基地,有利于传播和弘扬中华民

族优秀传统文化,同时也是学校进行"民族团结教育+"育人模式的窗口和平台。

(二)自主研发建课程,加强学科融合

近年来,学校进一步发挥"民族文化苑"的文化育人功能。已形成融合语文、政治、历史、地理和英语等学科的"民族团结中国梦"课程,该课程已经立项上海市首批中小幼"中国系列"课程;开发完成"民族团结教育+社会主义核心价值观微课"课程12节,学生和教师共同开发完成线上"中国少数民族简介"课程56节;通过民族文化苑PAD和大屏幕结合播放。

(三)自行探索建模式,提升德育品质

依托学校"民族文化苑"实体展馆,学校不断探索"民族团结教育+"育人模式。目前形成"民族团结教育+展馆、+微课、+自媒体、+课程、+讲解、+艺术、+活动"育人模式,传统与现代多种育人模式相结合,共同营造了学校民族团结进步教育的氛围,有效地提升了学校德育工作品质。

三、主要内容

(一)指导思想

始终坚持立德树人的根本任务,加强民族团结进步教育,铸牢学生中华民族共同体意识,提高学校德育工作品质,为中国特色社会主义事业培养更多的少数民族合格建设者和可靠接班人。

(二)"民族团结教育+"育人目标

通过"民族团结教育+"育人模式,引导学生准确认识、理解和把握"三个离不开(即汉族离不开少数民族,少数民族离不开汉族,少数民族之间也相互离不开)"、"五个认同(即对伟大祖国、中华民族、中华文化、中国共产党、中国特色社会主义的认同)"和"两个共同(即各民族共同团结奋斗,共同繁荣发展)",铸牢中华民族共同体意识,践行"交往、交流、交融"。

(三)"民族团结教育+"育人实施路径

1. 民族团结教育+展馆,管理育人

学校"民族文化苑"展馆,展馆内容包含经过长期积累的软硬件展陈物品,围绕中华民族历史发展时期各民族人民共同团结奋斗、共同繁荣发展,着眼于中国少数民族文化、中华文化、世界文化等人类文化各方面的内容布局,民族团结教育资源丰富,同时建有民族服饰、民族舞蹈体验项目。展馆陈列方式和内容多样,如下表所示。

"民族团结教育+展馆"内容与方式

第一展厅 综合展示	科技互动 中国民族分布	图片展示 中华民族概况、前言	LED 媒体展示 中华民族各成员基本概况、党的民族政策及成就等以图版格式展示
第二展厅 民族风情	图片展示 人居环境、民族节日、婚俗、服饰、生活用品等	实物展示 民族服饰等	LED 媒体展示 将民族文化相关方面的后续内容以图版格式展示
第三展厅 民族文体	图片展示 文学、艺术、体育、传统手工等	实物展示 民族乐器、体育用品 科技互动 民族服饰媒体成像、民族舞蹈动作媒体参照等	LED 媒体展示 将民族文化相关方面的后续内容以图版格式展示
第四展厅 民族名人	图片展示 松赞干布、郑和、曹雪芹、老舍	图腾雕版 中国56个民族图腾以雕版方式体现; 书法展示 引入书法展示系统	LED 媒体展示 将中国少数民族优秀人物以图版格式展示
第五展厅 世界文化	图片展示 世界自然风光、人文遗产、科学巨匠、世界名著、部分世界民族等	PAD 微课展示 民族团结教育+社会主义核心价值观微课	LED 媒体展示 将世界文化相关方面的后续内容以图版格式展示
第六展厅 放飞梦想	LED 媒体展示 展现习近平总书记"中国梦""增强五个认同"等指示	图片展示 上海市民族学校民族团结教育的实践	展台呈现 上海市民族学校民族团结教育成就的重要荣誉展示

学校"民族文华苑"展馆,依托现代化技术与手段,融入于学校日常民族团结教育的现代化治理之中,广大师生之间已就民族团结形成广泛的自觉和认同,并积极在学校各项工作中进行实践,实现民族团结教育和学校治理的完美融合。

2. 民族团结教育+"中国系列"课程"民族团结中国梦",课堂育人

"民族团结中国梦"课程聚焦于"民族团结进步教育"和"中华民族共同体意识"。该课程通过多学科合作,旨在构建学校特色育德课程。采用模块化设计,主题推进,以"铸牢中华民族共同体意识"为理念,以民族团结教育为内容主旨,通过五大模块,学生可将学习与生活对接,具体包括以下五个模块。

"遇见"。通过历史学科聚焦民族交往历史中的人物与史事,展现了中国古代各个历史时期的民族交融,引导学生树立正确的历史观,认识民族团结稳定是福,民族分裂动乱是祸。

"思辨"。通过语文学科和"辩论社团",依托"学习强国"App,深入挖掘课程资源,通过"民族团结,大家谈",认同民族团结是中华民族的最高利益,是各族人民的生命线,也是国家的生命线。

"会读"。通过语文学科,引领同学们阅读各民族的文学作品,展现各族人民通过自己的创作才华,共同创造了中国文学的辉煌历史。

"行走"。通过地理学科延伸课本所学,了解中国少数民族地区的人文环境、物产资源和民族风情文化,体现了少数民族与汉族之间的和谐共处。

"艺作"。通过艺术学科,重在审美体验,以扇艺制作为媒,在艺术创作中渗透内容丰富、绚丽多姿的民族服饰等民族文化,折射在民族交融中对真善美的追求,是中华优秀传统文化的重要组成。

以上这些课程,对预备年级和高一年级作为学校推送课程,列入学校正式课表,以班级为单位,按照教师走班模式进行授课教学。

3. 民族团结教育+社会主义核心价值观微课,课程育人

学校政治、历史、语文教师利用"民族文化苑"展馆资料和内容,录制了12节"民族团结+社会主义核心价值观"微课,每节课时长8至10分钟,每节课均围绕"社会主义核心价值观"中的一个关键词进行课程设计,融合中华民族优秀传统文化和民族团结教育内容。

比如围绕"富强",课程结构包含什么是"富强"?什么是中华传统文化?将"富强"和民族团结相结合,并说明之间的关系,表明只有民族团结才能共同发展,才能最终实现国家的富强。这12节微课均安装在"民族文化苑"展馆的20个IPAD上,参访者均可以通过IPAD进行学习。依托"民族文华苑"展馆和学校特色课程,结合社会主义核心价值观,培养学生热爱祖国、维护祖国统一、加强民

族团结的意识。

4. 民族团结教育＋自媒体文案展示,实践育人

由教师进行指导,学生进行文献查阅,资料收集并排版上传,共同制作出 56 篇自媒体稿件发布在学校微信订阅号和公众号上。每篇稿件均集中介绍一个民族的概况,包括分布、饮食、服饰、传统文化、民族节日等,均采用学生喜欢的语言风格和喜爱的图片,受到社会各界的点赞。通过这一实践过程,学生加深了对各民族的了解,创新精神不断增强,实践能力不断提升。

5. 民族团结教育＋讲解员志愿者,协同育人

学校"民族文化苑"展馆,内容多,场地大,学校通过历史组教师的研究和撰写,形成了展馆的"讲说词",并培训学校部分预备年级和高一年级的新生,这些学生作为"民族文化苑"讲解员志愿者。每逢社会各界人士参访展馆时,由这些讲解员志愿者进行解说。从学生的语言和视角出发,讲解展馆的服饰、用具、人物等,受到参访者的一致称赞。通过教师和学生的协同合作,家庭、社会和学校的协同支持,共同营造积极向上的民族团结良好校园氛围。

6. 民族团结教育＋艺术,文化育人

学校"民族文化苑"展馆,是学校书法、扇艺课程的教学课堂,同时也是学生作品的展厅。

比如学校扇艺课程采用"项目化"学习模式,"扇里乾坤——探美扇文化的'前世今生'"项目化学习课程,深受学生喜爱。在展馆里边开展"扇艺"教学,定期举办扇艺专题展,展现扇子作品,呈现扇子制作过程的微课,学生活动视频进行滚动播放,包括扇面故事、CSI 设计,同时也通过学校微信公众号推送,培养学生传承扇艺文化,坚定文化自信,提升对中华优秀文化的认知。

7. 民族团结教育＋活动,活动育人

学校"民族文化苑"展馆,作为学校对内开展民族团结教育的课堂阵地、活动阵地、展示阵地,在校园开放日、大型活动举办日、入学报到日、民族文化节开幕式等活动中对校内外学生开放。举办过多次的大型活动,比如传统节日体验活动,语文节的"国学经典诵读"活动,非物质文化遗产传承活动,扇艺专长展示活动,民族学生家长家庭教育指导活动等。通过各种精心设计,独具民族特色的主题活动,加强教育活动引导,帮助学生形成正确的世界观,并不断激励学生乐观向上。

四、成效反思

"民族文化苑"实体展馆,作为学校"民族团结教育+"模式中的枢纽,学校通过不断整合和创新,不断丰富"民族团结教育+"的内容,有效地提升了学校德育工作品质。

一是将课程育人和课堂育人融入学生在校教育教学全过程,充分挖掘了不同学科所蕴含的教育资源,发挥出了课堂教学的主渠道作用;二是文化育人在"民族文化苑"得到了鲜明地体现,展示学生原创作品,营造出了"民族团结一家亲"的教育氛围;三是活动育人集中在"民族文化"展馆,每次活动主题聚焦民族文化和民族团结,充分发挥了学生的作用;四是协同育人通过"民族文化苑"展馆进行了有效地组织,市民、家长、教师和校内外师生之间通过展馆达到了有效的交往和交流;五是管理育人通过组织师生在"民族文化苑"展馆开展各项活动,让师生关系和伙伴关系得到了有效地提升,形成了全体师生广泛认同的行为规范。

今后学校在加强民族团结教育,铸牢学生中华民族共同体意识方面,依托"民族文化苑"展馆,还将以"一主轴两辐射三带动"(一主轴:以课程和课堂为主轴;两辐射:辐射上海和全国民族中学;三带动:带动"民族团结教育+"育人模式深化,带动民族团结教育平台拓展,带动民族团结教育科研探索)的方式,不断促进学校德育工作品质的提升。

我的节气　我做主

上海市虹口第六中心小学　席益敏

一、活动背景

上海市虹口第六中心小学基于"道德自律、学习自主、健体自觉、交往自如"的培养目标,以《中小学德育工作指南》为指引,以"课程育人、文化育人、活动育人、实践育人、管理育人、协同育人"六大育人途径为参照系,对学校德育课程资源、德育活动平台和德育实践载体进行统整,在德育内容体系、实施路径、评价机制等方面积极改革创新,对提高学生的综合素质发挥了重要作用。

如何结合学习活动育人课程,策划德育活动,让学生在活动中进行主体育德,自觉提高道德认识,锻炼意志品质,逐步养成良好的行为习惯等。在活动中育人,在快乐中成长,这是我一直在思索和探究的问题。

二十四节气是我国祖先历经千百年的时间创造出来的宝贵遗产,反映四季、气温、物候等情况。作为一项中国原产的记历方式,二十四节气持续使用的时间已超过 100 年。它被称为中国四大发明之外的"第五大发明",已被正式列入联合国教科文组织人类非物质文化遗产代表作名录。二十四节气的时间刻度,深深刻进了我们祖辈生命中的方方面面,但现如今的这一批"00 后"中,还有多少人能逐一说出这二十四个节气呢?为此,我们小蚂蚁中队向全体队员开展了一次有关二十四节气了解情况的问卷调查,结果发现,队员们对二十四节气知之甚少,中华优秀传统文化中节气文化的缺失显然需要通过学校开展一系列的教育活动来进行传承。

因此,小蚂蚁中队决定以二十四节气为突破口,走近二十四节气,了解与之有关的诗词农谚、民间习俗、饮食养生、农事规律等知识,领略这一非遗项目的博大精深,从而让队员们感受中华优秀传统文化的魅力。

二、活动目的与准备

(一) 活动目的

通过开展少先队活动,学习与了解二十四节气的相关知识,激发队员爱祖国、爱家乡的家国情怀,培养其强烈的文化认同感和民族自豪感;通过对二十四节气的传承与创新,感受中华优秀传统文化的魅力;尊重自然,尊重生命的规律,提升队员"热爱祖国、主动探究、合作担当"等六小学生核心素养。

(二) 活动准备

辅导员:初步拟定二十四节气的少先队活动方案,制定争章评价标准。

队员:分成不同动感小队,通过采访调查、实地走访搜集生活中有关二十四节气的具体内容。

三、活动过程

(一) 拓展学习渠道:在学生日常学习和生活中,了解二十四节气

学习离不开生活,尤其对小学生来说,学校、家庭、社区是他们生活的三个最主要的场所,要搭建不同的平台,引导队员走进二十四节气,到这个蕴含着丰富知识的传统节气中去探秘。

1. 开展校园大探秘,在学科中挖掘二十四节气与传统习俗

我首先想到的便是队员们天天接触的语文书。让队员们在语文书里寻找二十四节气,会不会大有收获呢?果不其然,在语文课本中,有许多内容与二十四节气有关。比如古诗《清明》,描写的就是二十四节气之一的清明,课文《立夏节到了》,讲述了立夏节的习俗……然后,笔者鼓励队员们再去图书馆找找,在那里,队员们找到了一些有关二十四节气的绘本,从绘本中了解秋分、冬至……队员们在翻阅教材,阅览书籍的过程中产生了极大的探究兴趣,感受到其实二十四节气就在我们身边,只是我们平时没有关注到。

2. 开展家庭大搜罗,在邻里长辈间了解二十四节气与养生文化

学生们从亲戚祖辈、街坊邻里那里了解到二十四节气与生活密切相关的具体内容。比如说,中秋节期间正是"秋风"节气,风和日丽,秋高气爽,丹桂飘香,蟹肥菊黄,风景优美,适合开展登高、赏秋等户外活动;国庆节期间正值秋分过后的"寒露"节气,天气早晚温差变大,这个时候要及时添衣保暖,特别要注意胃部的保暖,夜晚睡觉也要盖好被子,否则很容易感冒;元旦期间正值"冬至""小寒"节气,这个时段是冬令进补的最好时机,煲上羊肉汤,泡杯养生茶,为来年开春养精蓄锐。

3. 开展农园大寻访,在田间地头探访二十四节气与农耕文化

队员们利用中秋、国庆、元旦小长假深入田间地头,走进农家小院,通过采访调查、实地走访,队员们还组成一支支"寻访小队",前往孙桥现代农业园区,聆听园区内的工作人员介绍不同节气中适合不同植物的生长。队员们也通过走访调查、阅读书籍、上网浏览等方式,收集到不少妙趣横生的关于天气、节气与农事的谚语,了解了与二十四节气有关的农语农谚,知道二十四节气与农耕农作规律、气候变化、人的健康生活的关系,并且用一份份调查小报呈现了他们的探究成果。

(二)设计特色活动:在二十四节气日,体验中华优秀传统文化

1. 活动设计思路

新课程改革倡导"让每个孩子都得发展"。因此,中队组织策划的各类活动都要针对队员的实际,符合队员的心理特点、兴趣爱好、知识结构,充分考虑到队员有不同的发展目标,从而有针对性地实施,真正让活动成为队员发展个性,提升素养的舞台。

中队结合二十四节气,通过充分挖掘与此相关的资源,使队员在以此为主题的课内外实践活动中,了解二十四节气,继而培养队员探究精神和创新能力。

中队以"实"和"活"的设计思路来开发和深化活动。所谓"实",指活动设计体现务实的态度,使队员在不同的发展阶段学有所得、学有所成,让队员获得实质性的发展。而所谓的"活"指活动设计要以"人"为本,这里"人"包含辅导员和队员两个层面。辅导员既是活动的研发者,辅导员浸润于四季,体验二十四节气的生活,充分调用聪明才智,生活经历,来丰盈活动本身的内容架构。队员要在活动中充分动起来,在生成中不断汲取知识与能力,这种生存不仅仅局限于课堂本身,而是全方位的生成,包括对资源的开发方式,方式方法的运用,评价的实施等。

2. 探究活动框架

探究活动框架与内容

探究主题	探究流程(形式)与内容				
	确立探究任务（目标）	信息资料收集（自主学习）	考察调查访问（探究）	动手做（体验）	展示（实践）
节气与美食	1. 知道每个节气都有相应的美食。 2. 分享传统节日的美食，知道不同的地域文化。 3. 产生热爱家乡、热爱祖国的情感，体会家庭欢乐、生活幸福，提高乐于合作、善于合作的能力	1. 多途径收集节气饮食的来历和起源。 2. 多形式活动体验，进一步了解节气对应的美食，以及传统习俗	找一找资料，说一说故事，做一做美食，了解节气与人们生活饮食的关系	和家人一起动手做做美味佳肴	1. "传统节气体验馆，通行证"自评、互评、家长评。 2. 评选"节气美食小达人"。 3. 评选中队优秀作品并展示。 4. 布置"中华民族传统节气"黑板报专栏。展示利队员收集的资料
节气与养生	1. 知道节气与养生有着密切的关系。 2. 了解饮食要有节制，饮食有宜和忌，还有饮食调理和饮食卫生等。 3. 产生热爱生活的情怀，学会关心他人，逐步拥有仁爱达人的意识	1. 多途径收集节气养生的来历和起源。 2. 多形式活动体验，进一步了解节气对应的养生习俗	找一找资料，写一写方案，做一做饮食，知道节气与养生的密切关系	1. 结合二十四节气，为自己和家人量身定做一套养生方案。 2. 根据养生方案，进行调理、滋补、预防	1. "传统节气体验馆，通行证"自评、互评、家长评。 2. 评选"节气养生小达人"。 3. 评选中队优秀作品并展示。 4. 布置"中华民族传统节气"黑板报专栏。展示利队员收集的资料
节气与诗画	1. 了解与节气相关的诗画。 2. 通过古诗吟诵、节气绘画等，感受中华优秀传统文化的魅力。 3. 产生热爱生活、热爱学习、热爱祖国传统文化的情怀	1. 多途径收集与节气相关的诗词画作。 2. 多形式活动体验，进一步了解节气与诗画相结合的别样之美	找一找资料，诵一诵诗句，画一画节气画，领略古人诗词之美，体会节气中特别的意境	吟诵诗歌，创意绘画	1. "传统节气体验馆，通行证"自评、互评、家长评。 2. 评选"节气诗画小达人"。 3. 评选中队优秀作品并展示。 4. 布置"中华民族传统节气"黑板报专栏。展示利队员收集的资料

(续表)

探究主题	探究流程(形式)与内容				
	确立探究任务（目标）	信息资料收集（自主学习）	考察调查访问（探究）	动手做（体验）	展示（实践）
节气与游戏	1. 了解与节气相关的风俗游戏。2. 提高与人沟通交流，团结协作能力，形成团队合作意识。3. 产生对中华优秀传统文化的热爱之情	1. 多途径收集节气游戏的来历。2. 多形式活动体验，进一步了解节气对应的游戏,体会人们对美好生活的憧憬	找一找资料,送一送祝福,玩一玩游戏	开展传统节气游戏,送出美好祝福	1. "传统节气体验馆,通行证"自评、互评、家长评。2. 评选"节气游戏小达人"。3. 评选中队优秀作品并展示。4. 布置"中华民族传统节气"黑板报专栏。展示队员收集的资料

(1) 节气与美食

中华饮食文化博大精深,源远流长。经过岁月的沉淀,中华饮食早已超出了它本身的意义。二十四节气中有些节气是中华传统节日,节气的风俗流传至今,具有其特定的文化内涵,凝聚着中华民族的智慧,体现着中华文明的特点。比如"冬至"既是二十四节气之一,又是一个传统节日,称为"冬至节",是一个家人团聚的日子。队员们和爸爸妈妈一起动手做做美味佳肴,体现着一份真挚的亲情,让节气更有了庄重的仪式感,让亲情更具有生命活力,让节气过得更加温馨有意义。传统节日的美食分享,还让队员们知道了不同的地域文化：冬至节,北方吃饺子,南方吃汤圆。

(2) 节气与养生

二十四节气与饮食养生也密不可分,中华民族饮食养生保健文化历史悠久,强调了饮食有节制,饮食有宜和忌,还有饮食调理和饮食卫生等。结合二十四节气量身定做一整套美食方案,调理、滋补、预防,以达到养生的目的。

活动一：一茶一调理

秋分过后,气候干燥,很多队员嘴角发热泡,据家长反映,还会有便秘现象,特别是爱吃荤菜的队员。"饮茶活动"的开展让队员们乐此不疲,每天,队员们都为自己和家人泡一壶茶,因为饮茶可以保养肌肤,消除疲劳,促进新陈代谢等,有的队员选择清肝明目的菊花枸杞和金银花茶,有的选择排毒养颜的薄荷茶,有的选择利于通便的决明子茶……后来,队员们在实践中发现,要根据自己和家人的

身体情况来选择合适的茶种类,那些秋燥引起难题,在大家每日一茶的滋润下逐一被攻克了。

活动二：一汤一滋补

在凉爽的"秋风""寒露"节气里,通过天然健康的饮食方式和饮茶调理,将机体的状态调整到最佳,不仅可以补充元气,还能很好地预防冬日疾病。"一周一养生汤"的活动隆重登场。牛肉汤能健胃开脾,于是有的队员全家一起行动,分工明确又相互合作,在劳动中品尝着美食,幸福满满。有的队员发现妈妈是高中毕业班老师,压力大,就根据有用的食材煮了"爱心汤",妈妈高兴地紧紧拥抱着他。

活动三：一羹一预防

冬季一到,在雾霾的侵袭下,大家的健康令人担忧。这时熬上一大锅水果羹,润肺又暖心。有的队员了解到自己奶奶贫血,就熬了赤豆圆子羹,并亲手喂给奶奶吃,说希望奶奶吃了,头不再晕。家人爱我,我关心家人,家人的健康在我们的关心下得到了保障。

（3）节气与诗画

诗词歌赋是中国古代文化宝藏中的精髓,通过读古人笔下二十四节气相关的诗词,一起领略古人诗词之美。队员们通过"清明的十万个为什么"探究活动单进行闯关行动,在活动中,他们发现在清明前后,东北风和南风日渐增多,让人感到温暖清新。由于温暖气流逐步将冷空气推开,所以清明前后往往细雨霏霏、和风拂拂,正是种植庄稼的大好时节,很多农谚也和清明有关呢！在"语文学科节"期间,队员们积极参加古诗文吟诵大赛,用创意小节目的形式吟诵"春分早,谷雨迟,清明种棉正当时""寒食撒花,谷雨种瓜"等节气农谚与诗词。

此外,队员们还进行节气绘画,将生活中所见所闻用画笔描绘下来,展现了节气中一抹特别的意境。

（4）节气与游戏

为了让传统节气活动更富有童趣,我们小蚂蚁中队结合"立夏"节气,开展了不少有意思的体验活动。

立夏节是一定要吃立夏蛋的,我们在吃立夏蛋前先进行有趣的斗蛋活动,谁的蛋破了,谁就先吃立夏蛋,队员们可高兴了。

队员们还用蛋壳作画,在上面画上妈妈的画像,祝愿妈妈能在夏天健健康康,不要疰夏,给了妈妈们一个大大的惊喜,非常有创意。

立夏节,我们除了吃立夏蛋,玩斗蛋游戏,还要进行称人、吃百家饭、尝鲜以及进行迎夏等各项活动,内容丰富多彩。围绕"立夏""小满",结合"母亲节",队员们进行了主题式探究。每个队员自己带一样食材,如一把米,两根春笋,一些豌豆、蚕豆、黄瓜、红肠等,大家把食材清洗干净,放在一起煮百家饭,煮熟后带回家给妈妈吃,让为我们辛苦操劳的妈妈们能永远年轻漂亮。

(三) 个性彰显,点亮二十四节气

1. 互动交流,二十四节气让队员发挥自主性

每一个节气活动,队员们都会根据节气主题,自主分组讨论,制定活动方案,团队分工开展学习探究活动,采用走访调查、阅读书籍、上网浏览等方式,进行观测分析、文字陈述、访谈问卷、研究评定、总结汇报等工作,力争在传承传统文化的过程中能有创新的发现与实践。在体验式探究过程中,队员们乐于走进丰富多彩的民风民俗,沉浸在深沉丰厚的文化积淀中,领略到了二十四节气的博大精深,感受到了中华优秀传统文化的魅力。

围绕节气活动,在队员们的"头脑风暴"下,小蚂蚁中队创设了"爱国好少年、诚信小天使、小小礼仪员、中队小当家、学习小能手、创新小先锋、智慧小博士、健康小卫士、交往小使者、活动小达人、合作好伙伴和表达小明星"12个特色章,队员们通过学习、探究、体验、实践,充分彰显个人风采,成就个性成长,总能收获满满。

2. 科技创新,二十四节气让少先队活动拥有时尚元素

除了多姿多彩的线下活动,队员们还紧跟潮流,创建了富有特色的线上活动。围绕二十四节气活动,小队委在云空间里组织构建本小队特色空间,上传线下开展的活动中队员们的有趣瞬间、精彩视频。大家在空间里互相点评、交流,增强了各小队队员之间的联系,空间也建设得有声有色。

3. 家校联动,二十四节气让少先队文化具有生命力

文字是最具生命力的符号,通过文字,让队员们抒发出自己的情感。在"美食暖人心"环节,队员们记录下了一个个家人关爱的小故事,从字里行间能感受到他们在感恩亲情上的成长。在"家长谈感受"环节,许多家长都表示,这样的活动,让原本忙碌的自己停了下来,陪着孩子一同成长,这样有生命力的资料的呈现与积累,刻画下了队员和家长共同成长的轨迹。此外,家长们也纷纷表示通过探究活动,孩子的自主意识和能力都得到了培养。

节气活动得到了队员和家长的大力支持,有的家长还将日常的节气活动发在微信和微博上,让亲朋好友都知道了这些节气活动,也感受着活动带来的美好回忆与真挚亲情,小手牵大手,家校联动,带动更多的人走进二十四节气的传承中来。

四、活动成效与反思

(一)少先队活动课让队员们"乐"起来,增强少先队组织吸引力

"活动是少先队的生命,是少先队实现教育的根本途径,少先队组织要以实践体验为载体,充分遵循儿童生活的逻辑,尊重儿童道德发展的内在需求,引导儿童用自己的眼睛去观察,用自己的心灵去体会,用自己的方式去研究,从而促进儿童的情感、态度、品德、知识和能力的发展。"传承二十四节气少先队活动内容,在丰富的实践与体验中发现乐趣。

(二)节气体验项目让队员们"活"起来,激发少先队员的个性化

要善于挖掘、充分利用学校周边的地区文化,依托地域的优秀文化资源,充分彰显队员走出校园,积极服务社区的活力,用实际行动来自觉践行社会主义核心价值观,牢记习近平总书记"从小学习做人,从小学习,立志从小学习创造"的要求。

丰富多彩的自主活动增强了队员的探究和创新意识,培养了队员的科学态度和科学精神,发展队员综合运用知识、发现问题和解决问题能力,关注了身边的环境,增强了社会责任感,让每个队员的个性都得到了充分发展,也使队员们感受到农历二十四节气是人类与自然协调的时间指南,即使在科技高速发展的现代,二十四节气对人们的生活仍有积极意义。只有顺应自然,依循自然时序,人类才能生活得更加愉快幸福。现代人应自觉传承二十四节气这一文明财富,尊重自然时间,尊重生命归节律,享受色彩斑斓的自然时间生活。

通过中队的特色争章评选活动,树立队员身边的典型形象,用榜样的力量点燃队员对真善美的向往,鼓励他们做中华优秀文化的传承者,社会主义核心价值观的实践者和良好风尚的创造者,为和谐文明的社会贡献一份小小的力量。

(三)新媒体技术让队员们"动"起来,提升少先队活动的吸引力

新媒体的不断发展和应用,在很大范围内改变着人们的生活习惯和思维方式。

新媒体的适当应用将有利于促进少先队工作的开展,因此,我们要加大新媒体技术在少先队各种活动中的尝试应用,通过各种应用软件进行活动的过程性记录与评价,制作微视频进行活动汇报总结,还要利用校园微信公众号平台发布中队的特色活动,展示队员风采,展示辅导员的魅力。相信新媒体技术的创造性运用,一定能为少先队工作创新发展插上信息化、智能化和大数据的翅膀,让少先队员们飞得更高、更远!

思源涓涓清明节　铁骨铮铮爱国情

上海市青浦区逸夫小学　于　森

一、背景分析

"清明节"是我国重要传统节日,它有着悠久的历史渊源,深厚的文化内涵和丰富的民俗活动,它既是人民祭奠先祖,缅怀先人的宗亲节日,又是一个有着深远意义的日子。在这个特殊的节日里开展丰富多彩的节日活动,让学生了解传统、尊重传统,进行革命传统教育,传承中华民族传统文化,有利于弘扬爱国主义精神,增进学生对祖国的文化认可和民族认同。继承传统,弘扬传统,增进爱国情感,珍惜来之不易的幸福生活。

通过对本校五年级学生的访谈和调查发现,学生对"清明节"这个传统节日了解甚少,只局限于家长传递给他的扫墓活动,而对于节日的传统由来,历史典故,重要活动等几乎从未听闻。

这一主题教育活动课的开展,旨在让学生知晓节日的民俗,在体验中感受心灵触动,使传统文化在学生心中生根发芽。因此,我们要挖掘清明节的体验因素和传承载体,利用现代网络中的丰富教学资源,启发学生预学、倾听展示等交流活动,充分尊重孩子的体验和感受,让学生在体验中成长,让学生在活动中提高自身综合能力。

二、教育目标

认知目标:通过材料收集,让学生对我国的传统节日——"清明节"的来历、节气的特点和民俗活动等有更具体的了解。

情感目标:通过游戏等活动体验,使学生感受有趣的清明习俗,感受幸福生活来之不易,学会感恩,继承先烈遗志,树立远大理想,做一个积极向上,热爱生活,热爱祖国,情趣高尚的好少年。

行为目标:培养学生搜集资料、分析资料、整理和汇报资料的能力,在体验活动中,提高学生组织能力、协调能力、语言表达能力;引导学生在体验中传承文化,涵养气质,内化为品质,外显为行为。

三、活动准备

(一) 教师准备

1. 调查家乡的清明节,以"我知道的家乡清明节"为主题,开展一次文化和习俗的班级交流活动并写下自己的感受。
2. 搜集并剪辑清明节的相关视频,制作PPT。

(二) 学生准备

1. 查找与清明节相关的古诗、字画、故事等素材,完成《预习单》。
2. 在完成《预学单》的基础上,出一期"一诗一画"的经典诵读展板。

四、教学过程

(一) 晓"寒食"节日,知"清明"来历

课前2分钟预备铃准备,全班背诵古诗《寒食》。

师:刚才大家在课前准备的时候,我听见你们在诵读一首诗名为《寒食》,寒食就是寒食节,关于寒食节,老师查找了相关材料。

(PPT播放寒食节视频)

师:看了视频,你们知道了什么?

生:我知道了原来寒食节就是今天清明节的前身。

师:是的,说起清明,那这句诗大家肯定耳熟能详。

(师生齐诵《清明》。)

(二) 延"清明"习俗,悟"清明"文化

1. 交流知晓清明习俗

师:同学们,你们是怎样过清明节的呀?

生1：我们吃了青团。

生2：我们回安徽老家扫墓了。

生3：我们去淀山湖大道踏青、摘柳枝了。

生4：我们就在家里和亲人们团聚了一下。

师：是的，你们交流的就是清明节有趣的民间习俗，下面，我们以小组为单位交流大家的《预学单》。

2. 以小组汇报的形式交流《预学单》

师：我刚才在小组里巡视，我发现了一个有趣的习俗，我想请这名同学来介绍。

（1）介绍"蚕花会"的相关习俗

生："蚕花会"是蚕乡一种特有的民俗文化，清明节期间，就在离我们不远的浙江乌镇、桐乡等地都有此项民俗活动，其中以洲泉马鸣庙的最为精彩、隆重。马鸣庙在当地有"庙中之王"之称，每年蚕花会人山人海，活动频繁，有迎蚕神、摇快船、闹台阁、拜香凳、打拳、龙灯、踩高跷、唱戏文等十多项活动。这些活动有的在岸上进行，而绝大多数在船上进行，极具水乡特色，为的就是希望蚕丝产业更加发达。

师结语：听了他们小组的介绍，你有什么感受？

生1：没想到还有这么有趣的习俗。

生2：这个习俗我还是第一次听说。

师：是呀，江南的孩子应该把这项极具水乡特色的民俗活动传承下去。还有哪个小组愿意来分享？

生：我们小组和老师找的资源是一样的，我们找到的是清明的最早起源，源于24节气中的一个节气，我给大家播放一个视频介绍。

（PPT播放节气视频）

师：你们听懂了什么？

生1：我听懂了一个谚语：清明清明，种瓜点豆。

生2：我知道了只有清明既是传统节日，又是节气。这在24节气里是唯一一个。

师结语：在他们的介绍中，我听懂了——

（教师板书节气清明：顺应天时的劳动智慧）

师：还有哪个小组想来介绍吗？

(2) 学生介绍清明"插柳"的相关习俗

生1：据说，插柳的风俗是为了纪念农事祖师神农氏的。有的地方，人们把柳枝插在屋檐下以预报天气，古谚有"柳条青，雨蒙蒙；柳条干，晴了天"的说法。杨柳有强大的生命力，俗话说："有心栽花花不发，无心插柳柳成荫。"柳条插土就活，插到哪里，活到哪里，年年插柳，处处成荫。

生2：关于清明戴柳有一种说法，中国人将清明、七月半、十月朔看作是三大鬼节。清明节正是百鬼出没频频、索讨多多的时节。受佛教的影响，观世音手持柳枝蘸水普度众生，许多人便认为柳条有驱鬼辟邪的作用。北魏贾思勰《齐民要术》中写道："取杨柳枝著户上，百鬼不入家。"清明既然是鬼节，值此柳条发芽时节，人们便纷纷插柳戴柳以辟邪了。

师：听了你的介绍，咱们就来一场关于"柳"的飞花令吧！用古诗词来吟诵清明如何？

师结语：九陌云初霁，皇衢柳已新。听了这段关于"柳"的习俗，让我从多方面更了解了清明。我发现——

（师板书节俗清明：拥抱春天的生活情趣）

师：还有哪个小组交流？

生：我们小组找到的是清明节的起源，源于纪念一位古代先哲——介子推。（故事省略）

（PPT播放介子推的故事）

师结语：小伙伴儿们刚才汇报的课前探究成果可谓是精彩纷呈！尤其是运用古诗词来传承我们中华文化真是一个智慧的选择。

（三）怀感恩之心，扬中华精神

师：是呀，就是为了纪念介子推这位故之先贤，清明时节祭祖、扫墓已经成为我们中国人的习惯，你去扫过墓吗？

生1：我扫过，就在我安徽老家，一家子人都去墓地烧纸。

生2：我去过，还要献上白色的菊花。

生3：我去过，每次扫墓，我妈妈都会在我外婆坟前哭得很伤心。

师：是呀！扫墓是为了缅怀我们逝去的故人，那我们作为少先队员，还要缅怀谁？

生1：缅怀革命烈士，因为是他们的鲜血染红了国旗。

生2：我觉得也是缅怀革命烈士，是他们换来了今天来之不易的生活。

生3：当然也是缅怀革命烈士，没有他们就没有中国的成立。

师：你们说得句句掷地有声，这也是我们每所学校每年清明节都会组织学生扫烈士陵园的原因，你去烈士陵园扫过墓吗？你参加扫墓后有什么感受？

生1：我去过的，我觉得很光荣。

生2：三年级去过的，觉得路途上很远，但是到了那里就很肃穆。

1. 情景辨析：扫墓过后

师：有一个同学和你们一样，扫墓以后写了一篇日记，我们看看他怎么说。

（PPT出示图片扫墓日记，并配合画外音）

一个多云的中午，我们去革命烈士陵园扫墓。

我们12点出发，在学校门口排队就用了很长时间。因为大家在排队时不整齐，闹哄哄的，说话的说话，打闹的打闹，一点不像要去扫墓的样子。

去陵园的路上，男生一直在说话。扫墓前，老师在演讲，男生也在说话。老师瞪了我们班级男生几眼，但是，男生还是不自觉。等到扫墓的时候，我们献上了自己亲手做的小白花。

之后，回学校的路上，男生也在乱哄哄地说话，抱怨着腿脚酸，等到了学校已经2点了，怪不得腿酸呢！后来老师就给我们上课了。

师：嗯，他写得很认真。你们觉得呢？

生1：他们这是对烈士的不尊重，怎么能说话呢？这样的环境就应该肃穆。

生2：这个情况我们也有，其实是不对的，对先烈应该尊重。

生3：其实和烈士比起来，我们不算累的。他们就是太矫情了。

生4：他们忘记了今天的生活是谁换来的。

师：是呀，正如大家所说，他们忘记了今天的幸福生活来之不易，缺少了对先烈们的尊重。饮水思源，慎终追远，无论什么时候，我们都应该牢记，五星红旗的鲜艳是——烈士的鲜血染成，胸前的红领巾应该——时刻激励我们振兴中华的使命。

2. 朗诵激情：再读《囚歌》

师：还记得那首《囚歌》吗？谁读？

生1读，老师评价：你读出了叶挺面对敌人的坚贞不屈。

生2读，老师评价：你读出了叶挺面对死亡时的视死如归。

老师和学生配合齐读《囚歌》。

3. 视频了解时事：《他们，你们还记得吗？》

师：有些人会说，老师，那个抗日战争的时代离我们远去了，其实不然，今天，看似和平的时代，依然硝烟滚滚——

播放视频：新闻频道在清明节推出的宣传短片《他们，你还记得吗？》

4. 传承革命信仰：填写《感恩卡》

师：此时，你肯定有很多话想说，请写在感恩卡上。

生1：我写的是，无论您是谁，我都感谢您，您让我感动。

生2：我想给您敬一个少先队的队礼！

生3：我写的是，谢谢你们给了我们今天的幸福生活。

学生写好后都放在交流展板上。

（板书：节日清明　思亲报本的感恩情怀）

师：2007年，中央国务院正式把"清明节"列为法定假日中，为的就是开展各项民俗活动，弘扬传统，传承文化，感恩烈士，珍惜今天的幸福生活。今天我们知晓了清明节这个集节气和节日于一身的特殊日子。除了清明节，我们国家还有哪些传统节日呢？

生1：元宵节、春节、重阳节、冬至节、腊八节。

生2：端午节、七夕节。

师：元宵节、端午节、中秋节、七夕节、重阳节等传统节日，不仅是我们日常生活的重要部分，而且蕴含着深厚的民族情感和人文情怀，它也深深融入我们鲜红的血液当中，少年智则国智，少年强则国强。你们是中国的未来，是中国的希望，你我都应该用心传承，应该让我们的传统节日顺应时代的步伐，历久弥新。

（四）实践活动，完成体验报告

走出家门，调查家乡的清明节，以"我知道的家乡清明节"为主题，开展一次文化和习俗的班级探究活动，并写下自己的感受。

清明节

节气清明：顺天应时的农耕智慧

节俗清明：拥抱春天的生活情趣

节日清明：思亲报本的感恩情怀

五、教学反思

(一) 古诗词导入:情境创设,激发体验

新课程教学注重对学生探究能力和创新能力的培养,中国民族众多,不同民族、不同地区过清明的风俗也不尽相同,课前教师设计预学单,明确搜集清明节民俗活动、清明节来历、饮食等诸多探究内容,教师充分考虑了教学内容的特点和学生学习需要的出发点,帮助和引导学生确立了探究"清明文化"的目标。而教学情境是课堂教学的重要组成要素,创设有价值的教学情境是促进学生学习的必然要求。

清明主题教育课伊始,学生背诵古诗准备上课,教师利用背诵古诗《寒食》发起谈话,引导学生观看"寒食节"的视频介绍,在无痕的情境创设中走进几千年前的"寒食节",了解古人"寒食节"的习俗,并总结指出随着时代的发展,"寒食节"被"清明节"取代这个知识要点。接着教师鼓励学生介绍课前探究学习时收集到的清明节习俗,在学生逐一介绍时,重点捕捉"蚕花会"这个江南特有的民俗活动,让学生有地域的自豪感。

用观看"寒食节"视频方式吸引学生眼球,营造学习氛围,激发学生求知欲,学生围绕研究问题展开,以小组讨论、组际交流的探究学习方法,从学生们居住的江南水乡地域特点出发,着重介绍具有地域特色的"蚕花会",探究结果对于知晓清明节俗,传承清明文化有意义、有价值。不难看出,只有在明确具体、合适的探究目标基础上的实践探究,为学生提供认知背景和停靠点,创设促进学生理解和思维的探究情境才是激发体验的良方。

(二) 拨动心弦:互动对话,注重体验

1. 以"诵"激情,厚底蕴,让学生"学"有情趣

教学中的对话是师生、生生之间彼此平等、彼此倾听、彼此接纳、彼此敞开的基础上发生的双方视野的交融,是一种致力于相互理解、相互合作、相互激发、共同创造的精神或意识磁场。教学中对话的形式、语言的风格更多地应由对话的一方——学生的年龄特征而定。

针对小学生活泼好动的特点,在传承"柳文化"这项清明民俗环节中,教师组织

新颖的时事节目"飞花令"完成学习目标,游戏规则是:学生以小组为单位,依次背诵一句含有"柳"的诗词,重复或在有限时间里背不出视为淘汰。学生真实的互动对话,在小组轮流中既要倾听,又要对答如流,对于五年级的孩子来说是极大挑战。紧张到刺激的体验式活动创设让学生在"玩中学",在"学中玩",喜闻乐见的汇报方式提升了学生们的学习兴趣,让枯燥的课堂变得别具风趣。潜移默化中,学生不仅知晓"柳文化",同时,用富有文化底蕴的古诗词来传承民俗,丰厚了古诗词文化底蕴,还锻炼了临场自我控制能力,体验式学习着实让学生受益匪浅。

更为重要的是,体验活动的核心直接指向学生之间的组际对话,教师作为评判者也要认真倾听、核对,学生之间相互的启发、感染,实现了新的认知建构,其中,学生思维的连续性、流畅性是获得创造性思维成果的重要保证。

这一环节,教师将学生置于学习过程的中心,引发了教师的角色转换,当课前收集并背诵的古诗词即将展示,当学生认为学习任务具有新颖性和难度和自己的兴趣有关,学生的好奇心被激发,并且他们有个人的选择和控制权时,学生的内在动机就被激发。

2. 以"演"触情,展自我,让学生"学"有个性

思而不动则空,动而不思则浅。课堂上教师先引导学生观看小伙伴的练笔之作,之后引发学生思考该如何对待"扫墓"这件严肃的事情,接着引用"朗读者"这个综艺形式,让学生在头脑风暴、朗读体验中重温历史,继承传统,增进爱国情感和国家认同,珍惜来之不易的幸福生活。

在创设学生思考清明祭扫的意义这一环节,教师先展示学生写的《扫墓日记》组织学生进行情景思辨,在小组交流对话中,学生都对写日记的小作者进行了批评,都认为日记里缺少对先烈们的感恩之心并提出修改意见:应该时刻饮水思源,牢记五星红旗的鲜艳是烈士的鲜血染成,胸前的红领巾是激励我们振兴中华的使命。

在学生小组交流对话后,教师因势利导,引领学生回顾叶挺将军坐牢时写的《囚歌》,并鼓励学生用朗读者的身份主动走上讲台表演。学生踊跃举手,一名男生朗读慷慨激昂,还有学生上台表演并发表感想,其中一名学生说他全程都用轻蔑的语气读,读出了对敌人的蔑视。

表演是高一层次的形象性,因为它不仅是教学内容的外观形象,而且展现了人物内心世界。学生表演比教师表演更有独特的教学意义。正如苏霍姆林斯基所

说:"从本质上,儿童个个都是天生的艺术家。"实际上,学生不仅具有潜在的表演天赋,而且还有着爱表演的个性特征。表演能有效地调动并发挥学生的积极性和创造性。

在朗诵《囚歌》的表演环节,因学生性格不同,感悟不同,促成了丰富的教育资源,学生带着属于自己的独特情感,读出了个性的味道。多样化的朗读视角让学生进入了角色,换位体验,产生与体验对象相一致的移情体验,并从中领悟和把握知识情景,收获了独一无二的个性情感体验。

(三)回归本源:价值澄清,升华体验

体验式学习主要是激活学生健康的情感,形成正确看问题的态度,为形成正确的人生观、价值观增加动力。在这个过程中,教师要引导学生对有关价值判断进行深层次思考。

在学生斗志昂扬的朗诵中,把课程学习推到高潮部分,教师播放《人民日报》"清明节"特辑《他们,你们还记得吗?》的视频供学生观看,让学生深切体悟看似和平年代,也是硝烟滚滚,学生针对烈士们的生命定格在炮火中有感而发,并把自己的感悟写在感恩卡上。席间还有一个学生发言动情时,激动地敬上一个标准的队礼。

体验式主题教育课落脚点离不开"教育性"。教育应该以道德的养成为最高目的。在这个片段中,教师通过引导学生观看视频这样直击眼球的视觉体验,落脚在把缅怀先辈、行孝品德的神圣生命交流仪式代代相传上,澄清了爱国价值,升华情感体验,这也就明确了知识和道德内在的、直接的联系。知识层面,知晓清明节的相关节俗、活动;道德层面上,要认同中华文化,励志传承。真真切切地使学生在情感体验基础上,感悟道德价值的要义,转化为自己的道德观念,回归了学习的本源——促进自身的发展。

(四)螺旋发展:行为反思,实践体验

在实践体验中,教师要创设条件,给学生搭建体验的舞台,使学生在实际生活中,将自己内心已经认同的价值标准外化为道德行为,因此,体验式主题教育课不是一个单纯的平面循环,而是一个链条性的结构,是一个螺旋上升的过程,也就是说,行动应该意味着下一次或者说全新体验的开始。

在这节课的拓展环节,教师引导学生思考"让传统节日顺应时代历久弥新"的

方法。学生们踊跃发言,有的说要亲子制作青团,建立和家人的和谐关系;有的说应该组织小队骑行,在运动中感受春的气息;有的说在扫墓之前,应该召开一次有爱国情怀的班级活动,为扫墓的庄严做好心理准备……学生的每一个金点子都是实际生活的写照,源于生活,发展于生活,最后回归生活。任何一次体验式主题教育课效果的发挥都不会仅限于课堂活动中,学生受到的影响可能会持续很长一段时间,这就提醒教师要重视巩固教育效果的拓展环节。因此,在设计拓展环节时,教师要巧妙点题,要留有回味的余地,体验式主题教育课结束了,但主题教育活动的意义依然在延伸。

陶行知说:"生活即教育,社会即学校,教学做合一。"生活化教学是将教学活动置于现实的生活背景之中,从而激发学生作为生活主体参与活动的强烈愿望,让他们在生活中学习,在学习中更好地生活,从而获得有活力的知识,并使情操得到真正的陶冶。由此可见,在课后的拓展体验中,所有的体验学习都是全新的,是让学生获得最终的"高峰"体验,达到了知行统一。

老吾老以及人之老
——传统文化在尊老道德教育活动中的落实

上海市宝山区同达小学　黄竹婷

一、活动背景

"中华优秀传统文化教育"是德育的重要内容之一,开展家国情怀教育,传承发展中华优秀传统文化,大力弘扬中华传统美德,引导学生了解中华优秀传统文化的历史渊源、发展脉络、精神内涵,增强文化自觉和文化自信是育人的主要模式。在《中小学德育工作指南》中,通过制定详细的德育教学目标,以中华传统文化教育的模式推进德育工作的有效性落实,对现代化人文教育体系的构建而言,具有积极的意义。

在文化交融的教育环境下,当代学生对于西方节日的了解越来越深入,与此同时,中华优秀传统文化的渐行渐远也不免让人产生担忧。作为东方华夏文明的重要组成部分,中华优秀传统文化的博大精深使其得以代代传承,从民间民俗,再到节日习俗,传统文化深远的影响力已让其成为我们生活与精神中不可或缺的一部分。

每年的农历九月初九是中国传统重阳节,"重阳"也叫"重九",因为《易经》中把"九"定为阳数,九月九日,两九相重,故曰"重阳"。这一天,人们将会出游赏秋、登高远眺、观赏菊花、遍插茱萸、吃重阳糕、饮菊花酒,以此来庆祝重阳佳节;1989年,我国政府将农历九月九日定为"老人节",旨在传承尊老爱老的传统美德,倡导全社会树立尊老、敬老、爱老、助老的风气;2006年5月20日,重阳节被国务院列入首批国家级非物质文化遗产名录。

德育新课程的呈现形式有多种多样,不同的教学形式其教育成效亦是有所差异的。传统文化的渗透性教学,旨在通过与学生生活息息相关的形式,让学生直接参与到主题活动中去,并进一步的强化其趣味性,充分带动学生参与的积极性。在"诗语话重阳"主题活动中,笔者以诗词歌赋赏析创新的形式重新审视中国传统文化的德育作用以及文字魅力。笔者亦借助本次"诗语话重阳"班级主题教育活动,让学生通过了解重阳习俗,增强对节日文化的体验和感悟,传承中华优秀传统文化。

二、活动特色

本次活动育人最大的特色是以传统文化活动引导德育教学。在传统节日,师生共溯重阳、赏重阳、共品秋韵,在黛墨彩笺与低吟浅唱中感悟古典诗词之美,让"孝心"与"感恩"流淌在文化的血脉长河。此次"诗语话重阳"主题活动将通过品读传统文化以及感知传统文化的形式,品味文字之美、诗词之美,感受文化之蕴,让学生在不同的学习模块中充分体验传统的独特魅力,感知文化的深刻内涵。通过本次活动,引导学生了解重阳节的风俗及民族文化含义。加强对学生的感恩教育、亲情教育,培养学生传承中华优秀传统文化,增强敬老、爱老的意识。在诗词的品读鉴赏以及传统风俗的体验中感知中华优秀传统文化的深刻内涵与独特魅力,以多元化活动形式让文化入脑入心,让其发挥德育的实质性作用。

三、活动内容

尊老道德教育,通过感知德育内涵,品味传统魅力。

"诗语话重阳"主题教育活动需要小组合作完成重阳任务卡。班级成员分成五组,每组八人。各组领取五张任务卡,各小组在组长带领下分别完成"说重阳、品重阳、书重阳、诵重阳、话重阳"五项活动内容。

(一)话重阳

第一小组成员收集资料,在组内讲述有关重阳节的由来和相关的神话故事。要求学生回家和家人一起讲一讲,并且按评价要求(声音响亮、声情并茂、自然大方),小组评选出优秀的讲故事达人三名,并在班级中汇报表演。

这个任务的设计主要是让学生在收集资料的过程中,了解到重阳节的有关历史渊源,激发学生对于中华优秀传统文化的自豪感,同时在和长辈讲述故事的过程中,让孝心和感恩在学生的心中埋下种子。设计的讲故事评价表明确了评价内容,多元评价的方式能更加全面关注学生活动的过程。小组成员在班级中进行汇报表演,是和同学们一起分享和学习的过程。

（二）品重阳

第二小组成员交流重阳节的民间活动，包括出游赏景、登高远眺、观赏菊花、遍插茱萸、吃重阳糕、饮菊花酒等。

品重阳评价要求：小组每个队员体验一项重阳节的活动，交流体验心得，并且拍下最美好的瞬间，照片布置于中队板报。

品重阳任务的设计主要目的是让学生重温重阳节的习俗。学生对于重阳节的有些习俗已经淡忘了，甚至有的根本不清楚登高的含义，茱萸这种植物也很少有学生认识，这就需要学生通过亲自体验，感悟习俗的具体内容。例如，在和家人一起品重阳糕的过程中，孝心和感恩的种子就在学生心中生根发芽。相信亲身的感知远远比说教来得更有意义。通过照片拍摄的形式，品重阳活动也同学们留下了一份最美好的回忆。

（三）书重阳

黛墨彩笺书重阳就是要求第三小组成员围绕重阳诗文进行交流，如《忆重阳》《九月九日忆山东兄弟》等，然后在精美的书法纸张上用心摘抄诗文，进行书写比赛。

书重阳评价要求：小组评选出书写最端正、漂亮的字，布置于班级板报。

书写重阳节的诗文，不仅仅能让学生感悟古典诗词之美，也是对于中华优秀传统文化的鉴赏。在一笔一画的过程中，滋润学生的心灵，为孝心与感恩这颗种子浇灌，注入养分。书重阳注重的是诗词熏陶，摘抄的是诗文、鉴赏的是文化。

（四）诵重阳

低吟浅唱颂重阳，要求第四小组成员诵读古代敬老故事，如《二十四孝》、古今中外名人敬老的美文诗篇等。小组评选出两名优秀的朗诵者在全班展示表演。

诵读经典是我们自信的源泉，美文的诵读更能滋润我们的心灵。相信学生在诵读的过程中，能逐渐感悟到敬老爱老是我们自古就有的传统美德，而这种美德需要我们铭记于心。

（五）话重阳

谁言寸草心，报得三春晖。我们组织第五小组成员写一写我与爷爷奶奶的故事，围绕"孝心"与"感恩"写出自己的真情实感，并且为长辈做一件力所能及的事情报答亲恩。

话重阳评价要求：小组评选出优秀佳作三篇，布置于栏板供学生学习。

以写作的形式调动学生内心的真挚情感，我与长辈的故事虽然是生活中的小事，但点滴小事其实都是亲恩。写作的任务是激发学生报答亲恩的催化剂，在体验感悟后内化为实际行动，培养学生养成自觉主动地为长辈做一些力所能及的事。传统美德需要传承、发扬。

整个活动内容互相交融，激励学生发扬"老吾老以及人之老"的传统美德，落实基于传统文化在尊老道德教育活动中的应用。

四、成效反思——我们在路上

"诗语话重阳"活动的有效开展，不仅让学生充分品味到了汉字诗词的韵力，也让同学们在活动的进行中感知传统文化、传统节日以及传统民俗深刻的底蕴。此次活动犹如一次耕耘，播撒诗词的种子，收获传统文化的深刻品会，也在无形之中引导着学生们爱上传统文化、传承中国文化、感知诗词的独特魅力。活动设计中同样有所收获，也存在着不足。

（一）分组体验，有效强化中华优秀传统文化的教学渗透

班级成员分组体验，在组长的带领下开展小组活动和成果展示，并在此过程中渗透道德教育。分组体验是以个体差异化为核心进行设计的活动形式，每一个学生对于传统文化的理解认知程度有所不同，在分组体验的过程当中，学生之间相互交流，说出自己的想法，并与小组成员互相探讨，相信传统文化已经流淌在学生的心间，所谓"随风潜入夜，润物细无声"。在这次活动中，学生主动参与，积极性高，对于传统的重阳节有了更新的了解，大家为中华优秀传统文化而感到由衷自豪。

（二）合作感悟，引导学生团队合作意识的提升

在"诗语话重阳"活动中，学生通过组队的形式强化学习体验，又以交流的形式强化互动，进而推进德育主题活动的成效。与其他学习形式有所不同的是，小组学习能够强化感悟，通过讲一讲、品一品的方式，了解重阳节的习俗，在故事的讲述以及诗词的品味过程当中，全班学生对于重阳节的来历和意义，与此同时，因为在学习过程中有互动以及故事讲述环节，更进一步深化了教学的画面感，使学生对其有了深刻的印

象。在持续性的互动过程当中,学生对于传统习俗的重温也是对传统文化的传承,各组成员在收集有关传统节日的资料的过程中,既能够有效的深化对相关传统节日的认识,也能够进一步的探索更多元化的传统风俗。不仅如此,将所收集到的资料拿出来交流、讨论,增长了学生的见识,同时又提高了学生发现问题以及解决问题的能力,使学生能够在资料收集整理的过程当中,强化团队合作意识,增进文化交流。

优秀作品的评价和展示是育人的方法之一。全班学生通过欣赏,互评等形式,大家的动手操作活动、交往能力得到提高。该形式亦可以帮助学生回顾在其学习过程中的付出,体验成功的快乐,并学会用语言表达自己的想法,最终落实在实践中。培养学生弘扬优秀传统美德不是一朝一夕的事情,这是坚持也是坚守。学生在活动中建立了学习的成就感和自信心,感受到了学习的热情和快乐。在实践的过程中,培养了他们的审美能力和创造能力,同时也让他们更深入了解到我们中华优秀传统文化,激发他们热爱传统,乐于传承和发扬美德。与传统文化结合,并不是直接将传统文化搬进德育课堂,而是与德育教材有机融合,这也符合小学阶段学生的审美成长价值需要。

(三) 创新形式,让传统文化深入人心

在以往的教学过程当中,德育内容单一化,德育形式枯燥乏味,学生学习的兴趣度不高,教师开课的积极性同样较低,由此造成了"德育就是传统教育"的刻板印象。但是,在此次的"诗语话重阳"活动中,教师通过多元化形式,以文化实践的角度让学生感知传统文化魅力。活动共分为五个模块,以"看读听说"的感官形式充分的调动学生学习的积极性,从而使传统文化能够入脑入心。另外一方面,为使传统文化教学能够切实的发挥道德教育作用,深化学生尊老、爱老、敬老的道德意识,从交流到体验的每一个环节,都经过精心设计,这不仅是一场文化之旅,更是一场心灵的畅游,让学生在诗词的浸润之中得到精神的滋养,也让中国文化以及道德教育能够完美的结合,成为每一个华夏儿女的精神气质。

弘扬中华优秀传统文化任重而道远,我们作为教师更应播撒人文教育的种子,让中华优秀传统文化得以代代传承,让独具魅力的中华文明绵延不绝。不仅如此,在现代化教育体制改革的先决条件下,道德教育是学生综合素质教育的重要组成部分,只有在传统文化的熏陶下,经过不断的浸润,不断的滋养,不断的濡染,我们才能培养出一代具有优秀民族精神,秉承中华传统美德的少年,也只有在文化潜移默化的影响之下,让道德礼仪推进其成长,帮助其成器。

传孝义文化　享民俗之趣

上海市普陀区真如文英中心小学　汪　瑶　黄珍青

一、实施背景

在《习近平总书记系列重要讲话读本》中有这样一段话:"中国共产党自成立之日起,就是中华优秀传统文化的忠实传承者和弘扬者,又是中国先进文化的积极倡导者和发展者。要用中华民族创造的一切精神财富来以文化人、以文育人,决不可抛弃中华民族的优秀文化传统。"

上海市普陀区真如文英中心小学地处社区教育发源地之一的真如古镇,毗邻普陀区人民政府,重建于1958年,是一所在区域范围内有着较高声誉的上海市新优质学校。学校以"习近平新时代中国特色社会主义思想"为指导,深入落实全国、市、区教育大会的战略部署,在"体验成功,快乐成长"办学理念的引领下,着力探索"立德树人、五育并举"育人体系,在"真如——真人真事,育如常"学校精神的浸润中,让文英师生体验着"不一样的成功,一样的成长"。

学校完成了"基于学生核心素养培养的'365成长课程'的优化研究",优化了学校整体课程结构,将课程建设与育人有机整合,通过课程学习培养一个完整的人、大写的人。通过"蒙童、蒙学"系列德育品牌项目实施,将目光聚焦于"学会学习,学会创造,学会成长"。通过项目化学习,提升课程内在品质,让文英的每一个学生在课程学习和丰富的活动体验中学会做人,增长知识,培养才干,习得态度。在文英,学生们的"蒙童+"大阅读之旅伴随着上海市书香校园的建设从未停歇,"不是在阅读,就是在体验,总有一件事伴随着文英学子的童年"。

因此,学校连续10轮荣获"上海市文明单位"称号,并荣获"上海市新优质学校""上海市文明单位""上海市依法治校标准校""上海市行为规范示范校""上海市书香校园""上海市语言文字示范校"等称号。

二、主要特色

2012年学校被评为上海市语言文字示范校,2015年学校被评为上海市书香校园示范校,建构"阅读+课程"项目。学校打造"蒙学"系列主题"悦读"课程,通过各种各样的方式开展"阅读课程+""阅读体验+"的活动,让读书陪伴成长,让书香浸润校园,让雅言传承文明。

(一)阅读课程+

学校设计了各个主题的阅读拓展课程,形成学校特色"阅读课程+"。"+"是"加"的意思,从基础课程这一原点出发,拓展语文阅读途径,丰厚语文阅读内容,深化语文阅读影响,引导学生"读辩天下";"+"还蕴含"佳"的意思,为确保课程质量,阅读拓展课程经过教师申报、设计、试运行、学校评估、教师再反思改进等流程,最终形成"蒙童+"大阅读德育特色品牌,如:蒙童读国学,传中华之粹;蒙童读年味,承民族之根;蒙童读经典,赏人文之美;蒙童读节气,悦科学之奇;等等,在阅读中浸润,在浸润中育人。

(二)阅读体验+

为渗透课程理念,拓展阅读途径,丰富学生参与课程的方式,学校设计了"蒙童读节日,传孝义文化,享民俗之趣"大阅读之旅体验活动。结合节日主题,开展形式多样的体验式活动,文英学子们享受着阅读,体验着阅读后的乐趣,习得"好阅读"的习惯,在"阅读体验+"活动中,深深感受到"优秀传统文化是中华民族的精神命脉,是最深厚的文化软实力",也在过程中践行文英学子"巧思躬行,言志求真"的学风。

三、主要内容

(一)蒙童习端午,尝粽赏味乐体验

1. 课程源起

临近端午,学校体育朱老师成了文英学子口中的"红人"。原来他参加了区里

的"端午划龙舟"比赛,平时里低调的朱老师在比赛中却判若两人,矫健的身手和刚毅果断的神情颇显大将风范,成了学生膜拜的偶像,趁着这股偶像热,学校组织了"端午习俗"主题学习。

2. 体验过程

围绕学生感兴趣的"龙舟",组织四年级学生"画龙舟",学生们查阅了大量的资料,在此基础上展开了合理想象,一艘艘造型别致又独具民俗特色的龙舟跃然纸上;接着在家长志愿者的指导下,开展了"包粽子""做香囊""挂艾草"系列体验活动。包粽子时,那些平日里忙于学习而疏于动手的学生遇到了不少困难,"啊呀,米撒了""哎哟,怎么那么大一个洞啊""线扎不紧啊",类似的声音在教室里此起彼伏,虽窘态百出但又乐在其中,能包出一个属于自己的粽子可是一件自豪的事情哟。除了大家熟悉的粽子,香囊和艾草学生接触较少。在老师的讲解下,同学们了解了香囊和艾草的作用,手巧的也能在志愿者家长的帮助下飞针走线,一个个小巧玲珑的香囊应运而生,有的拿来布置教室,有的互赠好友,还有的索性挂在了自己的书包上……一次由体育老师引发的端午主题学习带给学生的是一次了解历史走近民俗的文化体验。

(二) 蒙童赏中秋,读诗赏文品经典

1. 课程源起

中秋时节利用主题班会课,各班结合主题开展中秋节日文化课程。

2. 体验过程

中秋佳节来临之际,五(5)中队开启了以"忆中秋"为主题的五年级节日文化课程。郁思云小队讲了四则"中秋传说",《拜月和赏月》《吴刚伐桂》《中秋赏月》《朱元璋和农民起义》,让队员们在故事聆听中走进神话传说,了解中秋内涵。陶同学带着他们小队走到台前,闲庭信步、摇头晃脑地吟诵中秋佳节赏月诗。"明月几时有,把酒问青天……"等,袁同学的小队吟唱,诗歌变成了音符,长短高低,音色有律,曲调悠扬,全体队员情不自禁地跟着吟唱。陈同学的小队收集了中秋文化知识竞赛,"忆中秋节日文化"在快问快答中交织成了最动听的乐章。"制作月饼"也是一大亮点,学生们来到食堂,学习鲜肉月饼的制作。家长志愿者们手把手教孩子们做月饼:擀面皮、装馅、包月饼、定型……半小时后,当队员们品尝着自己做的月饼时,脸上洋溢着笑容。

(三) 蒙童诵重阳，古今赏趣话情感

1. 课程源起

结合重阳节，四年级开展"九九重阳节，浓浓敬老情"主题阅读课。

2. 体验过程

在古人重阳情境中，伙伴们在阅读大量书籍后，交流了重阳文化——历史、古诗、美文，并介绍了登高、插茱萸、重阳糕、重阳酒、赏菊、登高等习俗。有的学生还出示了自己爷爷奶奶丰富多彩的重阳活动照片。继而，小伙伴们分享了重阳佳节的实践性作业，有的以小报的形式向大家分享了平日里自己是如何敬爱老人感恩祖辈的事例，用心用情。有的送上了一幅幅字画墨宝，墨香传浓情，敬老留于心。在最后的体验环节中，队员们亲手制作了五颜六色的小旗帜，写下自己对老人真切的祝福，将旗帜插在了重阳糕上，意为登高望远，传递他们的敬老之情，学会敬老感恩，并把享受"长辈之爱"的情感迁移到身边，去爱自己身边的每一位老人，帮助弱者，牢记敬老感恩之重，体验幸福生活之悦。

(四) 蒙童吟清明，传承孝义铭国志

1. 课程源起

2019 年是中华人民共和国成立 70 周年，没有英烈前赴后继的牺牲奉献就没有国家的富强和人民的幸福。一年一度的清明佳节来临之际，学校五年级开展了以"传孝义文化，扬爱国情怀"为主题的走近清明主题阅读活动。

2. 体验过程

通过一个个生动地故事，队员们分享了清明节的起源与发展，了解了清明节的习俗：祭扫、踏青、放纸鸢、插柳等；师生共同吟诵许多描写清明节的诗词；为"悼念革命烈士，缅怀先烈的丰功伟绩"，学生在录播教室中，人手一台平板，登录中国文明网，进行了网上祭英烈活动。学生们纷纷输入了自己的肺腑之言，表达了对英烈们的无限崇敬之情。蛋画也是清明节的习俗之一，学生们饶有兴趣地制作富有童趣的"蛋画"，更有学生将国画元素融入蛋画中。看着这一个个可爱的"蛋画"，大家一起玩起了撞鸡蛋游戏，以此送上最美好的祝福，祝福家人健康平安，祝福同学友谊长存，祝福祖国繁荣富强。

四、成效反思

"蒙童读节日,传孝义文化,享民俗之趣",大阅读之旅体验活动的推进优化了学校整体课程结构,丰厚了学校课程内容,将课程建设与育人有机整合,丰富了学生经历,提升了课程内在品质。

该活动以项目化方式开展,目标指向学生综合素养的提升,关键能力的培养,通过信息收集、动手制作、产品设计、古诗吟诵等活动形式培养学生解决问题、创意物化等综合能力。

活动也让文英学子进一步弘扬中华优秀传统文化,构建中华民族共有的精神家园,他们享受了阅读的乐趣,情趣和童趣,中华优秀传统文化像种子一样,浸润到文英学子的骨髓,扎根在其心中,育德于无痕。文英学子带着"读辨天下"的梦想,驰骋在美妙的中华优秀传统文化之旅中。

以邮文化提高德育实效的实践探索

杨浦区凤城新村小学　蔡思阳

一、背景描述

习近平总书记在党的十九次全国代表大会上指出：深入挖掘中华优秀传统文化蕴含的思想观念、人文精神、道德规范，结合时代要求继承创新，让中华文化展现出永久魅力和时代风采。《中小学德育工作指南》要求教师组织开展主题明确、内容丰富的教育活动，以鲜明正确的价值导向引导学生，以积极向上的力量激励学生。

纵观当下社会飞速发展，科技日益发达，不少孩子除日常学习外，沉迷于手机、平板电脑、看抖音。孩子们"电气十足"，而对于中华优秀传统文化知之甚少。作为龙的传人，学生应该有颗中国心，了解、发扬和传承中华优秀传统文化。小学是孩子们最早的成长阶段，简单的说教如隔靴搔痒，作为班主任，要让学生在中华优秀传统文化浸润中和精彩纷呈的活动中体验、感悟和成长。

结合学校集邮教育特色，四(1)彩虹中队以邮票为载体，创新活动育人途径和形式，精心设计传统节日主题文化体验活动，引领学生们探寻节日背后的故事，更好地了解祖国的历史文化，从而更好地促进学生在道德情感上的进步和提升，促进学生在活动中养成良好的道德品格，树立社会主义核心价值观，帮助学生扣好他们人生的第一颗纽扣。

二、实施过程

(一) 深化重大节庆日活动，让主题思想教育更有厚度

中华民族有不少重大的节庆日，如国庆节、劳动节、植树节等，是引导学生爱国

爱党、热爱劳动、保护环境的好时机,中队开展了形式多样、吸引力强的教育活动,激励学生积极向上,促进学生形成良好的品质和行为习惯。就精彩纷呈国庆节和植树节的主题活动,中队主要从以下几点开展活动:

1. 祖国华诞,献礼母亲

时值祖国70华诞暨改革开放40周年,70年的奋斗历程,70年的辉煌成就,在这盛大的节日里,举国同庆,队员们也用自己的方式向祖国献礼。

(1) 回顾历史,邮润童心

中队首先开展了"说方寸邮票,颂祖国赞歌"小型邮展,从方寸邮票中回顾历史,缅怀烈士。彩虹中队的悠悠队员们拿出家里珍藏的邮票共同学习赏析,讲述邮票上的故事,从政治、历史、艺术、军事、科技、经济等各方面了解感受祖国翻天覆地的变化,感悟改革开放给国家带来的欣欣向荣。作为集邮特色学校一员,邮文化为队员们打开了一扇了解祖国的窗口,队员们都爱上了邮票,对邮票蕴含的文化产生了探寻的兴趣。

(2) 社会实践,感悟发展

借助邮票了解了祖国的腾飞后,彩虹中队走出学校,积极开展了社会实践活动来感受祖国的变化。国庆假日,五个小队的小雏鹰们在家长共育下,自主开展小队活动:在科普教育基地和纪念抗战胜利基地——上海科技馆和淞沪抗战纪念馆,队员们庄严地向国旗敬礼,牢记革命先烈们的英勇付出才有今天的幸福生活;充分发掘家长资源,参观同济物理实验室,做实验,体验现代科学的奥秘;打卡新建网红杨浦图书馆,体会书本带给他们的奇妙之旅;去五角场游繁华市场,今昔对比,珍惜来之不易的美好生活;在东方渔人码头聆听码头的历史,感慨时代的进步。在实践活动中队员们充分感受到革命先辈、先进科技和改革开放带给我们的美好生活,感叹祖国母亲的一次又一次的巨大飞跃。

(3) 雏鹰展翅,立下志向

在接下来的主题队会"我和祖国共奋进"上,雏鹰小队代表向大家用照片,视频一一展现活动内容,娓娓道来活动体会。整个队会全由队员们自己策划、排练,充分发挥各人的才艺,带来了视觉听觉上的盛宴,表达了对祖国母亲深深的敬意和爱意。小品《我和上海共成长》中,队员们跟随着邮票看到了浦东这颗璀璨的东方之珠发展的历程。队会最后,同学们都表示要爱学校、爱自己、爱他人,认真学习,诚实守信,阳光向上,长大为祖国奉献自己的一份力量。

(4) 悠悠"锋蜜",服务社会

为了让更多的学生了解邮票,了解祖国,了解改革开放,在杨浦区"改革开放40周年"集邮展览暨邮票首发式这个有纪念意义的日子里,彩虹中队的"锋蜜"悠悠志愿者们来到浦东御桥小学为大家提供邮政服务,传递集邮活动,为我们伟大的祖国繁荣昌盛而自豪。

2. 崇尚绿色,爱护家园

植树节是宣传植树造林,呼吁人们爱护环境的节日,中队开展了系列活动。队员们从邮文化中学习生态文明知识,认养小树苗,践行垃圾分类,从小树立起尊重自然、顺应自然、保护自然的发展理念。

(1) 设计邮票,传颂愿望

同学们一起欣赏了邮票上的植树节,从最早1957年发行的"农业合作化"特种邮票第三枚"造林"到2019年发行"中国植树节",于方寸之间体味植树悠长的历史,别有一番情趣。作为控二集团的"小小达芬奇"实验班,队员们在历年创意邮票的启发下,在美术老师的指导下天马行空,设计了环保邮票。画面大多以绿色为主基调,尽显植绿梦想,寓意大家能齐心改善生态和生活环境,共同创造绿水青山的美丽中国。

(2) 照料小树,体验成长

生态环境的概念已根植于学生心中,大家欣赏祖国发行的《绿水青山》邮票,计划为大自然增添一抹清新的绿色,在校园里认养了一棵小树。队员们郑重地填写认养牌,担负起照料小树苗的任务,轮流悉心地为它松土、除草、浇水、施肥,把对大自然,对美好家园的深深喜爱寄托于其中。认养活动使队员们体会到生命的可贵,责任意识得以增强,愿小树能和他们一样慢慢健康长大,枝繁叶茂,蓬勃向上。

(3) 垃圾分类,传递妙招

队员们用爱心和行动呼唤心中的碧海蓝天,他们还积极响应政府提出的"垃圾分类"的号召。宣传委员印发了垃圾分类的知识,在队活动时进行宣讲。为了帮助队员记忆与分辨,大家收集了很多妙招:儿歌、图示、口诀等,尤其是那句根据"猪吃不吃"来辨别垃圾类型的口诀,让人忍俊不禁。有的队员带来了迷你型的分类垃圾桶和垃圾卡片,游戏互动中大家学会分辨垃圾。而后的智力竞赛中大家都基本能掌握可回收、有害和干湿垃圾的正确分类方法,并在家庭和社区中指导家长、邻居正确处理垃圾。队员们为减少城市废气污染,节约资源献出了自己的力量,促进良好生活习惯的养成,同时个人素养也得以提高。

(二) 活化中华传统节日活动,让主题文化教育更有宽度

传统节日是传承优秀历史文化的重要载体,既可以使人们在节日中增长知识,受到教益,又有助于彰显文化、陶冶情操、弘扬美德。传统节日的形成过程,是中华民族历史文化沉淀凝聚的过程。

春节、元宵、清明、端午、中秋、重阳等中华传统节日,中队会展开丰富多彩的庆祝活动如手绘邮票、设计大赛、班级邮展、手写信、集邮演讲等来介绍节日历史渊源、精神内涵、文化习俗等,增强传统节日的体验感和文化感。中队每一次的升旗仪式,都能结合节日主题,开展相应的系列邮票学习欣赏,提高队员文化素质,增强队员艺术修养。

1. 重阳敬老

我们中华民族五千年的文明史中就含有尊老、敬老、爱老、助老的传统美德。九九重阳节,队员们最喜欢的就是收藏的"九九重阳"九枚三连图排印的小版式邮票。全套邮票延续了古香古色的基调,展现了古人在重阳节的三项主要活动:登高、赏菊和饮酒对弈。登高赏菊之时,文人喜吟诗作赋,队员们配乐深情朗诵《九月九忆三东兄弟》和毛泽东的《采桑子·重阳》。活动中,队员们知道了重阳节的来历和习俗,明白了"老吾老以及人之老"的含义,他们还以一颗真诚的敬老之心积极影响周围的人,让生活洋溢着爱的阳光。

2. 品味端午

端午来临,"大诗人屈原持卷轻吟,背景为山川和龙舟"的邮票带领大家来到两千多年前的战国时代,诉说屈原的悲壮故事。端午节之所以能够走过千年,正是对有追求、有担当的仁人志士的纪念和爱国主义精神的传承。全套三枚的赛龙舟、包粽子、避五毒邮票形象地体现了端午的习俗,票面色彩明丽,带给大家东方艺术之美的艺术享受。回到家,队员们和家人包粽,纪念诗人;插艾,驱蚊避虫;挂香囊,祛病求福。张同学还带来和妈妈一起做的五彩丝,给同学们系上,祈保平安。

(三) 优化纪念日内涵活动,让主题实践教育更有温度

为了纪念重大事件、伟人、先烈等特定的节日,我们设计开展相关主题教育活

铸理想信念　育时代新人
——上海市中小学"六育人"实践探索案例精编(上)

动来缅怀烈士的丰功伟绩,维护国家安全,弘扬爱国主义精神。雷锋精神代代传,雷锋精神是中华民族传统美德的一种积淀,是一种随着时代进步而不断发展的与时俱进的精神,是在构建和谐社会中必须大力发扬倡导的。

1. 邮香浸润悠悠少年

彩虹中队的悠悠队员们在邮香中浸润,不断成长。在今年雷锋纪念日,凤城少年邮局积极参加共青团上海市委会主办的"传承红色基因,献礼祖国妈妈"之"红色印迹　雷锋先行"的学雷锋活动,在活动现场,队员们为参加活动的大小邮迷和学雷锋志愿者们加盖邮戳,这不仅仅是一次服务,更是一次体验。

近九十高龄的老战士们看到年轻一代加入学雷锋活动都激动万分,鼓励大家一定要把学雷锋、做雷锋这颗优秀的道德种子洒进每个人的心中。

2. 爱心邮箱传情寄谊

为帮助贫困山区的同龄人,彩虹中队商量开启了"彩虹邮箱",队员化身为彩虹使者,与云南省大理州巍山县蒙新小学四年级队员一一结对。集体制定了"彩虹邮箱　邮情寄谊"七色爱心共成长的"七个一"计划。"一件冬衣"——队员们将捐赠物品清洗干净后规整打包,贴上孩子们自己专门设计的邮箱标志,冒雨来到邮局邮寄物品。大山的孩子们在新年前收到了最暖心的礼物,活动报道已刊登于队报《时刻准备着》。看到对方收到邮件时集体照上的笑脸,队员们欢呼雀跃,家长们也纷纷感言:"看到物品实实在在到了小朋友的手里,一包包物资承载着多少人的情意,瞬时也一同到达,甚是欢喜";"虽然不是最新的衣物,但代表着小小的心意,祝福他们"……

今年的学雷锋主题月,活动报道由队员自己撰写,报道记录了学习用品收集和邮局体验邮寄的整个过程。云南蒙新小学的学生们收到了我们的邮寄的学习用品和热情洋溢的信,而队员们翘首企盼的回信也已送达。每封信中还有用树叶、小细枝、野花草制作的队员的名字、手链等艺术品,虽然不够精致,但都是心血之作,创意无限。队员们打开回信时那喜上眉梢的神情也已由相机一一记录。目前,开始策划第四个成长计划,每人寄一本喜欢的书,成立"彩虹微型图书馆",给那里的学生带去知识,丰富他们的课余生活。

在电子信息快速发展的时代,微信等电子软件渐渐取代了手写信,手写信应该继续传承下去,队员们以信会友,书写着自己的情怀和想表达的事情,给生活增添一些不一样的色彩。

三、成效反思

(一) 收获成长

"集邮启智,集邮怡情,集邮育美,集邮厚德"。以集邮为载体的活动,彩虹中队每个队员积极参与,通过欣赏方寸邮票,知道了节庆日,纪念日等的来源,习俗和特点;通过歌舞、朗诵、乐器、书画、演讲等,用自己的方式来延伸,抒发强烈的感情;通过设计节日邮票戳票,制作集邮知识卡,不断创造美;通过结对扶贫,和远方的孩子交朋友,给他们带去快乐。

活动中队员们互相关怀,增进友谊。何同学为了可以和小队一起参加活动而放弃了下午国际钢琴大赛迫在眉睫的练习,她说,"能和队员一起体验和增知也是一种成长,我也需要这些成长经历";宋同学由于时间冲突,全家改签了火车票,选择和小伙伴与国旗在一起。可以看出我们的道德教育是有所成效的,同学们都在慢慢地长大,知道自己现阶段需要的是什么,也树立了集体荣誉感,爱国感和责任感。

在活动引领下,彩虹中队形成了积极、健康的精神面貌和价值取向,学生有强烈的班级归属感和荣誉感,彰显了优良的班风班貌,获得了学校优秀集体的称号。在区级比赛中,不断传来喜讯,主持小达人蒋同学获杨浦区中小学生《我与上海共成长》看邮票讲故事比赛二等奖。钟同学获"童心绘中华 寄语颂腾飞"纪念改革开放40周年手绘明信片三等奖。"辉煌七十年,邮你来设计"邮戳设计比赛中,周同学和宋同学分获区一、二等奖。王同学、周同学等被邀请师生共绘《龙腾凤鸣图》,书写下"万众思改革,群龙志腾飞,一心勤学问,彩凤邮未来。"学生们充分发挥着各自的能量,爱国情感在活动中升华,立志长大为祖国做贡献,在他们的朝气蓬勃的状态中我们看到了祖国的未来和希望。

(二) 实践反思

利用资源:作为德育工作者,要根据节庆日、纪念日,充分挖掘它们背后的故事,充分利用好身边的物品资源,如邮票、明信片;利用好家长的资源,如来校教孩子们包粽子,帮助联系一些实践基地等,家班合力共育。

传承文化:传统文化历史悠久,饱含着浓浓的文化气息,德育工作者应创造

"身临其境"的情境,带领学生接触、了解、亲近传统文化,在活动中开拓视野、陶冶情操、培养动手能力和团队精神,培养孩子们成为传统文化的"小粉丝",让传统文化发扬光大。

知行统一:要常态化的中华传统文化教育通过日常的言传身教,通过各种活动来传输给学生,让学生参与,体会,感悟,把成长的需要内化成自己的行为,从而使社会主义核心价值观内化于心,外化于行。

活动是德育的载体,最有效的方法就是将育人理念融入活动之中,以快乐为原则,让学生在生动活泼,形式多样的活动中享受德育潜移默化的浸润和熏陶。结合学校的特色项目,我们挖掘邮文化中丰厚的育人元素,充分地利用传统节日、纪念日等设计活动对优秀传统文化进行弘扬,融合五育,使学生在实践体验中茁壮成长,成为富有民族自信心和爱国主义精神的中国特色社会主义的建设者和接班人。

回忆历史惜和平　热爱祖国勤奋进
——纪念九三抗战胜利活动育人方案

上海市奉贤区崇实中学　王　莉

一、实施背景

党的十八大以来,习近平总书记在不同场合多次谈到爱国,提出爱国主义是中华民族精神的核心。爱国主义是对祖国一种深厚的情感,中国的大好河山、悠悠五千年的厚重历史都值得我们引以为傲。本活动旨在牢记中国人民抗日战争暨世界反法西斯战争胜利日九月三日,那是由鲜血和生命铸就的中国人民抗日战争的伟大历史,铭记先烈们为中国抗日战争、世界反法西斯战争胜利做出的伟大贡献,加倍珍惜今天的幸福生活,增强振兴中华的主人翁意识,将热爱祖国的誓言化为实际行动。

在今天,爱国在有些人眼中仿佛成了空洞的字眼。七年级的学生们都很有个性、比较自我,不容易被说教,灌输式的爱国主义教育很难打动他们。因此笔者设计了"回忆历史惜和平,热爱祖国勤奋进"活动育人方案,以点亮学生心中的明灯,培养学生的爱国热情。

二、主要特色

(一) 注重融情,穿越时空寻共鸣

德育的最终目的不是教给学生什么而是让学生从教育中感受到什么。本节班会课在观看日军侵华的屈辱历史时,有的学生深眉紧锁、有的学生感叹万分、有的学生黯然失神,看着七十年前日军的所作所为,学生们仿佛被带入了那个时代,爱国不是一个空洞的字眼,主题班会不是高喊口号,而应在我们的教学环节中激发学

生们的爱国热情。学生看到了日军在侵华过程中的种种暴行,那触目惊心的尸骸、那残酷血腥的杀人游戏、那铁蹄炸弹都让同学们难以忘怀那段屈辱的历史。本节课伊始教师播放音乐 Conquest of Paradise 以调动学生的情绪,学生们都不禁融入那段抗战历史中,催人奋进的音乐和教师声情并茂的讲授让学生们仿佛穿越时空,看到抗日英雄们的铮铮铁骨,他们顽强不屈、精忠报国,回到了那1938年10月到1945年1月的中国。主题班会最主要的不是说教,而是让学生融入自己的生活体验,穿越时空去感受,寻找心中情感的共鸣。

(二)设计清晰,闪现智慧之光芒

主题班会课应该以内容不断启发学生的思维,必须指向明确、由浅入深、触人深思,并引导学生对教育主题做细致深入的思考。本节课旨在让学生对爱国进行细致思考并激发学生的爱国热情。主题班会由浅入深,坡度式的内容设计有利于培养学生的思维品质。笔者设计了三个章节,分别是了解九三纪念日、走近抗战历史、激发爱国热情,既让学生走近了过往抗战历史,也让学生铭记了先烈们"用行动诠释的爱国热情",更激发践行自己的爱国情感。在激发爱国热情的版块,笔者设计了明晰如何爱国,书写下自己的心声"爱国,我可以——",发表爱国心声等活动。学生发表了自己的爱国心声,感受到爱国不是空洞的字眼,不是遥不可及的,它存在于细微的小事中,并郑重承诺要将爱国牢记于心、实践于行。

(三)设计质疑,激活思维之碰撞

主题班会课不仅要启发学生的思维,更要不断激活学生的思维,让学生的思维之花尽情绽放、尽情碰撞。在内容设计时,教师也可以选取最核心、最能引发学生思考的地方进行讨论。本节课笔者让学生讨论"我们正处在和平年代,祖国正在日益强盛起来我们应如何爱国呢?"因为是七年级的学生,他们有自己的思考、自己的主见,灌输式的主题教育方式显然已经被淘汰,班主任不妨放手让学生去谈,让同龄人去说服同龄人,在讨论的过程中,或坚持己见、或心悦诚服,都不失为一种收获。讨论中学生渐渐认识到爱国不遥远,爱国存在于我们每一天的学习生活中,升好国旗、戴好红领巾,关掉了一次水龙头,捡起了地上的一次纸屑,其实都是爱国的表现。

(四) 过程激趣,一石激起千层浪

班会课倘若形式单一则不能激发学生的兴趣,教学的主体是学生,如果学生不能主动参与,育人的成果将会甚微。本节课利用三组同学的表演激发了学生的学习热情,七年级的学生有热情、有行动,小组活动很好地调动了他们的积极性。

一组同学讲述放牛郎王二小、一组以诗朗诵的形式缅怀狼牙山五壮士、一组以微电影的形式走近八女投江的故事。最后由老师讲述赵一曼的故事,多样化的形式激发了学生的学习兴趣,在多样化的学习体验中,学生们跃跃欲试,他们有许多话想说,课堂上有学生用臧克家的诗句"有的人"来表达对英雄们的崇敬之情,也有学生不禁潸然泪下。本节课最后笔者以歌曲、图片展示的方式调动学生的参与热情,让学生再次感受如今的中国取得的举世瞩目的成就,明白和平生活的来之不易,应该永远铭记先烈们的伟大付出。王二小、赵一曼、五壮士不只是一个个人名,更是中国精神、民族魂,学生在多样化的学习过程中感受到了烈士们为了祖国献出自己宝贵生命的那份勇气,也懂得了珍惜和平,用实际行动热爱我们的祖国,奋发图强、开拓进取的民族精神。

三、主要内容

(一) 活动目标

1. 了解九月三日抗战胜利纪念日,牢记由鲜血和生命铸就的中国人民抗日战争的伟大历史。

2. 铭记先烈们为中国抗日战争、世界反法西斯战争胜利做出的伟大贡献。

3. 加倍珍惜今天的幸福生活,增强振兴中华的主人翁意识,将热爱祖国的誓言化为实际行动。

(二) 活动准备

老师准备:爱国诗歌《我爱你,我伟大的祖国》、音乐《我和我的祖国》、《走近新中国"军事发展"任务单》等。

学生准备:整理有关抗日历史资料,英雄事迹诗朗诵、小故事、微电影,《走近新中国"军事发展"任务单》等。

（三）活动过程

师：同学们，你们知道9月3日是一个什么特殊的日子吗？是中国抗日战争暨世界反法西斯战争胜利纪念日。

1. 了解九三纪念日

（1）重温九三阅兵式

师：老师选取了2015年9月3日阅兵式的几组照片。（PPT展示）看了这一张张照片，同学们的内心都有什么样的感受呢？

生：感受到了阅兵式气势磅礴、振奋人心的场面，而今的中国正在越来越强大。

师：在日渐强大的背后中国经历了很多，其中有整整14年之久的抗日战争。国家把每年的9月3日定为抗战纪念日。

（2）了解九三纪念日由来

师：同学们，那你们知道抗战纪念日是怎么来的吗？

教师介绍：1945年8月14日，日本政府照会中、美、英、苏四国政府，接受《波茨坦公告》，无条件投降。8月15日晨7时，四国政府在各自首都（重庆、华盛顿、伦敦、莫斯科）同时宣布接受日本政府无条件投降。9月2日，日本签署投降书。国民政府于第二天下令举国庆祝3天，并从1946年起把9月3日作为抗战胜利纪念日。

【设计意图】导入环节意在通过感受阅兵式气势磅礴、振奋人心的场面激发学生了解抗战纪念日由来的兴趣，从而引出本课纪念抗战的教育主题。

2. 走进抗战历史

（1）回望侵华史实

师：抗日战争是抵抗日本侵略的一场民族性的全面战争，请同学们展示收集的有关日本日军侵华图片和文字。

第一小组：主要展示甲午中日战争，"九一八"事变到"七七"事变之间日本侵略中国的野蛮历史，特别是旅顺大连大屠杀。

第二小组：主要展示南京大屠杀的血腥图片。

第三小组：主要展示"731"细菌部队人体实验的血腥图片。

第四小组小结：1938年10月—1945年1月，残暴的日本侵略者在中国的领土上进行更大规模的入侵。肆虐、屠杀中国人民，放肆掠夺国人财物，给中国人民带来了前所未有的巨大浩劫。伤亡人数达3 500万以上，直接和间接财产损失共达5 620亿美元。

(2) 知道抗战概况

师：哪里有压迫，哪里就有反抗，面对日本侵略者的残酷杀戮，中国人民选择的不是退缩，而是团结一致，奋起反抗，熊熊的抗日烈火燃烧了整个抗日大地，十四年的抗战，中国人民奋勇反抗。

(PPT展示，播放音乐Conquest of Paradise)在持续抗战的十四年中，中国作为亚洲太平洋地区的主战场，共消灭日军150万人，约占日军在第二次世界大战中死伤人数的70%，对其覆灭起到了决定性作用。

师：抗日战争时期在共产党的领导下几次著名战役应该是对抗日战争具有深远的影响，如淞沪会战——粉碎了日军三个月灭亡中国的计划、台儿庄战役——此次大捷是中华民族全面抗战以来，继平型关大捷等战役后，中国人民取得的又一次巨大胜利。鼓舞了全民族的士气，灭了日本侵略者的威风。

(3) 缅怀抗战英雄

师：抗战期间，涌现了许许多多的抗日英雄。老师请了三组同学带我们走进英雄们的故事。

① 分享抗日故事，感受铮铮铁骨

师：在那个烽火连天的年代出现了很多的小英雄，他们和在座的同学们一般大，放牛郎王二小就是其中一位，请第一组同学带来故事讲述《王二小放牛郎》。

第一，故事讲述：《王二小放牛郎》

生：十三岁的王二小是一名放牛郎，有一天一队鬼子进山来扫荡，他们向王二小问路，王二小带着鬼子从西北沟钻了进去，引向八路军埋伏的石湖旮旯。其实这是一条死路，鬼子一下傻了眼，知道上了当，朝二小举起了洋刀，第一刀削去了王二小右手的五个手指，第二刀刺向了王二小的胸膛，把他摔在那块巨石上。与此同时，山头上的部队枪炮声四起，一举歼灭了这股敌人。

师：年仅十三岁的王二小把敌人引入了包围圈，自己却献出了宝贵幼小的生命，抗战期间还有无数烈士用生命和鲜血谱写了抗日赞歌，狼牙山五壮士也是其中的一首赞歌。有请第二组同学带来他们的诗歌朗诵。

第二，诗歌朗诵：《缅怀狼牙山五壮士》

生生：缅怀狼牙山五壮士。

生1：登上烽火台，生2：遥望狼牙山。

生生：铁血五壮士，喊杀犹震天。

师：面对敌人的步步紧逼，五位英雄还有怎么样的人生选择呢？那么对他们的选择你有什么样的感想呢？

生：他们可以选择忍辱偷生。正是他们抛头颅、洒热血的精神让抗战取得了胜利。

师：是的，狼牙山五壮可以选择忍辱活下来，但是在战斗中临危不惧，面对步步逼近的敌人，他们宁死不屈，义无反顾地纵身跳下数十丈深的悬崖，他们宁愿选择站着死也不愿跪着生。抗战中不仅男儿们坚贞不屈，显示出铮铮铁骨，也有巾帼不让须眉的女战士。东北抗日联军妇女团的八名女战士就是重要代表。请出第三组同学带来微电影《八女投江》。

第三，电影播放：《八女投江》

生：播放微电影

师：女战士们为了掩护部队转移，在子弹打光，后退无路时，宁死不屈，投入黑龙江林口县乌斯浑河，壮烈牺牲。她们的气节令人钦佩。同学们从三组交流中，你有什么想说的？

生：英雄们的故事永远留在我们心中。

生：烈士们的坚贞不屈的精神令人感动，伴在我们身旁。

生：正如臧克家说：有的人活着，他已经死了，有的人死了，他还活着。英雄们用他们的行动活在了我们心中。

② 介绍抗日书信，感受铁骨柔情

师：轻轻翻动抗战史，每一个字都渗透着共产党人的鲜血，他们与敌人血战到底。老师也想和同学们分享一位抗日英雄——赵一曼。

（PPT 展示，播放背景音乐 *Secret Garden*）：赵一曼不幸被捕后，日寇对她进行了一次又一次的折磨，拔掉手指甲、凿光牙齿、皮鞭抽打、粗钢针穿刺身体的每个部位、电刑器灼透五脏六腑，都没能撬开赵一曼的嘴。最后敌人驱使狼狗吃掉了她的遗体，年轻的赵一曼没有留下一块遗骨，年仅32岁，留下了年仅8岁的儿子。这是她临终写给儿子的信。

宁儿：母亲对于你没有尽到教育的责任，实在是遗憾的事情。母亲因为坚决地做了反满抗日的斗争，今天已经到了牺牲的前夕了。母亲和你在生前永远没有再见的机会了。希望你，宁儿啊！赶快成人，来安慰你地下的母亲！我最亲爱的孩子啊！母亲不用千言万语来教育你，就用实行来教育你。在你长大成人之后，希望不要忘记你的母亲是为国而牺牲的！

③ 发表"子女"心声,牢记先烈遗志

师:如果你是赵一曼的孩子,当你得知母亲在敌人严刑拷打之下从容就义时,你想对母亲说些什么呢?

生:母亲,我一定会像你一样,做一个顶天立地,堂堂正正的人。

生:母亲,我会完成您未完成的遗愿,振兴中华。

师:当国家、民族处于危亡的时候,有民族个性、有志向的中华儿女在这个时候都不禁紧握拳头、立下志向,一定要让祖国走出那被人欺凌的惨况,他们用铮铮铁骨维护着国家的和平,顾不上自己的小家,顾不上自己的生命。他们中有年仅十二三岁的孩子,有母亲,有正值青年的男儿,为了祖国甘心付出,他们是真正的勇士。他们的孩子会为他们有这样的父母感到自豪。让我们牢记先烈们的遗志,振兴中华,开拓进取。

(4) 继承抗战精神

师:纵观抗战这幅图卷,重温那段岁月里的金戈铁马,烽火硝烟中,日军的罪行罄竹难书,对于中国人民英雄们除了要缅怀,他们身上还有什么令你难忘呢?

生:中国人民不屈不挠的抗争意志至今让人感动。

生:英雄们不畏艰难困苦,不怕流血牺牲,同仇敌忾,奋起抗争的精神值得我们学习。

生:中国人民、英烈们的爱国精神值得我们践行。

师:七十年前的抗战留给我们的不仅仅是伤痛,抗战精神更是一笔巨大的财富值得我们继承。

【设计意图】通过课前让学生以小组为单位搜集抗日战争时期的抗日历史、抗日英雄,课下分工合作进行展示,课上选取了优秀小组呈现成果,学生在观看视频、聆听故事诗歌中感受到抗战精神。讨论环节,通过讨论的方式学生发表自己的看法,想必会被赵一曼的抗战精神所打动。七年级的学生学习主动性较强,他们能够在课前主动搜集资料,进行认真准备,课上热烈发表自己的看法。

3. 纵观古今之变,激发爱国热情

(1) 交流军事成就,激发国人自豪感

师:国无防不立,国防关系着国家的安危,维系着国家的生存发展,七十年前正是因为我国军事力量的薄弱才招致了外敌的侵略,日本帝国主义的铁蹄践踏中华大地血迹斑斑;而今的中国发生了翻天覆地的变化,取得了举世瞩目的成就,同学们能否说一说新中国军事发展的成就呢?学生交流《走近新中国"军事发展"任务单》。

生:军事上,辽宁舰、在造的航母,中国拥有了自家航母群,在东海设立防空识别区,在南海派设舰队巡行,一系列新式武器装备的出现,运20,运8,歼11一系列,空军力量增长很快。

师:而今的中国世界第二经济体,贸易总额突飞猛进,无不展示着中国的实力,军事方面更是走在世界前列,中国人民生活在和平幸福中,国人在时代的春风里、在灿烂的阳光下茁壮成长。每个人都应该为我是一名中国人而自豪,每个中国人对于国家的归属、热爱之情越发深厚。

(2) 朗诵爱国诗歌,点燃拳拳赤子心

师:让我们一起高声朗诵《我爱你,我伟大的祖国》。

全体学生:我爱你,我伟大的祖国,我古老而年轻的祖国啊,

组1:我是你广袤大地上一棵稚嫩的幼苗,

组1:摇曳在你温暖呵护的怀抱,

组2:我是你无垠天空中一只飞翔的小鸟,

组2:鸣唱在你春风和煦的心头,

组3:我的血管里,涌动着黄河的波浪,

组3:我的心灵里,开放着文明的鲜花,

组4:我心中的理想,正展现在祖国蔚蓝的天空里。

全:世界的东方,有一个神奇而美丽的国家。

组1:茫茫大海,是她广阔的胸怀,

组2:巍巍长城,是她坚强的脊梁,

组3:滔滔黄河,是她奔腾的血液,

组4:青藏高原,是她刚硬的臂膀……

全:她——是我的祖国伟大的中华人民共和国

【设计意图】爱国教育是一个长期的过程,需要循序渐进地引导与实施,通过自我查阅、教师总结当今中国取得的成就以及集体朗诵让学生感受到我们生活在和平幸福的年代,激发学生更加热爱祖国的情感。同时七年级的学生思维活跃,思辨意识很强,我们在主题班会的过程中强硬地要求学生爱国,学生不会有认同感,因此通过辩论的形式让学生讨论"和平年代如何爱国",学生在讨论中明白"天下兴亡,匹夫有责",爱国绝不遥远、绝不空洞。

(3) 明晰如何爱国,牢于心并践于行

爱国在不同的时代有不同的内容。三十、四十年代的抗日爱国英雄们,他们为了祖国的和平、人民的安康,参加抗日救国的斗争,那么正处在和平年代,祖国正在日益强盛起来的我们,该如何爱国吗?

生:穷则独善其身,达则兼济天下。每个人能力水平有所不同,从事的岗位不同,但每个人的爱国心是一样的。

生:努力学好科学文化知识对祖国的未来负责,我们应该把爱国化为实际行动。

生:节约国家的水电是爱国;捡起地上的纸屑保护环境也是爱国。

生:我们也应理性爱国,暴力不是爱国的通行证。

师:爱国对于每一个中国人来说,是本分、是职责,是心之所系、情之所归,爱国应该是扎根每个人心中的永恒旗帜。爱国要牢记于心、实践于行。

(4) 交流爱国心声,同伴引领共奋进

师:从同学们的回答中,我们明白爱国应该牢记于心、实践于行,老师也感受到了你们的拳拳爱国之心,接下来请同学们用手中的笔写下自己的爱国心声"爱国,我可以——"

生:写播放背景音乐《我和我的祖国》PPT图片展示中国日新月异的变化

师:爱国,存在于细微的小事中。爱国,我可以做些什么事情呢?

生:爱国,我可以用心铭记每一位英烈。

生:爱国,我可以继承抗战的不屈精神,在学习生活中顽强不屈。

生:爱国,我可以升好每次国旗,唱好每次国歌。

生:爱国,我可以写好汉字说好汉语。

生:爱国,我可以节约用水……

【设计意图】通过爱国心声的交流让学生在思想上认识到了应该从小事做起热爱我们的祖国,此环节要让学生不仅要有想法,更要学会表达。爱国心声是对此次爱国教育的一个总结,也是对今天教育活动的一个见证,同学们的爱国心声就是一份承诺,承诺从今天起能够更加热爱我们的祖国。

4. 总结升华

老师相信同学们一定会像《我和我的祖国》歌词中唱得那样与祖国共命运,与祖国同成长。也希望同学们铭记这段屈辱的历史,珍惜现在的和平,用自己的实际行动热爱我们伟大的祖国,把我们国家建设得更加富强、更加强大。

四、成效反思

德育的最终目的不是教给学生什么而是从教育中感受到什么。德育应该像灯塔,学校就像汪洋大海上的一叶扁舟,班主任则是老船夫,学生则是弄潮儿,每一次教育则更像是一次出海。灯塔给予老师学生在海洋里航行的指引,作为老船夫的我们就要为他们指明危险,给予他们前行的希望,在他们的心中点亮明灯,让他们在航行的过程中有所体验、有所成长,让他们成为有责任、有担当、有爱之人。习近平总书记曾说:在中华民族几千年绵延发展的历史长河中,爱国主义始终是激昂的主旋律,始终是激励我国各族人民自强不息的强大力量。不论树的影子有多长,根永远扎在土里。可见爱国这种情怀和担当应该最先扎根在孩子们的血肉里,因为他是立德之源、是人世间最深层最持久的情感。

民俗文化主题活动课的实施与探索
——以"我们的传统节日——春节"活动为例

上海市西郊学校　曹　晟

一、实施背景

习近平总书记在党的十九大报告中指出:"中国特色社会主义文化,源自中华民族五千多年文明历史所孕育的中华优秀传统文化,熔铸于党领导人民在革命、建设、改革中创造的革命文化和社会主义先进文化,植根于中国特色社会主义伟大实践。"党的十八大以来,习近平总书记大力传承中华优秀传统文化、赋予中华优秀传统文化时代内涵、运用中华优秀传统文化治国理政、阐发中华优秀传统文化应对国内外重大挑战,将中华优秀传统文化提升到崭新阶段,有力凝聚了民族精神,得到全世界中华儿女高度认同,将中华优秀传统文化转化为实现中华民族伟大复兴、构建"人类命运共同体"的强大精神力量。

在统编语文教材中也加入了民俗文化内容。如初中六年级第二学期写作教学中,以"家乡的风俗"为题,要求介绍一种风俗,或者写一写参加一次风俗活动的经历。

二、主要特色

(一) 依据学情,制定活动

班级里外省市学生占据过半,且来自各个省市,民俗、习惯等都有不相似之处。每年的寒暑假,这些学生都会跟随着父母回老家住上一段时间,对于家乡的情况有一定了解。在这些学生中以来自安徽、江苏、河南为主。

(二) 创设活动，增加了解

通过主题队会中多种形式的活动，学生了解春节，深切感受春节的文化内涵，感受中国传统节日的魅力，增强对传统文化的认同感。引导和激励队员传承中华文明，弘扬传统文化，增强民族自豪感，加强爱国主义教育。

三、主要内容

(一) 教学准备

1. 把队员按照各自地域分成四个小队，分别是上海队、安徽队、江苏队和河南队，四个小队分工合作完成任务。

2. 队员课前搜集各地关于过春节的习俗，并完成小报。

(二) 教学过程

1. 导入

（1）"中华优秀传统文化已经成为中华民族的基因。"一个人有自己的基因，一个家族有自己家族的基因，一个民族有本民族的基因。习近平总书记认为"中华优秀传统文化已经成为中华民族的基因"，那么关于我国的传统节日同学知道哪些呢？

（2）戏剧团同学排练小品《年兽》。

2. 天南地北话习俗

历经几千年历史，春节已经成为我们中国人生活当中最重要的传统节日了。正月初一，年之始，春之初，万象更新。过年在我们每一个中国人的心里都有着不同的期待和感受。过年应该是什么样的呢？

（1）上海队展示小报，通过照片形式展示上海过年习俗

在上海，从腊月下旬起至除夕，家家户户都要大扫除，用长柄扫帚掸掉屋顶四角及墙上灰尘、蛛网，称"掸檐尘"。掸檐尘是个隆重的事情，老话曰"越掸越发"，在上海话中，"尘"与"陈"谐音，所以也叫"掸陈"，寓意掸除"晦气"。同时，这一阶段，人们都要剪指甲、理发、洗澡、拆洗被褥、擦洗器皿，干干净净，辞旧迎新。

每到过年，"阿拉上海宁"都讲究穿新衣，最重要的一项工作就是：买新衣服。

旧时讲究直接让裁缝做,全家上下,全身上下都是新的,也有送旧迎新的意思。

以前在上海,大年初一凌晨,家家户户要做的第一件事是争先恐后放"开门炮",放鞭炮也称"放高升",非常形象,也十分讨喜,步步高升,全城在一片爆竹声中,送旧迎新。现在因为保护环境,上海外环内已经不允许燃放烟花爆竹。

(2) 安徽队通过照片形式展示安徽过年习俗

除夕,贴春联、门神、窗花、年画,一样都不能少。春联是请有学问的先生写的,各种书体的对联琳琅满目。年画是木板印刷的,色彩艳丽,对比鲜明,满溢着喜气。一般堂屋里贴的是三星高照、八仙过海,新房里贴的是连年有余、和合二仙,闺房里贴的是四美图,孩子们的屋里贴的是老鼠迎亲、三英战吕布等,不一而足。

吃年夜饭之前,长辈要用红纸包钱给每个孩子,称为"压岁钱"。饭后,全家人围在一起,边吃瓜子、花生、糖果边聊天,看着中央台的"春节联欢晚会"直到午夜,这就是"守岁"。

年初一清早起床后,开门要放鞭炮,祭天地,有的地方称接门神。家人团拜,互相祝贺,吃枣、栗、茶叶、鸡蛋、长寿面,然后出门向其他长辈们拜年。

初一这天不能扫地,茶水也要倒在专备的盆中,不泼出门,意思是不把财气扫(泼)出去。这天一般不劳动,因而有"赶忙三十夜,清闲初一朝"的。

(3) 河南队展示过年习俗

第一,唱歌谣

二十三,过小年,二十四,扫房子,

二十五,磨豆腐,二十六,去割肉,

二十七,杀稻鸡,二十八,贴花花(指贴对联、窗花、年画等),

二十九,去灌酒,年三十儿,贴门旗儿。

第二,照片展示过年习俗

鹤壁浚县的正月古庙会,这项活动从大年初一至二月初二,贯穿了整个正月。由于规模大、时间长、节日氛围浓厚,被加拿大学者安德里先生称为"中国的狂欢节"。古庙会期间各种庆祝活动不断。舞狮子、舞龙、踩高跷、打花棍等民间表演令人目不暇接,各种小工艺品和传统小时也让人眼花缭乱。

最有趣的是"骂社火"这是河南三门峡的民间传统奇俗,在 2007 年还被列入河南省非物质文化遗产。骂社火的活动包括了对骂和社火表演,时间从每年的正月初二到正月十六,场面热闹非凡。这项习俗中的"骂"很有意思,它包含了对自身的激励和对新年新气象的期待。骂战一般以村为单位,大家挑选好嘴皮子厉害的村

民组成骂阵,敲锣打鼓、热热闹闹地到别家村子去挑骂,隔天对方再派骂阵回骂,规矩是骂虚不骂实。期间助兴的社火表演也很精彩。

(4) 江苏队照片展示过年习俗

俗传正月初一为扫帚生日,这一天不能动用扫帚,否则会扫走运气、破财,而把"扫帚星"引来,招致霉运。如果非要扫地不可,需从外头往里扫。这一天也不能往外泼水、倒垃圾,怕因此破财。直到今天,盐城还有许多地方保存着这一习俗,他们通常会在大年夜把家里打扫干净,并备一个大桶,以盛废水,当日不外泼。

在淮安人看来,过完二月二龙抬头,就意味着春节结束了。所以,淮安人民在二月二这天有很多讲究。比如用青灰画粮囤或粮仓,即在门前画不等的圆圈,象征大圆接小圆,祈祷丰收。

3. 天南地北话美食

我们常说,民以食为天,在春节的时候每个地方都有自己独特的"年菜",小吃货们每次说到美食都情不自禁地要流下口水了。请每队为我们介绍一下自己独特的春节年菜。

(1) 上海美食

除夕之夜的一顿年夜饭,最为上海人最为看重的。吃年夜饭也有许多讲究,对上海人来说,肉圆、蛋饺是必不可少的。

肉圆象征团圆,蛋饺寓意招财进宝。这天吃的每一道菜,都有讨口彩的叫法,图个吉利。比如:菠菜因为梗长,所以叫做"长庚菜";青菜色绿,所以又叫做"安乐菜";黄豆芽因形状像如意,所以叫做"如意菜";饭里须预埋荸荠,吃饭时用筷子挑出来,叫做"掘元宝"。一般不将鱼吃光,叫做年年有鱼(余)……

过年每家餐桌上必有四喜烤麸,所谓"烤麸"即是"靠夫",寓意家里的男丁,来年取得更高的成就。而冠以"四喜"的名字,有一种说法,认为它源于最早的名字"四鲜烤麸",上海话"鲜"和"喜"音同,而这个喜字又更能讨口彩,所以,有了"四喜烤麸"之称。

(2) 安徽美食

除夕的年夜饭是全年最丰盛的一餐。皖北人吃饺子,皖中和皖南人则在吃饭前要放鞭炮、贴春联、祭祖。祭祖仪式相当讲究,先上菜,菜要10碟,必须有鸡有鱼。

阜阳人过年的菜肴主要是蒸菜。蒸菜一般有米粉肉、扒猪头、蒸腊肉、蒸咸鱼、狮子头等。另外,接待客人还少不了一样家常菜,就是把回锅肉、粉丝、徽子、炸丸子、豆芽、豆腐一起烩成的杂烩汤。吃饭时每人盛上一大碗,大家一手拿馍,一手端汤,热气扑面,既实惠,又可口。

(3) 河南美食

河南各地过年都少不了炸年货。炸肉丸、炸莲夹、炸酥肉都是年货中的主打菜色,几乎每种年货都少不了猪肉。临近过年时,各家都会提前割好猪肉备着。炸年货当然要选优质猪肉,而九月香更是其中的佼佼者。

(4) 江苏美食

正月十三起,在江苏泰州家家都要"扯天灯",名"上灯",以求合家目明。这天早上还要吃汤圆,民谚云:"上灯圆子落灯面,要吃圆子到明年。"

4．比一比,赛一赛

"品尝"完了美食,那么就要请各位同学来消消食,动起来。

(1) 每组出示课前完成的民俗小报,评一评哪一组得分最高。

(2) 出示关于春节民俗知识的选择题,各小组请代表,上台比赛,累计答题最多的小组获胜。

(3) 飞花令要求按照中华经典诵读的规则,同学朗诵描写春节的诗句,累计答题最多的小组获胜。

5．写一写,贴一贴

过年的时候大家都喜欢贴"福"字,不同的地方贴的方式和地方也不一样,但是都是希望将好运带给大家。一是教师给每名同学发放红纸一张,同学们准备好笔墨;二是请班级书法达人,现场教学,教同学写不同字体书法"福"字;三是各小组选出写得最好的一张,张贴在教室门上和窗户上。

6．总结

春节的意义,在于团圆与和谐。外出远门的人无论离家多远都要回家过年,因此春运每年都是热点话题,春节是中华民族团圆的节日,几千年来已经融入了每一个炎黄子孙的血脉中。春节文化内涵中的和谐。希望同学们快快乐乐、和谐相处,与家人、同学、朋友过个愉快的春节。

四、成效反思

随着时代的开放,学生通过网络等途径可以开阔眼界,了解很多知识,也知道

了不少洋节日,比如圣诞节、万圣节、情人节等。虽然不是崇洋媚外,但是学生对于洋节日趋之若鹜的现象并不少见。反观中国的传统节日,学生重视、认知、知晓度明显不足。比如中国人最重视的春节,在学生眼中就是吃喝玩乐收红包的节日;清明节就是可以放假;端午节就是吃粽子;中秋节就是吃月饼,而重阳节等都已经淡忘了。习近平总书记将中华优秀传统文化升华为"中华民族的基因""民族文化血脉"和"中华民族的精神命脉",使其成为民族精神的源头和"老根"。每一个传统节日背后都有其渊源、历史和内涵,承载在千百年人中华民族厚重的基因。所以,重拾传统节日,了解传统节日的渊源和意义是十分必要的。通过主题教育课,学生知道传统节日的来源,了解传统节日相应的民俗活动,知道传统节日的意义,激发学生感受中国传统节日的魅力,增强对传统文化的认同感。在"五育"中重点达到"德"与"美"两育。

在主题教育课中,转变教育观念和育人方法。平时的课堂上习惯于以教材为本,老师讲学生听,老师问学生答,但是在这堂主题教育课中,老师只是引导者,而真正的实施者是学生。这也符合主体教育思想的基本观点,发挥和培养学生的主体性是实现全面发展教育目标的必由之路。发挥和培养学生的主体性本身就是现代教育的一项重要目标。

在主题教育课中,把教书育人渗透到课外活动和社会实践中去。课前准备中,要求学生以个人或者团队的形式去搜集资料,有些同学是通过网络的形式,而有些同学则是在回老家时,走访了家中老人、亲戚,实地了解了在传统节日时家乡的风俗。这样既了解到了知识,又培养了学生沟通能力、组织能力等,可谓一举多得。

在这堂课中,又是各学科大融合。比如,学生要了解民俗文化了解传统节日的来源,这与民俗有关。学生在搜集资料的时候,运用了信息科技课中学习的知识。学生利用小报的形式呈现成果又运用到了美术学科。在仿照《诗词大会》的飞花令环节,又运用了语文学科的知识。而写"福"字正是同学运用了书法课的内容。当然,如果将这些传统节日的民俗探究继续深化下去的话,将涉及更多的学科,例如,因为不同地区民俗不同,是否与当地气候有关。一些特殊的民俗是否有科学依据等等。如果深究,课堂将会更加丰富。

一节课的时间有限,但是课后同学们意犹未尽,依旧讨论得十分热烈,这也许就是课堂带给学生"余音绕梁,三日未绝"的感受。